# 日本史の謎を攻略する

松尾 光

笠間書院

# はじめに

竹内薫氏著『99・9%は仮説』（光文社新書）に、十七世紀前半に活躍した科学者ガリレオ・ガリレイの挿話《そうわ》が載《の》っている。三十三倍という高倍率の望遠鏡の発明に成功したガリレオはイタリアのボローニャに二十四名の大学教授を呼び、まず地上の景色を見させた。すると山・森や建造物が見えて、みんなが「これは凄《すご》い」と彼を称賛した。しかしつぎに月を見せると、彼らは「こんなのはデタラメだ」とし「この望遠鏡は、下界《げかい》においては見事に働くが、天上にあっては我々を欺《あざむ》く」と評価した。というのは、望遠鏡で見た月の表面はごつごつとしていて、真円《しんえん》でなかったからだ。彼らが当時懐《いだ》いていた観念は、月など天体のすべては全知全能の神が造りたもうたものであり、神々が棲《す》んでいる世界は完全な姿のはず。つまり天体は真円のはずだから、見えた物が出鱈目《でたらめ》だと判断した。見えたままを信ぜずに、観念を通して物を見た。だから彼らは見えた物の方を、誤りと見なした、という。これが本当の話なのか、偉人を際立《きわだ》たせるための捏造《ねつぞう》説話か、そこまでは知らない。それはともあれ、いまとなればよくできた笑い話とも思えるが、私たちはこれを手放しで笑っていられるのだろうか。

私たちも、観念をもとに事実を見ていやしないか。事実を取捨選択するとき、自分の懐いている観念に沿うものだけを選んでないか。観念に合う事実によって話を作って説明し通そうとしていないか。いや、そういう観念で造られた歴史像を、そのまま事実と思って受け容《い》れてはいないか。

たとえば、島原の乱は百姓《ひゃくしょう》一揆《いっき》が本質で、たまたま切支丹《キリシタン》大名の旧領だったために宗教色がついた。そう解釈しておけば、説明がしやすかった。宗教の方はよく理解できないから、あまり目を向けさせないように説明してみせた、という。もしそうなら、私たちは島原の乱を誤解させられていたわけだ。

正倉院《しょうそういん》倉庫がなぜ一三〇〇年も天平の至宝《しほう》を保存できたのかは、校倉《あぜくら》による自然の空調《くうちょう》作用のせいだといわれてきた。多くの人たちが、そう信じ込んできた。しかしいまからすれば、それも口から出任《でまか》せの話で、データの裏付けなどまったくない、その場凌《しの》ぎの説明にすぎなかった。

いや、説明しやすかったとかその場を納得させるためとかいうていどの、語る人たちのいわば怠慢によって私たちが思い込まされたという話なら、その罪は軽い。

だが江戸時代の鎖国体制・百姓一揆などは、あとに続いた明治国家による作為があるようだ。自分たちが倒した江戸幕府にことさらに暗い世相・劣《おと》った社会体制の時代というマイナスイメージを与え、倒幕を義挙《ぎきょ》だったと思い込ませたい。自分たちこそが正義漢で救世主であり、そのお蔭《かげ》ですくなくとも前時代よりいい時代になった。あんな前時代には戻りたくない。そう思って、現国家を支えて貰《もら》いたい。だから江戸時代の実態を覆い隠してまで、理不尽で悪い施策《せさく》に苦しんだ社会と誤解させたい。どうも私たちは、そうした作為がなされたものをそのまま実像と思い込んでいる。前の時代に生きていたより今はましだ、と。それを剝《は》ぎ取る努力をしないと、歴史のほんとうの姿は見えてこない。

江戸時代に対する明治国家の作為がそうしたものなら、江戸幕府も室町時代・戦国時代に対してそうしたろうし、室町幕府も鎌倉時代に対して同じ作為をなしたろう。そしていまの私たちにも、「戦前よりましだ」という根拠の少しも明らかでない思い込みがある。でもその判断は、思い込みじゃないんですか。誰かがあなたの目を曇《くも》らせるために造り出した、作為的なイメージじゃないんですか。

日本史の謎を攻略する

目次

## 第三章　平安時代

## 第四章　鎌倉時代



## 第五章　室町・戦国時代

## 第六章　江戸・明治時代

# 第一章
# 原始古代

# 01 邪馬台国近畿説・九州説の根拠とその政治的思惑とは

いまや国民参加型の学界論争となっている邪馬台国《やまたいこく》論争だが、有力候補地は北九州と近畿の二つ。北九州には筑後国山門《ちくごのくにやまと》郡があり、奈良県は大和《やまと》国といわれているからだ。

判断が大きく分かれてしまう原因は、探索の手がかりとすべき『魏志倭人伝《ぎしわじんでん》』の記載がいまいち明瞭でないからである。対馬《つしま》国から邪馬台国までの行程記事を一続きに読めば、不弥《ふみ》国から南へ水行《すいこう》二十日で投馬《とうま》国、そこから南に水行十日・陸行一ヶ月で邪馬台国へと辿《たど》り着く。この距離ならば日本列島内でもかなり奥地にあたり、大和あたりがふさわしい。しかし記事通りの方向つまり南にこれだけ下がれば、日本列島内にとうてい収まらない。そこで九州のなかという前提で読み解こうとすれば、伊都《いと》国までは「到る」と読み、奴国《なこく》以下は「至るには」と読み分ければよい、という意見が出る。伊都国までしか行っておらず、あとはすべて「行くならば」だから、邪馬台国へは伊都国から南に水行十日・陸行一ヶ月となる。それに伊都国到着までは方位・距離・地名の順であげているのに、そのさきは方位・地名・距離の順に書かれている。これも、ここからは記載の意味あいが異なる証拠だという。しかし暗号文書やクイズの類《たぐい》ではなく、だれもが読み間違わないように配慮した史書の文章である。地名・距離の記載順の相違や「到・至」の字の使い分けで、だれもが誤りなくそのように読み取るはずとはとうてい思えない。ここで読み方を変えるというのは、ただの思いつきにすぎない。

というわけで、記事からは確かな答えが出ないので、どちらも状況証拠を列挙しあうこととなる。

近畿説の傍証の一つが、卑弥呼《ひみこ》が魏《ぎ》・明帝《めいてい》から下賜《かし》されたという銅鏡である。この魏鏡とは、日本の古墳から数多く出土する三角縁神獣鏡《さんかくぶちしんじゅうきょう》でないか。卑弥呼は得意になってこの鏡を国内の王や部下たちに配り、同盟の維持や臣下の忠節を求めたであろう。三角縁神獣鏡は同じ鋳型（同笵《どうはん》）で複数鋳《ちゅう》造《ぞう》されている。小林行雄《ゆきお》氏は、この同笵関係を手がかりにして、どこを中心にどう頒下《はんか》されていったかを追究して、その中心が京都府南端の椿井《つばい》大塚山古《おおつかやまこ》墳《ふん》にあることを突き止めた。ただ奈良県内には頒布の中心拠点が見つからないでいたが、平成十年（一九九八）、天理市柳本町《やなぎもとちょう》の黒塚古墳から三十三面以上の三角縁神獣鏡が出土し、やはり奈良県が魏と国交のあった中心地だったことが証明された。

　第二の傍証は、卑弥呼の墓をめぐるものだ。卑弥呼は、「径《けい》百余歩」の「冢《つか》」に葬られたという。つまり土饅頭《どまんじゅう》のような盛《も》り土《つち》の高塚で、全長が一〇〇メートル近い。ここから想起される墳墓は、前《ぜん》方後円墳《ぽうこうえんふん》であろう。前方後円墳の発生時か初期段階かの墳墓が、卑弥呼の墓というわけだ。そこでそれを探すと、桜井市の纏向《まきむく》遺跡内の箸墓《はしはか》古墳（全長二七八メートル、三世紀第三四半期）がいかにも古《こ》様《よう》なので、近畿説ではつねに卑弥呼の墓と目されてきた。さらに近年、見かけはあまり変わらないのだが、弥生時代の墳丘墓《ふんきゅうぼ》が古墳の前身だとわかってきた。同遺跡内にある纏向石塚（全長九十六メートル、三世紀中ごろ）・纏向矢塚《やつか》（全長九十六メートル、三世紀中ごろ）・纏向勝山（全長一一〇メートル、三世紀後半）などの帆立貝形《ほたてがいがた》の墳丘墓はその過渡期のもので、纏向型前方後円墳ともいう。蝶番《ちょうつがい》に当たる部分が拡大して前方後円墳になる、その直前の形式だ。ホケノ山古墳（全長八十メートル、三世紀後半）・箸墓古墳はこの企画の延長線上に造られたのだろう。これら纏向遺跡は三世紀前後のもので、前方後円墳発祥《はっしょう》のこの地なら、卑弥呼の墓が造られるのにふさわしい。

第三の傍証が、平成二十一年に、その纏向遺跡で見つかった三世紀前半の王宮址である。南北十九・二×東西十二・四メートルで四間四方《よんけんしほう》の大型建物と方位を揃えた三棟の建物群が附属し、内外を分ける柵列《さくれつ》もある。矢板《やいた》で護岸《ごがん》した大溝《おおみぞ》も備え、王都的景観が描けるという。ただ、傍証は確証でない。「これが王宮といえるか」など論戦はまだ続くことだろう。

ところで、この二説をめぐる政治的背景も知っておいた方がよかろう。

というのも、邪馬台国の所在地としてはつとに近畿（大和）がそれと目されてきたのだった。しかし江戸後期になると、民族主義的な国家意識が芽生えてきた。その代表的な存在である国学者たちは、邪馬台国の女王・卑弥呼が中国に朝貢・臣従《しんじゅう》したことは、日本国家の品格を貶《おと》めるもので、屈辱的外交姿勢と見なした。そしてこのような国が日本の代表であってはならないと考え、『日本書紀《にほんしょき》』にもそうした屈辱的な外交をしたとの記事もないので、これは九州地方の一女酋《じょしゅう》がしでかしたこととした。つまり日本国の中心的勢力・大和王権は関知していない、と。これはそのまま明治国家にも持ち込まれ、国家意識の称揚《しょうよう》のために都合のよい邪馬台国＝九州説が国家・政府によって支持された。

ところが太平洋戦争後は、一転して九州説が進歩的主張と見なされた。というのは戦前の歴史教育では『古事記《こじき》』『日本書紀』を鵜呑《うの》みにし、大和に発祥した天皇家が途切《とぎ》れることなく支配してきたと言い切った。この呪縛《じゅばく》からの解放が学界の優先課題で、そのためには大和王権に先立つ日本国家である邪馬台国が九州にあった方が都合よい。天皇家は建国以来万世一系で続く日本の大王でなく、紀元前からの政権でもないことになるからだ。神武《じんむ》天皇が即位した大和は、もともと政治的中心地でない。そう主張して戦前の歴史教育を否定するために、九州説が政治的に持《も》て囃《はや》されたのである。

## 02　邪馬台国と大和王権の関係はどうなっているのか

三世紀後半にあった邪馬台国《やまたいこく》がどこにあったのかという位置論争はさかんだが、その単体のみの論議に終始している観がある。わずか半世紀ていどしか離れておらず、四世紀半ばには成立しているはずの大和《やまと》王権との関係はどうなっていたのか。これについての論議が続いて起こってよいはずなのに、寡聞《かぶん》にしてそれを問題とした論議が大いに盛り上がっているとは聞かない。

邪馬台国が大和にあったとすれば、大和王権は邪馬台国の後身《こうしん》とみなすことができる。邪馬台国は狗奴《くな》国との戦いに耐えながら、三十ヶ国の結束を維持した。そして大和王権を樹立していく。一度生じた中央政権は、なかなか崩壊しないもの。しかも中国から倭《わ》国王に任命されているとなれば、中国はつぎの朝貢者が前国王と血脈で繋《つな》がっていることを確かめようとする。たとえば魏《ぎ》は、「卑弥呼《ひみこ》の宗女台与《そうじよとよ》」として一族の女性だと認めている。だから、中国と関係した中央政権を壊《こわ》すのは、そうそう簡単でない。できあがってしまった中央政権内部の主導権をめぐって争いになることはあるが、それに対抗できるあたらしい組織をべつに生み出すのはなかなかむずかしい。江戸幕末もそうだが、新政権を造り出すためにあれこれ模索するよりも、既存の政権を自力でどう操《あやつ》るかの方が現実的である。既存の政権のなかに自分をどれほど高く売り込むか。そう考える方が楽で、苦労は少ない。邪馬台国の政権の枠組みを維持しつつ、大和王権へと移行していく、というのは妥当にも思える。

もっとも、邪馬台国連合から大和王権にかかりに繋がるという想定でも、その枠組みのなかが変わることはありうる。連合構成員の一部が勢力を拡大し、邪馬台国を盟主の地位から引き摺《ず》り落とし、あたらしい盟主となる。それが大和王権と呼ばれている、という想定があってもよい。

しかし、邪馬台国連合から大和王権の成立までには五十年の間がある。この間に連合体は解体・滅亡し、割拠《かっきょ》する豪族を制《せい》して、大和にまったくあらたな王権が台頭することだとてもちろんありうる。

上述の大和説に対して、邪馬台国が九州にあったとしたならばどうなるか。

邪馬台国連合の勢力が東に拡大し、畿内《きない》を傘下《さんか》においたとも考えられる。ただし、そうなると大和に王宮を遷《うつ》す理由が必要となる。たとえば朝鮮諸国の勢力が優勢になったために王宮を後退させて防《ぼう》禦《ぎょ》態勢を整えたとか、東日本遠征を重視したとか。あるいは、邪馬台国連合は滅亡し、大和にあらたに発祥《はっしょう》した大和王権が九州まで傘下に収めた、ともいえる。『古事記《こじき》』『日本書紀《にほんしょき》』にある建国に関わる神武《じんむ》東征譚《とうせいたん》は、九州勢力が大和に乗り込んだ記憶を載《の》せたもの。そうすると、辻褄《つじつま》はあう。ただし、神武東征譚の起点は北九州でなく、日向《ひゅうが》である。そこで水野《みずの》祐《ゆう》氏は、南九州にあった狗奴国が北九州の邪馬台国を滅ぼし、さらに大和に乗り込んで大和王権を樹立した、と解釈した。これならば神武東征譚は、大和王権の成立事情をそのまま反映したものと理解できそうだ。だが、南九州から発した政権だったのなら、律令《りつりょう》国家はなぜ南九州の制圧に平安初期まで苦しむのか。理解しづらくなる。

さてここまで書いてきて、なぜ邪馬台国と大和王権の繋がりがあまり語られないか。それが解《わか》っていただけたろうか。すなわち大和説・九州説とも、そのあとの政権との関係は明瞭にできていない。これを自説の位置論争とあえて結合させると、意見は千差万別になって、共同戦線も張れなくなる。それよりまずは位置論争だけを分離して純粋に論議し、その解決を優先した方が得策《とくさく》なのである。

## 03 大和の御所に、なぜ出雲の神々が祀られているのか

『延喜式《えんぎしき》』神祇《じんぎ》・神名《じんみょう》の葛上郡《かつらぎのかみぐん》条には、鴨都波八重事代主命《かもつわやえことしろぬしのみこと》神社二座・葛木御歳《かつらぎのみとし》神社・葛木坐一言主《かつらぎにいますひとことぬし》神社・長柄《ながら》神社・高鴨阿治須岐託彦根命《たかがもあじすきたかひこねのみこと》神社四座などが見られる。

鴨都波八重事代主命神社二座とは、御所市宮前町にある鴨都波神社のことである。祭神の二座は事代主命と下照姫命《したてるひめのみこと》とされ、いまはこのほかに建御名方命《たけみなかた》・大物主櫛甕玉命《おおものぬしくしみかたまのみこと》も合わせて祀《まつ》っている。葛木御歳神社は御所《ごせ》市東持田にあって御歳神を祀るが、いまは高照光姫《たかてるひめ》も合祀する。御所市角田にある葛木坐一言主神社の祭神は一言主神だが、神の一名を味耜高彦根《あじすきたかひこね》命とするものもある（『大和志料』）。また現在は事代主神・幼武尊《わかたけるのみこと》を祀っている。長柄神社は御所市名柄にあって、祭神は下照姫命という。高鴨阿治須岐託彦根命神社は現在の高鴨神社で、御所市鴨神《かもがみ》にある。四座の祭神のうち阿治須岐託彦根命は確実だが、残る三座は明瞭でない。阿治須岐速雄《はやお》命・夷守比売《ひなもりひめ》命・天八重事代主命（『大神分身類社鈔』）とか下照姫命・天稚彦《あめのわかひこ》命・田心姫《たごりひめ》命（『特選神名牒』）とかいわれているが、『続《しょく》日本紀《にほんぎ》』には、土佐国に流されていた高鴨神を復祀《ふくし》したと見える。となれば、高鴨神が祭神のうちの一柱だったことも考えられよう。

もともとの祭神についてのこまかい詮索はともあれ、右に掲げた大物主神・事代主神・御歳神・阿治須岐託彦根命・下照姫命（高照光姫）・天稚彦らは、みな出雲神話に出てくる出雲の神々やその関係者である。

鴨都波神社

『日本書紀』によれば、大己貴《おおなむち》神（大国主《おおくにぬし》神）が葦原中国《あしはらなかつくに》をともに治《おさ》める者を得ようとしたとき、海を照らして浮かんできたのが大三輪《おおみわ》神（大物主神）で、大己貴神の幸魂《さきたま》・奇魂《くしたま》でつまり分身だと称している。高天原《たかまがはら》にいた天照大《あまてらすおお》神《みかみ》らが地上支配のために天孫を降ろそうとしたが、そのときには地上界はまだ騒がしかった。そこで事前の調査と下交渉のために使者を遣わすことになった。その一人が天稚彦だったが、彼は復命もせず、大己貴神の娘・下照姫と結婚して居着《いつ》いてしまった。阿治須岐託彦根命は、その天稚彦の親友とか、下照姫の兄だったとかいう。

『古事記』では、高天原からさらに国譲《くにゆず》りの交渉のために経津主《ふつぬし》命・武甕槌《たけみかづち》命らが出雲《いずも》に派遣された、という。そのとき大国主神は「子の事代主神と建御名方神が返事をするでしょう」と返答しており、この二神は大国主神の子だった。また御歳（御年）神は大歳《おおとし》（大年）神の子と見え、須佐之男《すさのお》の孫にあたる、とされている。

最後にあげた長柄神社は、神社名だけでは手がかりがない。ただ『新撰姓氏録《しんせんしょうじろく》』に天乃八重事代主神の後裔として長柄首《おびと》氏が見えるので、彼らが奉祭《ほうさい》した神社だったようだ。

さて、こうして出雲の神々が多数祀《まつ》られる状況については、二つの解釈がありうるだろう。第一は、出雲の人々がじっさいに出雲の神々を負って、この葛上郡に来た。その証《あかし》だと見なすことだ。第二はその逆で、葛上郡の神が出雲に進出していったと解釈する。

たしかに古代の出雲には、葛城関係の神の名が散見される。『出雲国風土記《ふどき》』意宇《おう》郡賀茂神戸《かんべ》条には、

　天の下造らしし大神の命の御子、阿遅須枳高日子命《あじすきたかひこのみこと》、葛城の賀茂の社《やしろ》に坐《いま》す。

同書・仁多《にた》郡三沢郷条にも、

　大神大穴持《おおあなもち》命の御子、阿遅須枳高日子命、御須髪八握《みひげやつか》に生《お》ふるまで、夜昼哭《な》きまして、み辞通《ことかよ》はざりき。

とある。また出雲郡には、式内社《しきないしゃ》の阿遅須伎神社も見られる。こうした記事からすればこれらの神々はもとから出雲に根付いている神だったと見なしてもおかしくないが、これらの記事からでは出雲・大和のどちらが進出したともいえる。

では、『出雲国造《くにのみやつこ》神賀詞《かんよごと》』の記事はどうか。

ここでは大穴持命が、

己命《おのがみこと》の和魂《にぎたま》を八咫《やた》の鏡に取託《とりかけ》て、倭《やまとの》大物主櫛𤭖玉命と名を称《となえ》て、大御和《おおみわ》の神奈備《かんなび》に坐せ。己命

の御子阿遅須枳高孫根命の御魂を葛木の鴨の神奈備に坐せ。事代主命の御魂を宇奈提《うなて》に坐せ。などとし、出雲国造側から地元の大物主神・事代主神・阿遅須枳高日子命らの和魂を大和に派遣して大王《おおきみ》を守護させているように読み取れる。となれば、もともと出雲の神だったのが中央に進出していったことになる。そこで千田稔氏は、移動の理由として、出雲の人々が大和の屯田《みた》の耕営《こうえい》に動員されたためと解釈された（「出雲から三輪へ」［「別冊歴史読本」二十二巻二十一号、一九九七年四月］）。

だが、平安期の祝詞《のりと》をそこまで溯らせて信じてよいのか。これは追認された虚構ではないのか。大和王権の現地最高の守護神である三輪山の大物主神が、出雲出身の神だったとはとても思えない。『古事記』『日本書紀』にある出雲神話自体が大和王権中枢で捏造《ねつぞう》された話であって、その筋書きに摺《す》り合わせて神々が日本各地に配置された。その構図のなかでは、大和王権は西方の出雲の神々に守られる。その構想を頒布するなかで、葛城の神々が出雲に持ち込まれた。その可能性は、十二分にあろう。

## 04 天孫降臨はどこに生じた伝承だったのか

高天原《たかまがはら》は、頭上の天界にあって神々の住んでいるとされる空間である。

『古事記《こじき》』によれば、天地が生じて動きはじめたとき、高天原と地上はすぐに分離して、その高天原に天之御中主神《あめのみなかぬし》がまず生じた。それ以降四神が生まれ、混沌とした自然界から神世《かみよ》七代といわれる十二柱《はしら》の神々が生じた。この最後に生じたのが伊耶那岐《いざなぎ》・伊耶那美《いざなみ》で、彼らが地上世界である大八洲《おおやしま》を国生《くにう》みし、さらに人間生活にかかわる神々をつぎつぎと産《う》んでゆく。人間が住む場所も、生活にかかわるものをつかさどる神々も、すべて高天原の神が造り出した、との筋書きである。

高天原は棚引《たなび》く雲の上の平らな原だったかのようだが、字句から連想されるようなポッカリと浮かんで漂《ただよ》う世界という牧歌《ぼっか》的なイメージではない。

伊耶那岐の生んだ三貴神のうちの姉・天照大神《あまてらすおおみかみ》と弟・須佐之男《すさのお》とが誓約《うけい》で対決し、勝ち誇った須佐之男が暴行を繰り返した。そこに描かれた光景から現地を復原すると、天照大神が大嘗《おおなめ》をする御殿があり、おそらく大嘗祭用の稲を植える田、祭祀用の神御衣《かんみそ》を織る忌服屋《いみはたや》があって、かつ生贄《いけにえ》なのか乗用なのか不明だが天の斑　馬《ぶちごま》が飼《か》われていた。

そしてなによりも、高天原には著名な天の石屋《いわや》があった。

須佐之男の暴行に怯《おび》えた天照大神は、天の石屋の戸を開いて、なかに籠もってしまった。天照大神は伊耶那岐から高天原を主宰する権利を与えられており、じっさいには太陽をつかさどるかまたは太陽の化身《けしん》と見なされたため、高天原はその主宰者を失って真っ暗闇になった。つまり天上界には大きな岩山と洞穴が存在した。

さらに、その石屋の戸の前で行われた祭祀に関係して、榊《さかき》が生《は》え鹿が住み着いた天の香山《かぐやま》や鉄鉱石が採れる天の金山《かなやま》があり、天の安《やす》の河が流れていた。ついでにいえば天照大神と須佐之男の誓約場面では、天の真名井《まない》も登場する。雲の上から掘り込んでできた井戸となるが、その水源・水脈はどこと考えていたのだろうか。その詮索はともあれ、高天原にはこうしたものが並んでいたとされている。

しかし右に記したような景観は、地上のどこかをそのまま描写したかのようで、地上界の風景とあまり変わりない。

次頁の台湾のヤミ族の世界観には天上界（Ⅰ〜Ⅲ）・地上界（Ⅴ）・冥界《めいかい》（Ⅵ〜Ⅷ）の三種あるが、地中にあるⅦ〜Ⅷの冥界では、生前と同じ姿の死者が生前のような環境で生活している。アイヌ社会での祖先つまり死者は、地上界とは情景が上下逆さとなった古里《ふるさと》つまり冥界で暮らしている、とされていた。死者の生活も神々の暮らしも、人間が考え出す以上、生者と同じ姿、同じ生活をしている姿しか思い浮かべられないのだろう。

そうだとすれば『古事記』『日本書紀《にほんしょき》』などの描く高天原には、そのイメージのもととなる地上の景物《けいぶつ》があったはずである。

もともと神々が天上界にいて、その天孫が降《くだ》って地上の支配者となるという考え方は、大陸的である。住んでいる地域が海に面していたなら、神々は水平線の彼方《かなた》からやってくると思う。しかし見渡すかぎり山川・草原が広がる地域では、神々は自分たちが行けない頭上つまり天上界にいると信じるほかない。

　もともと大和王権が発祥《はっしょう》した奈良県は、埼玉・山梨・長野・滋賀などと同じく海岸線を持たない。ここなら、大陸的な天上界に神々が住むという思想が芽生えておかしくない。しかも奈良県御所《ごせ》市の金剛山《こんごうさん》中腹の高原台地には高天《たかま》という地名や高天《たかま》彦《ひこ》神社が残っており、少し下った所には極楽寺ヒビキ遺跡という祭祀《さいし》遺跡もある。この一帯が高天原の発想のモデルとなり、ここから下山《げざん》する姿が天孫《てんそん》降臨《こうりん》と描かれた。その神話はここで発想されここをモデルとしたという説も、まんざらでない話と思えそうではないか。

THE YAMI COSMOS FIG. I (*Native Drawing*)

台湾ヤミ族の天上世界・地上世界・地下世界
（皆川隆一氏「歌を規制する眼差し―台湾ヤミ族の神の歌―」「万葉古代学研究所年報」3号より）

# 05 登美丘に天降りした饒速日命はなぜ真正の神の子とされたのか

『日本書紀《にほんしょき》』によれば、東征軍を興《おこ》した五瀬命《いつせのみこと》・磐余彦《いわれひこ》（神武天皇《じんむ》）らは難波《なにわ》で長髄彦《ながすねひこ》に迎え撃たれて敗れる。紀伊半島を迂回《うかい》し、熊野から太陽を背に負ってつまり太陽神を味方にした形で進むことに戦術転換。そしてふたたび長髄彦軍にまみえ、国土の統一をかけて再戦することとなる。

この戦いにさきだって、長髄彦は磐余彦に次のように申し入れる。

むかし天神の子・饒速日命《にぎはやひ》が天磐船《あめのいわふね》に乗って天降《あも》りし、自分の妹・三炊屋媛《みかしきやひめ》（別名は鳥見屋媛《とみやひめ》）と結婚している。自分はこの饒速日命を主君として仕えている。天神の子が二人いるはずがない。天神の子と称して土地を奪おうとしているあなたは、偽物《にせもの》に違いない。

と問うた。ここでの長髄彦は天神を奉じており、自分は支配者としてまったく正当だと思っている。これに対して、磐余彦は「天神の子といってもたくさんいる。子というのなら証拠を見せろ」と返答した。もとより自信を持っていた長髄彦は饒速日命の天羽羽矢《あめのははや》一本と歩靫《かちゆぎ》を見せたが、それはたしかに本物で、磐余彦は「これはほんとうのことだった」とした上で、自分の証拠の品を見せた。しかし戦いははじまってしまい、饒速日命は分際《ぶんざい》を弁《わきま》えず改心しない長髄彦を殺して投降・帰順した。

そういえば磐余彦は、東征する前に饒速日命が天降りしたことを気づいていた。「塩土老翁《しおつつのおじ》に聞いたところでは、東方に美しい国があり、青山が四周をめぐっている。そこに天磐船に乗って降ってきた者がいる。……天降りしたというのは、饒速日命だろうか」と、かつて語《かた》っていた。

『先代旧事本紀《せんだいくじほんぎ》』によれば、ここに至る経緯《いきさつ》もわかる。天穂日命《あめのほひ》は、天降りしようと待機しているうちに子・饒速日命を授かった。そこで天照大神の諒解を得て、饒速日命に十種《とくさ》の天璽瑞宝《あまつしるしみずたから》を持たせ、七十三人の随伴者とともに天磐船に乗せた。饒速日命は河内《かわち》・河上の哮峯《たけるのみね》に天降りし、ついで大和鳥見《やまとのとみ》つまり登美《とみ》の白庭山《しらにわやま》に遷った、という。

すなわち天神の子として地上に天降りしたのは、磐余彦の曾祖父・瓊瓊杵尊《ににぎのみこと》だけじゃなかった。しかも天照大神の諒解を得ているというのだから、真《ま》っ当《とう》な地上支配権である。天照大神は、なんと複数の神々にそれぞれ支配権を与えてしまったわけで、こうした権利を主張できる勢力がこの二神のほかにもいておかしくないことになる。長髄彦はこうした権利は一神だけに付与されるもので、多数のはずがない。だから磐余彦軍のことを天から付与《ふよ》された正当な統治権を侵《おか》しにきた賊と信じた。この感覚は、まっとうだろう。ところがこれからただ一つの統一政権を造ろうという磐余彦が、「天神の子もたくさんいる」と答え、饒速日命の証拠も真正《しんしょう》だと認めている。これは変じゃないか。地上支配を天上界から唯《ただ》一人委《ゆだ》ねられている天神の曾孫が、不当に占拠している豪族どもを征伐する。正当な支配の根拠を、みずから「唯一でない」として弱めてしまう。なんとも不思議な記載である。

なんでこんな話を入れたのか。ここから、饒速日命のつまり物部《もののべ》氏の伝えてきたこの話を神武東《じんむとう》征譚《せいたん》の原型とみなす説が出てくる。河内の河上から大和の鳥見（登美）に東向きに遷ったという物部氏の祖先伝承が列島規模に拡大され、天皇家の祖も西辺の日向《ひゅうが》から大和に東遷したという話が作られたという。物部氏の伝説をまるごと戴《いただ》いて、ちゃっかり大王家の話に塗り替えた。そういう強引な操作を施した痕跡が、複数の真正の天神が降臨した話として残されているのかもしれない。

# 06 神武天皇が即位した橿原はどこにあったのか

神武《じんむ》天皇は、大和《やまと》王権を創始した最初の大王《おおきみ》で、いまに続く天皇家の初代とされる。天上界で高木の神や天照大神《あまてらすおおみかみ》などが相談した結果、瓊瓊杵尊《ににぎのみこと》が地上界の支配のために降《お》ろされる。その瓊瓊杵尊の曾孫にあたるのが神武天皇で、彦火火出見尊《ひこほほでみのみこと》とか磐余彦《いわれひこ》という名であった。『古事記《こじき》』『日本書紀《にほんしょき》』とも、もともとは日向《ひゅうが》（宮崎県）に住んでいたとされている。天上界から付与されている全土支配権をいまこそ実現しようと志して、日向から征討戦に旅立つ。もっともはじめは兄・五瀬命《いっせのみこと》に率いられたもので、彼はその麾下《きか》の一部将にすぎない。ところが出征して瀬戸内海までは進んだが、兄は河内《かわち》からじかに上陸しようと試み、大和から出撃してきた長髄彦《ながすねひこ》に行く手を阻まれた。そのおりの戦闘の傷がもとで、兄は死亡。そのあとを彼が引き継いだ。彼は、日の神の子孫なのに日に刃《やいば》を向けてしまい、日の威信を背に負ってつまり味方につけて戦わなかった過《あやま》ちを反省し、南東の熊野から再上陸して大和平定戦を展開した。

熊野では荒坂津《あらさかつ》の女酋《じょしゅう》・丹敷戸畔《にしきとべ》を倒したものの、在地神の毒気にあたって昏倒《こんとう》した。しかし高天原《たかまがはら》の援《たす》けで蘇生《そせい》し、八咫烏《やたがらす》に導かれて大和に到達する。大和では、宇陀《うだ》に菟田魁帥《うだのひとごのかみ》である兄猾《えうかし》、国見丘に八十梟帥《やそたける》、磐余《いわれ》に兄磯城《えしき》、磯城邑《むら》（桜井市付近）に八十梟帥、高尾張《たかおわり》に赤銅《あかがね》の八十梟帥、そして長髄彦らが敵対勢力として盤踞《ばんきょ》していた。これらとの戦闘に先立ち、彼は地元の崇敬を集めていた天の香具山《かぐやま》の土で平瓮《ひらか》・手抉《たくじり》・厳瓮《いつへ》などを作って神々を祀った。つまりその土地の粘土を材料とすることで地霊《ちれい》あるいは土地の神に礼を尽くした。鄭重《ていちよう》に祀《まつ》られれば、神々は祀った側の味方になる。この祭祀で神々を味方につけたお蔭で、敵対者はつぎつぎ排除され、長髄彦も敗死させてしまった。ついで大和北部の層富《そお》の新城戸畔《にいきとべ》、和珥《わに》の居勢祝《こせのはふり》、臍見《ほそみ》の猪祝《いのはふり》、さらに周辺の土蜘蛛《つちぐも》とよばれる不服従の先住民たちも討伐し、日向を発《た》ってから六年（『古事記』は十六年）で列島中心部の制圧に成功した。

そして『日本書紀』によれば紀元前六六〇年正月、彼は畝傍《うねび》の橿原宮を王都と定め、神武天皇として中央政権の初代大王に就任したのである。

神武天皇の王宮は、『古事記』では「畝火の白橿《かし》原宮《はらのみや》」、『日本書紀』も「畝傍山の東南の橿原の地」とする。ともに畝傍近傍の橿原で、いまの橿原神宮あたりと推定されている。まぁ、もともとの彼の名である磐余彦とは磐余の男という意味であり、この近くには磐余池という大きな池があったそうだし、これらを考え合わせれば、この付近に大和王権のかつての王都が置かれていたとするのも頷《うなず》ける。

ただ、考えるべき問題はいろいろある。

たとえば実名が磐余彦だから磐余付近にあった伝承だったろうとみられているが、『日本書紀』によれば磐余はもともと片居《かたい》・片立《かたたち》といい、神武天皇の進出にさいして改名したものだと記されている。つまり磐余は、外来者の名をもとにして改められた地名だとする。それならば磐余彦はこの地の出身者でないことになるし、橿原の橿原も外来者が持ち込んだ地名とみてよいことにもなる。あるいは宮の名だけが橿原であって、そのあたりの地名でないとみなすこともできる。

というのは、『大和志《やまとし》』（一七三六年成立）には「橿原宮　柏原村に在《あ》り」とある。橿原宮は、いまの橿原市にはないとしているのだ。また『菅笠《すががさ》日記』（一七七二年）も、

今かしばらてふ名は……これより一里あまりにしみなみの方にこそ侍《はべ》れ、このちかき所にはきゝ
侍らずといふ

として、本居宣長《もとおりのりなが》は御所市《ごせし》柏原《かしはら》こそが橿原宮の地だと見なしている。私たちはいま橿原市という行政地名があるから橿原宮はこのあたりと納得しているが、もともと橿原市という名は近年の発案でないのか。すくなくとも江戸時代には確認できなかったのだから。そういう見解にも、説得力がある。

それに、このことについて口角泡《こうかくあわ》を飛ばすような議論をする必要もない。なぜなら、もともとこれは実話でないからである。東征譚に見合う地を真剣に探してみても、話自体が架空だから、比定地が本当なのかどうか問えようもない。架空の人が架空の即位式をした場所など、真剣にそこはどこかと考えられようはずがない。神武天皇の即位地など、もともとどこにもありはしないのである。

そうなると、話はそもそもこの架空の東征譚をどのように発想したのかの問題である。各地に残る戦闘の足跡を辿《たど》り、殺戮《さつりく》と征服の痕跡を取材し、王宮の伝承地を点綴《てんてつ》し、一つの壮大な肇国譚《ちょうこくたん》・英雄譚へと仕上げていった。そのなかで架空の初代大王がどこかの宮で即位したと決めた。そのとき橿の木が生えている原がいいと思った。しかしカシハラの地名などどこにでもありうる。いや、だからこそ橿原という名にしたのかもしれない。筆者の考えでは、野のなかで何かしらの特色を持った部分が原と呼ばれる。野中に橿が三本もあればそこが橿原で、大きな柏《かしわ》があればそこが柏原なのである。

前記のように御所市には柏原が存在し、そこには神倭伊波礼毘古《かんやまといわれひこ》を祀《まつ》る神武天皇社がある。となれば、もしかすれば、この地で発祥しこの地が伝えてきた肇国《ちょうこく》の創業譚と始祖地伝承を、記紀の編纂者が加工して畝傍の橿原に付け替えた。そうしたことも、まんざらありえない話でない。

## 07 神武天皇陵は、どうやって現在の地に決まったのか

近鉄橿原線には、畝傍御陵《うねびごりょう》前《まえ》という駅がある。畝傍御陵とは、大和《やまと》王権の初代大王・神武《じんむ》天皇の陵《りょう》墓《ぼ》である。しかし、この陵墓がほんとうに神武天皇陵かと問われれば、二つの意味で確かでない。

一つは、もともと神武天皇が実在したかどうかわからないからだ。

『日本書紀《にほんしょき》』によると、瓊瓊杵尊《ににぎのみこと》が天上界から地上支配権を委《ゆだ》ねられて日向《ひゅうが》に天降《あも》りし、その曾孫にあたる五瀬命《いつせのみこと》が東征軍を率《ひき》いて出《しゅっ》立《たつ》する。東征軍は難波《なにわ》に上陸して大和に乗り込もうとしたが、長髄彦《ながすねひこ》に敗れた。五瀬命はそのときの傷がもとで死亡。かわって磐余《いわれ》彦《ひこ》（神武天皇）が軍を率い、熊野から上陸して大和中《ちゅう》原《げん》の制圧に成功した。そして日本全土の支配者として橿原宮で大王に即位し、神武天皇となった、という。とはいうが、この即位は紀元前六六〇年の出来事となっている。しかしその時期は、縄文晩期にあたり、まだ各地に小国が乱立・分立する時代にも入っていない。そのような時代に日本全土を統一したといわれても、納得できまい。さらに、なぜ大和王権が大和に発祥《はっしょう》せず、日向からの遠征軍によって生じたとしなくてはいけないのか。またわずか六年間の一回だけの遠征事業で、全国支配権を樹立できてしまうものだろうか。数百年にわたる支配権争奪戦の過程を、一英雄の話に仕立てただけ。実在しない大王が獅子《しし》奮迅《ふんじん》の大活躍をしたように粧《よそお》っているのではないのか。そういう疑惑は、だれの頭にも思い浮かぶことだろう。実在しない人であれば、もちろん墓があるはずもなく、神武天皇の墓は他人のだれかの墓である。

畝傍にある神武天皇陵

第二には、神武天皇が非実在だったとしても、古代宮廷では神武天皇が生きて活躍していたと信じ、墓も造られていた。ではその実在と思われていた古代に指定されていた神武天皇陵はいまのどの墳墓《ふんぼ》に当たるのか。それなら、確かにできるのか。いや、じつはそれが少しも確かでない。

ことは江戸末期の政治情勢に関係がある。尊王攘夷《そんのうじょうい》の風潮が強まり、幕府も尊王の姿勢を示さざるを得なくなり、朝廷から天皇陵の保護・管理をつよく求められた。従わざるを得ないのだが、もともと保護するにも管理するにも、まずは前提としてその対象があれば、であろう。神武天皇陵が存在していなければ、保護も管理もできない。元禄十年（一六九七）に幕府が調査したおりには、塚山《つかやま》（現在の綏靖《すいぜい》天皇陵）とされていた。しかしここでは、『古事記《こじき》』にある「白梼尾《かしのお》の上」という記事内容に合わない。そこで、あらためて民間の学者の説を参照することにした。民間の学者たちの意見は分かれており、一説は神武田《じんむだ》の小丘や字名《あざな》のミサンザイ（みささぎの訛りか）など地名・地形を根拠としてミサンザイ説を主張した。いま一説は『古事記』『日本書紀』に記された方角・距離感などを手がかりにして丸山説を取っていた。二説のうちでは、後者に支持者が多くて有力とされていた。しかし幕府はことさらにミサンザイ説を採用し、基壇らしい高まりの上に八角形墳を造り出し、周囲に堀を巡《めぐ》らして現在の形にしてしまったのだった。

なぜ、有力だったという丸山説を採《と》らなかったのか。そのわけは、孝明《こうめい》天皇の大和行幸《ぎょうこう》が一ヶ月後に迫っていて、住民の移動や古墳の造成に手間がかからない方を選びたかったからだった。そのていどの事情だった。いま考えると、神武田にあった基壇や小丘は、平安中期に神武天皇のために建てた国源寺《こくげんじ》の跡だったらしいのだが。こんな事情では、陵墓の信憑性を信じろというのが無理だろう。

# 08 一言主の神の雄姿は記録ごとになぜこれほど変転させられるのか

葛城坐一言主神《かつらぎにいますひとことぬし》といえば、「悪《あ》しき事なりとも一言《ひとこと》、善《よ》き事なのとも一言、言ひ離《はな》つ神」つまり善悪を問わず遠慮なく一言で神意をきっぱりと言い切る、疑いを容《い》れる余地のない宣告をする権威ある神として知られている。

『古事記《こじき》』（七一二年成立）によれば、ある日、雄略《ゆうりやく》天皇は紅《くれない》の紐《ひも》をつけた青摺《あおずり》の衣《きぬ》を着た従者たちを連れて、葛城山に登ろうとした。そのとき向かいの山裾から、同じような服装で同じような規模の一団が山を登っていくのが見えた。雄略天皇は、大王の行列に似せるとは無礼な奴らと思って、「この国に私のほかに二人と王はいないのに、だれがこのようにして行くのか」と誰何《すいか》した。従者たちはその命令下に、矢をつがえた。すると、相手側も同じように矢をつがえる。戦いは必至《ひつし》だが、その前に雄略天皇は「名を名乗れ。たがいに名乗ってから戦おう」と呼びかけた。相手は「先に問われたから、まずは私が名乗ろう」といって、右のように正体を一言主神と明かしたのである。

これを聞いた雄略天皇は恐れ畏《かしこ》まり、大御刀《おおみたち》・弓矢をはじめ従者の衣服までを残らず献上した。それらを受納した一言主神は山の峰を行列でいっぱいにし、泊瀬朝倉宮《はつせあさくらのみや》近くの長谷山口まで雄略天皇の一行を見送ってくれた、という話である。

ところが『日本書紀《にほんしょき》』（七二〇年成立）になると、すこし彼我《ひが》の力関係のニュアンスが変わってくる。雄略天皇四年二月に、雄略天皇が巻《ま》き狩《が》りをしようと葛城山に登った。そこで自分の容貌・容姿に似た背の高い人に出会い、それは神だろうとは察知したが、あえて誰何してみた。相手は「姿を現した神である。まずは自分の名を名乗れ」と返答したので、雄略天皇は「幼武尊《わかたける》だ」と答えた。すると相手は「一事主神《ひとことぬし》である」と名乗った。そして日暮れまでともに狩猟を楽しんだのち、一事主神は畝傍山麓の来目水《くめがわ》まで雄略天皇を見送りにきた、という。

これが『日本霊異記《にほんりょういき》』（平安初期の成立）では、悲惨なことになってしまう。

鴨《かも》氏の一族に、役《えん》氏がある。その役氏出身で、仏教の定める五戒を守ると誓った在家《ざいけ》信者として役《えんの》優婆塞《うばそく》（役行者）と呼ばれた人がいた。彼は在家でありながら、努力して孔雀経《くじゃくきょう》の呪法《じゅほう》を修《おさ》めた。さらに山岳修行者となって山に籠もって研鑽を積み、不思議な験力《げんりき》を示す仙術をも身につけた。その力を発揮して鬼神を集めて駈使《くし》し、彼らをして金峰山《きんぷせん》と葛城山の間に橋を架《か》けさせようとした。神々はこうしたありさまを嘆いていたが、神々のうちの一言主神が人に憑《つ》いて「役優婆塞が天皇を滅ぼそうとしている」と託宣《たくせん》して、その人から文武《もんむ》天皇へと訴えさせた。これによって朝廷の知るところとなって役行者が捕縛され、伊豆に流されてしまった。役行者は赦免を請うていたが、もう一度一言主神に訴えられた。大宝元年（七〇一）、役行者は都に戻るや自分を訴えた一言主神に報復し、呪文によって神を金縛《かなしば》りにしてしまった。その縛りは、『日本霊異記』が作られた平安初期のいまも解かれていない、とある。ついでにいえば、『土佐国風土記《とさのくにふどき》』逸文《いつぶん》（十世紀前半の成立か）には、高鴨《たかがも》神社の一言主神が土佐に流されていた、と見える。高鴨神社の祭神は阿治須岐託彦根命《あじすきたかひこね》ほか三神であり、一言主神が祭神だったとは聞かない。社名と祭神とが齟齬《そご》しているので記事内容は不審だが、もしかすれば社名の間違いで、一言主神についての伝えなのかもしれない。

ともあれ、一言主神の描かれ方はどうしてこのように変化し、最後は緊縛《きんばく》までされてしまったのか。このうち『古事記』と『日本書紀』の違いは、『古事記』が古い伝承だからなのだろう。『古事記』では葛城山を居所《きょしょ》とした一言主神が大和王権の大王に祭祀を要求する話で、みずから名乗って供献物《きょうけんもつ》を求めている。雄略天皇は神を畏怖《いふ》して弓矢や衣服などを捧げ、神に恭謙《きょうけん》の意思を表した。それが『日本書紀』になると、ともに狩猟を楽しみ、神と肩を並べて行動することに変わっている。つまりは前者は神に対して謙《へりくだ》ったのに、後者では神に対する天皇の態度が大きくなって対等儀礼となっている。これは、おそらく壬申《じんしん》の乱の影響であり、壬申の乱後には『万葉集《まんようしゅう》』で「大王《おおきみ》は神にしませば」と詠《よ》まれるほど天皇の地位が高まった。臣下とは明瞭すぎるほどの力の差が開き、臣下からすれば大王は神に比肩《ひけん》するほどの権威を持つと見なされた。そうした神格化の反映である。

さて『日本霊異記』の話には、いささか説明が必要だ。『日本書紀』神功摂政《じんぐうせっしょう》五年三月条によれば、葛城襲津彦《かつらぎのそつひこ》によって連れ帰られた新羅《しらぎ》の捕虜たちは桑原・佐糜《さび》・高宮・忍海《おしぬみ》の四邑《よつのむら》に居住させられた、とある。この佐糜（佐味）・高宮は葛上郡《かつらぎのかみ》内の、忍海は葛上郡の北隣の郡名である。つまりかれら渡来人は、御所《ごせ》周辺に盤踞《ばんきょ》させられたのである。

このことから和田萃《あつむ》氏（「葛城の神々」『日本古代の儀礼と祭祀・信仰』下巻所収、塙書房刊、一九九五年）は、一言主神を祀っていたのは高宮に祖廟《そびょう》を構えた蘇我氏や高宮漢人《たかみやのあやひと》であり、渡来人を重用《ちょうよう》してきた蘇我《そが》氏が中央政界で没落したために、祀《まつ》られていた一言主神も凋落《ちょうらく》したのだろう、とされている。たしかに祀られた神は支えている人々を守るものだが、人々が支えなければ神も凋落してしまう。神たちも、ノホホンとしてはいられない。栄枯盛衰の激しい時代を生きていたのである。

# 09 盟神探湯なんかでただしい判決ができるのか

盟神探湯《くかだち》は古代の裁判のさいの調査方法の一つで、発言の真偽が不明確な場合に行なわれる。熱湯のなかに石を入れ、泥などを入れて湯を濁《にご》らせておき、その熱湯のなかから石を拾《ひろ》わせる。神に盟《ちか》って真実を証言している者には神の加護《かご》があって不思議なことにやけどなどを負わないが、偽証している者はけがをする。その差で判定する、というものである。熱湯以外でも、入れておくものは毒虫や毒蛇などでもよい。要《よう》はふつうならけがするところなのに、正直者は神に守られるという筋書きに主眼点がある。

これはもともと中国で施行されていたものだが、『隋書』倭国伝にも訴訟を裁く方法として記されているし、クカダチという日本語訓《よ》みが生じていることもあるから、日本にもともとこれに類似したものがあったのだろう。施行した実例もある。『日本書紀《にほんしょき》』応神《おうじん》天皇九年四月条によると、甘美内宿禰《うましうちのすくね》は応神天皇に、兄で重臣となっている武内宿禰《たけしうちのすくね》に謀反《むほん》の計画があると密告した。筑紫《つくし》（九州）を占領して朝鮮三国を従わせたら、大和《やまと》王権をわがものにできると豪語している、と讒訴《ざんそ》したのだ。彼の無実を信じていた壱岐直《いきのあたい》の祖《おや》・真根子《まねこ》はたまたま武内宿禰に容貌などが似ていたので、そのときには身代《みが》わりとなって殺された。武内宿禰はなお冤罪《えんざい》を晴らそうと大和に乗り込み、甘美内宿禰と対決した。しかしどちらが正しいかわからないので、ついに盟神探湯をすることとなった。磯城《しき》川のほとりで盟神探湯が実施され、武内宿禰がついに勝訴した、という。盟神探湯の具体的な様子は語られていないが、口に出してはいけない秘事だったのだろう。

とはいえ、六世紀初頭に朝鮮半島に派遣された近江毛野《おうみのけの》は、日本人と加羅《から》人の間に生まれた子の帰属を判定する基準に事欠《ことか》き、しきりに誓湯《うけい》つまり盟神探湯を実施してけが人を続出させた、と謗《そし》られている。やはり審議を尽くすべきで、盟神探湯を多用すればいいようにいわれなかったようだ。

さて、こうした真偽判定方法は、ほんとうに事実を明らかにしてくれるのだろうか。

あまりにも原始的だが、神を畏怖《いふ》する気持ちを利用して真偽を見極《みきわ》められたという見方もある。これは脅《おど》しであり、神の加護もないなかではやけどを負《お》うに決まっている。だから虚偽の証言をしている者は恐ろしくなり、盟神探湯をする前に逃げ出す。あるいは二人が争っている場合には、審議官が怪しいと思う方をさきに盟神探湯に赴かせる。そこでやけどを負った時点で、虚言の人が決まってしまう。ただしい側はやけどをしないままにされるから、実質的に合理的な結論が得られる、と。

江戸時代には、容疑者は拷問《ごうもん》によって白状させられることがしばしばあった。

丹野顯《たんのあきら》氏著『江戸の盗賊』（青春出版社）によると、この時代は「証拠物件や被害者・共犯者の証言があっても、容疑者本人が犯行を自供しないかぎり、罪状・処罰が確定しない」（一八四頁）のだそうだ。このため町奉行所としては、本人にどうしても「私がやりました」といわせたい。お涙頂戴の話をいくら聞かせても埒《らち》があかない。そこでついには拷問に訴える。とはいっても、八代将軍・徳川吉宗の時代に編纂された『公事方御定書《くじがたおさだめがき》』によると、笞打《むち》ち・石抱《いしだ》き・海老《えび》責《ぜ》めまではたんなる尋問《じんもん》（牢問）と扱われて、まだ拷問に当たらないのだそうだ。拷問とは釣責《つりせ》めのことであった。拷問をするには老中《ろうじゅう》の許可が必要で、容疑についてのそれ相応の状況証拠や証言などがなければ、そうそう許されないものだった。もっとも拷問を実施してもよいと確信されるくらいだから、結果として自《じ》供《きょう》しなくても死刑になる。自供が必要といっても、自供しなければ無罪になるわけでもない。こうなると意地でも自供しない人がおり、盗賊・木《き》鼠《ねずみ》吉五郎《きちごろう》は、三年の間に縛《しば》り敲《たたき》き・石抱・海老責・釣責などを繰り返しうけたが、自供しなかった。それでも、天保七年（一八三六）五月に死刑に処せられている。

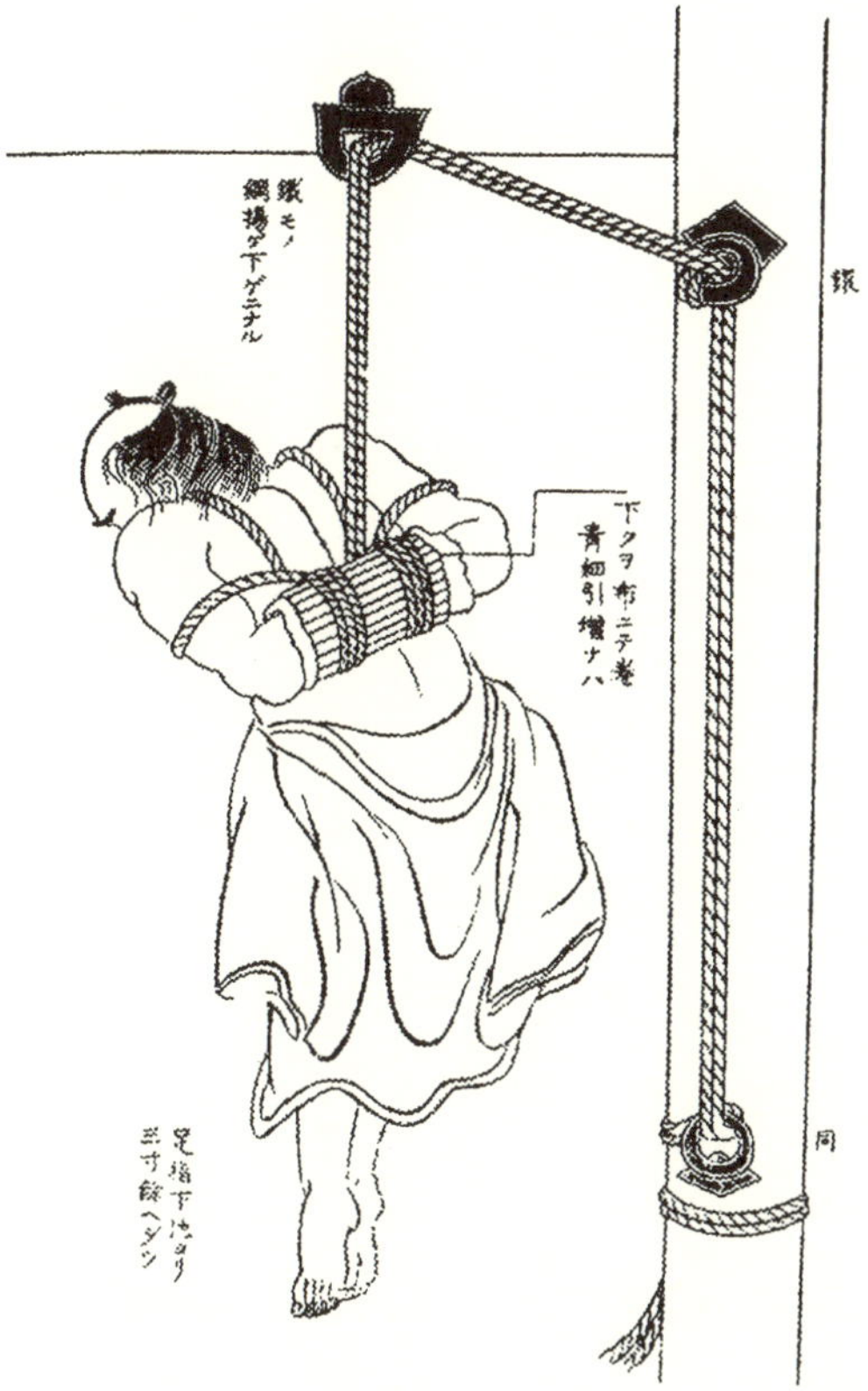


釣責

大原虎夫氏編『日本近世行刑史稿』刑務協会より

そして現代は、証拠主義である。被害者の衣類に容疑者の血や体液が付着しているなど、裁判では動かぬ証拠とやらを突きつけられる。容疑者の供述通りに、犯人しか知り得ない場所から遺体が見つかる、というのもある。状況証拠だけで立件しても、なかなか有罪にできない。

おそらく読者諸氏は、古代には神の名で冤罪を作り出しつづけた。江戸時代も取調官の思い込みで拷問し、虚偽の自供を強制された。この不合理な時代をへて、現代では緻密《ちみつ》で正確な証拠をもとに、公正・的確な裁判を行なえている。そう思っているだろう。だがそれは思い込みである。

古代では、盟神探湯で「神が罪人と判定した結果を合理的と認め、被告人を犯罪者とみなす」。江戸時代には、繰り返しの拷問によろうとも、奉行所で「罪状を自供した結果を合理的と認め、被告人を犯罪者とみなす」。現代は、たとえ本人がいかに否定しようと、「裁判官・裁判員らが証拠物件として承認した結果を合理的と認め、被告人を犯罪者とみなす」。どの時代でも、基本的に同じなのだ。ほんとうの犯罪者かどうかではなく、「その時代に合理的だと思われているもので判定されれば、犯罪者と扱われる」にすぎない。被害者の衣類に着いた容疑者の血は、取調室で押しつけられて付着したものでも構わない。私たちは、見ていたわけでもないのに、物的証拠から連想される作話《さくわ》をもとに犯罪者と決めつける。これも明らかな思い込みだ。古代も同じく、所定の合理的とされた方法で審査されたものを、犯罪者と思い込んで処罰した。真実は、本人以外のだれにも摑《つか》めていないのである。

# 10 任那日本府は日本の植民地支配の拠点だったのか

『日本書紀《にほんしょき》』崇神《すじん》天皇六十五年条には、任那《みまな》国が蘇那曷智《そなかち》を派遣して朝貢《ちょうこう》してきたとし、その場所は「筑紫《つくし》から二千里離れている。北方に海を隔《へだ》て、鶏林《けいりん》（新羅《しらぎ》）の西南にある」とする。つまり大韓民国の洛東江《らくとうこう》中下流域から蟾津江《イムジンガン》流域にかけて任那という国があり、垂仁《すいにん》天皇二年条によればその国名は崇神天皇の諱・御間城《みまき》にちなんで「弥摩那《みまな》」国と定められたとされている。

任那には日本から多数の将軍・官人らが送り込まれ、欽明《きんめい》天皇のときには安羅《あら》に日本の出先機関として任那日本府が置かれていた。この日本府が任那を構成する「比自炑《ひしほ》・南加羅《ありひしのから》・喙《とく》国・安羅・多羅・卓淳《とくじゅん》・加羅」（神功紀）や「加羅・安羅・斯二岐《しにき》・多羅・卒麻《そちま》・古瑳《こさ》・子他《した》・散半下《さんはんげ》・乞飡《こちさん》・稔礼《にむれ》」（欽明紀）などの国々を纏《まと》めた盟主となり、服属国として任那の調《みつぎ》を貢がせていた、と読まれてきた。

というのは、高句麗《こうくり》好太王碑文《こうたいおうひぶん》に「百残《くだら》・任那・加羅を破り、以《もっ》て臣民と為《な》す」とあり、また『宋《そう》書《じょ》』に倭王・讃《さん》が「自《みずか》ら使持節都督倭《しじせっとくわ》・百済《くだら》・新羅《しらぎ》・任那・秦韓《しんかん》・慕韓《ぼかん》六国諸軍事、安東大将軍、倭国王と称し、表して除正されんことを求む」などとあって、倭国つまり日本国が任那を自国の支配圏域とみなしていた文献がある。さらに影響したのは二十世紀前半の国際情勢で、日本がこれらの文献をもとに日本は古代から朝鮮半島の一部を領有・支配していたとみなし、現代の朝鮮半島支配はその復原・復活であるとして侵略・植民地支配を後押《あとお》しすることとともなっていた。

この理解が疑われるようになったのは、『日本書紀』の史料批判のなかでである。大化改新《たいかのかいしん》の詔文中に郡《こおり》という用字があり、その当時は評《こおり》といっていたはず。つまりこの詔文は大化の当時のものでない、と知られた。そのような一字一句の本文批判を厳密にしていこうというなかで、任那日本府の名が問題にされた。日本という国号は天智《てんじ》朝か天武《てんむ》朝かすなわち七世紀後半にたてられたものであって、六世紀前半の欽明朝でそう名乗っていたはずがない。したがってこの組織名は後世の創作・捏造《ねつぞう》による記述であり、任那日本府などというものは影も形もなかった、とする意見が出た。しかし他方では『釈日本紀《しゃくにほんぎ》』に「倭宰《わさい》」の用例があり、たしかに昔は倭と称した。だからもともとの史料では任那倭《わ》府《ふ》となっていたのだろうが、『日本書紀』の編纂官が当時の人に解《わか》りやすいよう日本府と書き換えた。とはいえそれは名を置き換えただけで、組織の実態はもとの記事の通りだ、とする意見もある。

さてこれをどのように考えるべきかだが、任那という名称は『三国史記《さんごくしき》』列伝の強首伝に「臣、本《もと》より任那加良《にんなから》の人」とあって、韓国史料でも確認できる。任那は弁韓《べんかん》（弁辰）十二ヶ国の総称であり、それが十ヶ国とかそれ以下になってもひきつづき用いられた地域の総称であろう。これらの諸国は東は百済から、西は新羅から攻撃され、国内でも南加羅・安羅・加羅の中心部と南部沿岸の浦上八国とがべつの連合体を構築して争っていたようでもある。こうしたなかで、任那諸国が周辺国との友好関係を模索して生き残りを図《はか》るのは当然で、任那側が情勢しだいでは倭国の軍事力に期待することもあろう。そのなかで日本列島の諸豪族が提携して軍事顧問団を形成して倭府という日本側の軍事連絡拠点を置いても不思議はなく、軍事顧問として任那の国策について献言《けんげん》することはあってよい。ただ日本が先進地域にある朝鮮の国王を操《あやつ》ってその国政を領導していた、とかは考えがたい。軍事協力・援助の応分の見返りは求めるとしても、服属国としての朝貢儀礼を強制できたとはとても思えない。

# 第二章

# 飛鳥・奈良時代

## 11 聖徳太子の祈りは、どういう奇跡を起こしたのか

用明天皇《ようめい》二年（五八七）七月、大臣《おおおみ》・蘇我馬子《そがのうまこ》は故・敏達《びだつ》天皇の大后《おおきさき》・額田部《ぬかたべ》皇女（推古《すいこ》天皇）を奉じ、大連《おおむらじ》・物部《もののべ》守屋《もりや》を討伐する軍を興《おこ》した（丁未《ていび》の変）。用明天皇没後の後継大王を巡《めぐ》り、穴穂部《あなほべ》皇子を擁立して政局を混乱させた責任を問うてのことであった。

もっともこうした大義《たいぎ》は建前《たてまえ》にすぎず、要《よう》はいつもながらの権力者同士の勢力争いである。穴穂部皇子は蘇我馬子の姉妹・小姉君《おあねぎみ》所生の子であり、守屋の姻戚ではない。馬子が堅塩媛《きたしひめ》系の皇子を依怙《えこ》贔屓《ひいき》するので、穴穂部皇子は馬子を見限って守屋を頼ってきた。そこで馬子憎《にく》しというだけで野合《やごう》し、守屋は穴穂部皇子を支援することにしたのである。

大王の後継をどうするかはたしかに問題で、朝廷内でそのうち論議されるべきものと考えてはいたが、穴穂部皇子がはやばや軍事討伐されてしまうとか、支持した自分にまで討伐軍がただちに送られるとまでは予測していなかったらしい。物部守屋は、うかつにもやや後《おく》れを取った。迎撃の軍兵を十分に調《ととの》えられないうちにただ逃げるほかなく、飛鳥《あすか》の都を逐われた。

追撃を躱《かわ》しながら、八尾《やお》から本拠地の渋川《しぶかわ》（東大阪市）に戻ってくるのが精一杯だった。軍勢も全国に招集などかけていないから、そこにいた手勢《てぜい》だけで戦わなければならない。あきらかに不利であった。それでも、さすがに大和王権屈指の軍事氏族の長である。倉を開いて急造の稲城《いなぎ》に仕立てた。つまり脱穀されて粒となっている籾米《もみごめ》を館の周辺に厚く撒《ま》き、攻撃側の足場を悪くした防禦《ぼうぎょ》施設にし

たのだ。子弟や奴隷《どれい》だけで立て籠もったが、それでも馬子が率いる大軍を相手に互角《ごかく》に戦い続けた。

このとき当時十四歳の厩戸皇子《うまやど》（聖徳太子）も、馬子側に加わっていた。権力争いの味方をしておこぼれに預《あず》かろうとしたのではなく、馬子が仏教の興隆にかねて理解を示していたからだったろう。馬子を勝たせて、仏教をもっと自由に信仰しまた広く普及させたい。そういう一心からでなかったか。

厩戸皇子は苦戦する味方の軍を見て、天に「もしこの戦いに勝たせてくれたら、四天王《してんのう》のために寺塔を建てましょう」と祈った。すると、まさに奇跡が起きたのだ。

衣摺《きぬずり》（東大阪市。弥刀《やと》駅の西方）の朴木《えのき》に上《のぼ》った守屋は、近づこうとする馬子軍にさかんに矢を射掛《いか》けた。その奮戦する守屋に矢が命中し、戦死させたのである。

ところで、かつては厩戸皇子の側近・迹見赤梼《とみのいちい》の矢が中《あた》ったのだとされてきた。赤梼は、厩戸皇子の舎人《とねり》とみなされ、そう評価されてきた。しかし坂本太郎氏著『聖徳太子』（吉川弘文館刊）では、赤梼は守屋の舎人だとした。たしかにその通りだろう。厩戸皇子が祈ったのに、祈った自分ではなく、横の側近が手柄を立てたのではおもしろくない。それくらいなら、厩戸皇子が放った矢が守屋に命中したとなるべきだ。でも奇跡ならば、こうでなければ。守屋の横には、守屋がもっとも信頼する側近・迹見赤梼がいつも寄り添っている。その赤梼が、とつぜん主人の守屋を射落としてしまった。赤梼の錯乱《さくらん》だが、これこそ厩戸皇子の祈りが四天王の加護《かご》を呼んだ結果だ。そう理解した方が穏当である。

もっとも、戦いのあとの推古天皇元年（五九三）、聖徳太子は約束通り難波《なにわ》の荒陵《あらはか》（茶臼山《ちゃうすやま》古墳のこと）付近に四天王寺を建立したとするが、それほど早く創建されたものではないらしい。

## 12 今も残る太子道は、聖徳太子の通勤路だったのか

奈良盆地の西寄りなかほどの川西町結崎《ゆうざき》から田原本町宮古《たわらもとみやこ》にかけて、太子道《たいしみち》（筋違道とも）という古道がある。道の名は、いわずと知れた聖徳太子伝説に由来するものだ。

厩戸皇子《うまやど》（聖徳太子）は、推古《すいこ》天皇元年（五九三）叔母・推古天皇の皇太子に立てられ、政務補佐官として執政を摂《たす》けることとなった。同十一年には冠位《かんい》十二階の制度を定め、朝廷に奉仕する氏族員を個人単位で勤務評定して褒賞することとした。翌年にはその制度を施行する前提として、官吏がその勤務で遵守《じゅんしゅ》すべき心得《こころえ》を憲法十七条として頒布《はんぷ》した。また同十五年には小野妹子《おののいもこ》を遣隋使《けんずいし》として隋の煬帝《ようだい》のもとに派遣し、冊封《さくほう》体制下の朝貢国《ちょうこうこく》となることなく、自立して日中間に対等な外交関係を樹立しようとはかった。さらに国是《こくぜ》として仏法興隆・鎮護《ちんご》国家をめざし、朝廷主導による仏教国家の建設に乗り出した。このために斑鳩《いかるが》に法隆寺を創建して大王家直営の法都《ほうと》を出現させ、また中国から輸入した勝鬘《しょうまん》・法華《ほっけ》・維摩《ゆいま》の三経を独自に研究した結果として『三経義疏《さんきょうぎそ》』を著《あらわ》した、などといわれている。同時代の朝廷には大臣《おおおみ》・蘇我馬子《そがのうまこ》がおり、大連《おおむらじ》・物部守屋《もののべもりや》を滅ぼし、崇峻《すしゅん》天皇を弑殺《しいさつ》するなど絶大な権力を保持していた。そうした状況下でも聡明な知力をふりしぼって説得し、反発を抑えながら政治指導力を発揮した。今日《こんにち》ではこれらの事績について厩戸皇子のものか疑う説が出されているが、ともあれながくそういわれて世間に流布《るふ》してきた理解である。

その事績を疑う理由の一つが、厩戸皇子が日常的に居住している場所である。推古天皇九年、厩戸

皇子ははやばやと奈良盆地の西北端の斑鳩で王宮の建設に取りかかり、同十三年には斑鳩宮（平群郡斑鳩町）に移り住んでしまった。これに対して大王《おおきみ》・推古天皇は崇峻天皇五年に豊浦宮《とゆらのみや》（明日香村豊浦）で即位して、推古天皇十一年にはすぐ横の小治田《おはりだ》宮（明日香村豊浦）に遷っている。とうぜんだが、国政は推古女帝の面前で審議・決定される。それなのに摂政している厩戸皇子が斑鳩に住まいしていたのでは、政務に関与できないではないか。そういう疑念が生じるのは、まことに自然である。

そこでその説明に登場するのが、この太子道である。太子道は、地理上の南北線を中心軸にすると北北西から南南西方向に二十度ほど傾いている。この道筋を北側にそのまま延ばせば法隆寺《ほうりゅうじ》・斑鳩宮のある斑鳩のすぐ東に至り、南側に延ばすと小治田宮・豊浦宮へと至る。つまり厩戸皇子のいる斑鳩宮と推古天皇のいる飛鳥を、一直線で結んでいる道である。

もちろん、直線道だけ作ってみても、時間がかかって会議には間に合わないと疑う向きがあろう。そこで両宮の間は、推古天皇六年に甲斐《かい》から献上された超高速で疾駆《しっく》する黒駒《くろこま》に乗っていた、という話ができる。『上宮聖徳太子《じょうぐうしょうとくたいし》伝補《でんぽ》闕記《けつき》』（平安前期の成立）によれば、聖徳太子はこの黒駒を舎人《とねり》・調使麻呂《ちょうしまろ》に調教させ、その年九月には厩戸皇子を乗せて富士山から信濃《しなの》・越前《えちぜん》・越中・越後までその上空を駆け巡ったという。そうした快足の天馬《てんま》ならば、斑鳩宮・豊浦宮間ていどの距離など瞬間移動で済んでしまうだろう。この黒駒伝説にちなんで太子道沿道の屏風《びょうぶ》（田原本町）には、厩戸皇子が白山《はくさん》神社に参詣したおりに黒駒を繋《つな》いだ柳や休息のために使った腰掛石《こしかけいし》などがちゃんと置かれている。

さてこうした伝説内容が史実かどうかの詮索はともかくとして、この道の周辺には屏風杵築《きづき》神社・

伴堂《ばんどう》杵築神社・鏡作《かがみづくり》伊多《いた》神社・多《おお》神社などの古社や島の山古墳（四世紀末・全長一九〇メートル）・黒田大塚古墳（六世紀後半・全長八十六メートル）などが並び、弥生時代から古墳時代にかけての集落遺跡も出土する。地図上では付近と明瞭に異なる斜行《しゃこう》した道なので、古い由緒をもった道と見受けられる。どうみても、ふつうの道ではなさそうである。

奈良盆地内の各古道の由緒は、もちろんよくわかっているわけではない。

それでも、天武天皇元年（六七二）の壬申の乱において上《かみ》ツ道・中《なか》ツ道・下《しも》ツ道が登場し、そこが主戦場の一つとなっている。大伴《おおともの》吹負《ふけい》は本隊からの援軍を三手にわけて、この三道に配置した。吹負は中ツ道で、近江《おうみ》の将・犬養五十君《いぬかいのいきみ》と闘っている。上ツ道を担当した三輪高市麻呂《みわのたけちまろ》と置始菟《おきそめのうさぎ》は箸墓《はしはか》のほとりで激戦の末に近江軍を破った、などとある。つまり、三本の南北方向の大道が、壬申の乱以前に奈良盆地を並走していた。しかも奈良盆地には、施行時期などは不明だが、全面にわたって東西・南北方向に切られた方格地割《ほうかくちわり》がつとに施行されていた。そのなかで、地理的南北線と二十度も方位を異《こと》にする道が残されているのは希有《けう》なことである。自然にできあがったていどの細道だったならば、現代の圃場《ほじょう》整備事業のような上からの強制的な地割事業にあえば、吸収され消されてしまう。こうした別方向の道に遮《さえぎ》られるのは田圃の開発や潅漑用水の管理上、農業経営の管理上の障碍《しょうがい》となりかねないからだ。

そうなると、例えば六世紀以前にこの太子道にそって繁華な町並みがあり、方格地割を導入しようにも潰《つぶ》せなかったというような事情だったろうか。しかもこの道の方位は、斑鳩の旧法隆寺つまり若《わか》草伽藍《くさがらん》の中軸線や明日香村の豊浦宮推定地の軸線《じくせん》と同じである。飛鳥時代には、意識してこの方位で揃えられていたようなのである。だから、会議の時間に間に合うかどうかは別として、厩戸皇子が馬に乗ってこの道を疾駆したと想像しても無理はないのだが。

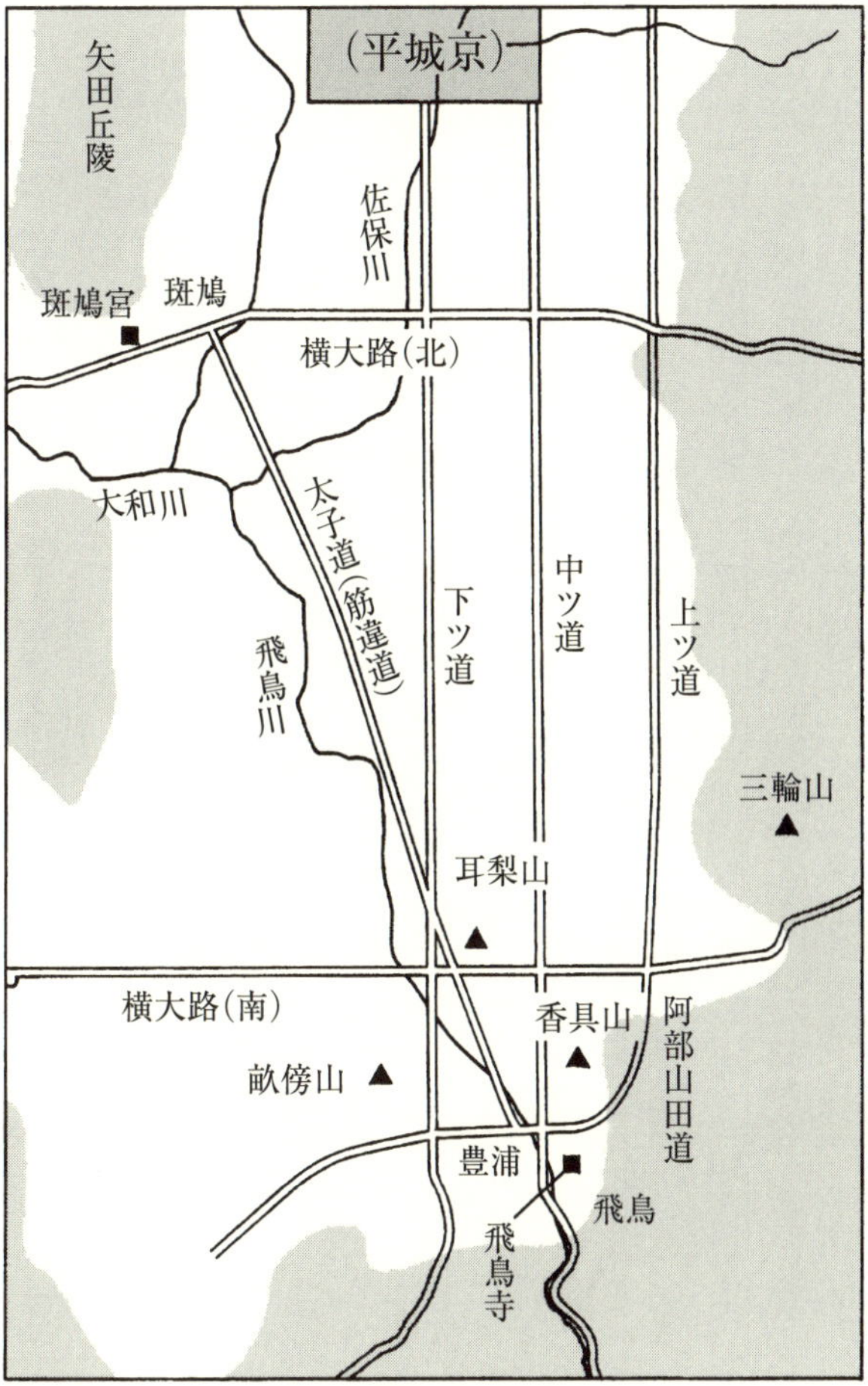


太子道と飛鳥・斑鳩

# 13 聖徳太子は、ほんとうに後継者と見られていたのか

聖徳太子は虚像であって、実像は異なる。そういう話は、拙著『古代史の謎を攻略する　古代飛鳥篇』（笠間書院）にすでに書いた。それでも、聖徳太子は偉《えら》いという巷間《こうかん》の評価があまり変わらない。一つの理由は、摂政《せっしょう》・皇太子という地位にいた事実は動かない、となお思われているからであろう。しかし、まず「摂政」ではない。『日本書紀《にほんしょき》』では「厩戸豊《うまやどのとよと》聡耳《みみのみ》皇子《こ》を立てて、皇太子とす。仍《よ》りて録《まつりごと》摂政《ふさねつかさど》らしむ」（推古天皇即位前紀）とあり、政事《まつりごと》を「ふさねつかさど」るという動詞である。摂政は、天安二年（八五八）に太政大臣《だいじょうだいじん》だった藤原良房《よしふさ》がはじめて就任することになった職務である。清和《せいわ》天皇が九歳と幼少で政務を執《と》れないので、天皇権限を代行して国政を執った。そういう事情で置かれた職務・地位である。なお、正式に摂政に任ぜられたのは貞観八年（八六六）のことである。ともあれ厩戸皇子が委《ゆだ》ねられたのは「摂政する」という行為であって、地位でない。しかも四十歳になっていた推古女帝は故・敏達《びだつ》天皇の大后《おおきさき》であって、十分に行政能力のあることも実証されていたし、それなりの経験があった。とくに用明《ようめい》天皇没後の丁未《ていび》の変（用明天皇二年［五八七］）では、穴穂部《あなほべ》皇子・宅部《やかべ》皇子を討滅し、蘇我馬子《そがのうまこ》とともに大連《おおむらじ》・物部守屋《もののべのもりや》を倒した。この政界混迷の修羅《しゅら》場《ば》をトップに立って率先処理してきた政治的手腕は、高く評価されてよい。その点でも、まだ二十歳の厩戸皇子に全権を委《ゆだ》ねようと思うはずがない。せいぜい、実習生・研修生待遇がよいところである。

では、聖徳「太子」つまり皇太子だったのか。これも違う。皇太子というのは、皇帝の儲君《ちょくん》のこと

であり、日本国王の儲君ならば世子《せいし》が妥当なところである。つまり日本の大王《おおきみ》は、中国皇帝に比肩《ひけん》しともに並び立つ皇帝である。そういう意識が生じてから用いられた称号だから、せいぜい天智朝か天武朝のもの。飛鳥浄御原令《あすかきよみはらりょう》下か大宝令《たいほうりょう》下で採用された称号である。だから、日本最初の皇太子は文《もん》武《む》天皇か聖武《しょうむ》天皇である。そんな称号が、ほぼ一〇〇年早い厩戸皇子に付けられたはずがない。

推古朝のころの後継大王の選抜には、大兄《おおえ》制が施行されていた。大王の子たちはだれでも後継候補となりうるが、それだけの資格では候補者が多くなりすぎる。当時大王位に即《つ》くには臣下の同意が必要であり、こんな状態で臣下にそれぞれ擁立させたら収拾《しゅうしゅう》がつかない。そこで、大王家側で大王の子のうちで健康状態や判断力の良否を勘案《かんあん》し、また母が皇族であるとか中央有力豪族の出身だとかを手がかりにして有力な後継候補者を決める。生母《せいぼ》別のそれぞれの王家で一人を選び、大兄と称させる。たとえば、安閑《あんかん》天皇は勾大兄《まがりのおおえ》皇子と呼ばれたし、用明天皇も大兄皇子と称した。敏達天皇の子・押《おし》坂彦人大兄《さかのひこひとのおおえ》皇子は、舒明《じょめい》天皇の父にあたる。また皇極《こうぎょく》朝のはじめ、山背大兄《やましろのおおえ》王・古人《ふるひとの》大兄皇子・中《なかの》大兄皇子（天智《てんじ》天皇）が三竦《さんすく》みとなって大王の後継を争っていたのは著名な事実である。

厩戸皇子は皇太子でなくても、天皇になるはずの後継候補者ではあったという見解がある。当時は大兄と呼ばれていたが、それを『日本書紀』編纂時の現代風に皇太子と書き換えたのだ、と。しかしそれは成り立たない。なぜなら、厩戸皇子に大兄の称号はついていないからだ。彼は大兄でなかったのだから、もともと後継候補者と見なされていない。大王候補である押坂彦人大兄皇子などの健康の回復を待ったとしても、厩戸皇子を後継者とみている人はいなかった。彼は二十歳でしかなかったが、推古女帝から斑鳩《いかるが》での仏教興隆事業を委任されていた。大王家の、若き長老にすぎなかったのである。

## 14 謎につつまれた古代豪族・鴨（加茂）氏の実体は

鴨《かも》（賀茂・加茂・甘茂）氏は大和《やまと》国 葛上《かつらぎのかみ》郡すなわち現在の御所《ごせ》市宮前町にある鴨都波《かもつわ》神社、同鴨《かも》神《がみ》の高鴨《たかがも》神社を奉祭《ほうさい》した氏族である。鴨の名は鴨山口神社などこの地域に広く分布しているが、もともと葛城山を鴨山《かもやま》（神山）といっていたことに因《ちな》む、という（『御所市史』）。

さて『古事記《こじき》』によると、崇神《すじん》朝に疫病が流行した。崇神天皇は夢で「この疫病は、私つまり三輪《みわ》山《やま》に鎮座《ちんざ》している大物主神《おおものぬし》（大三輪神《おおみわ》・大国主神《おおくにぬし》・大己貴神《おおなむち》ともいう）が起こした祟《たた》りである。だから、私の子孫にあたる意富多々泥古《おおたたねこ》に私を祀《まつ》らせれば災《わざわ》いも終息《しゅうそく》し、国は安寧となるだろう」というお告げを聞いた。子孫に祀らせろと要求するより、疫病を蔓延させる前にもうすこし穏やかに神前祭祀や供物《くもつ》を要求できないの、とかぼやくのはよそう。これが古代の神の要求方法なのだ。ともあれ、崇神天皇は大物主神の四世孫・意富多々泥古をなんとか探し出してこれを解決した、という。この話の末尾に「此《こ》の意富多々泥古は、神君《みわのきみ》・鴨君が祖《おや》ぞ」と記されていて、三輪《みわ》氏・鴨氏の氏祖だとある。『日本書紀《にほんしょき》』神代上・八段では「此《これ》、大三輪の神なり。此の神の子は、即《すなわ》ち甘茂《かも》君等、大三輪君等」とあって、大三輪神の子なのか四世孫の末裔なのか、世代的にはあやしげなところがある。

もっとも『新撰姓氏録《しんせんしょうじろく》』巻十四・大和国神別《しんべつ》の賀茂朝臣条には、「大神《おおみわ》朝臣と同祖、大国主神之後《すえ》なり。大田々禰古《おおたたねこ》の孫、大賀茂都美《おおかもつみ》、賀茂神社を奉斎《ほうさい》す」とあり、大田田根子の孫・大賀茂都美命が式内社《しきないしゃ》の鴨都波八重事代主命《かもつわやえことしろぬし》神社を奉祭したので賀茂氏と称したという。ならば『古事記』の方が氏本来の伝承に近いのかもしれない。このなかに見られる大賀茂都美命（鴨積）の積というのは尊称的な古様《こよう》の姓《かばね》らしく、こう称するだけでも起源の古い氏族と見なされるらしい（『姓氏家系大辞典』）。

それだけじゃない。鴨氏は大己貴神の子・事代主神を奉祭しながら、神武《じんむ》天皇・綏靖《すいぜい》天皇・安寧《あんねい》天皇の三大王の后《きさき》を出している。『日本書紀』によれば、神武天皇の后・媛蹈鞴《ひめたたら》五十《い》鈴媛《すずひめ》の父は事代主神であり、綏靖天皇の后・五十鈴依媛も事代主神の娘とある。その次の安寧天皇の后となった渟《ぬ》名《な》底《そこ》仲媛《なかつひめ》も、「事代主神の孫、鴨王《かものきみ》の女《むすめ》」と記されている。

これらの記載を勘案すれば、鴨氏は大和王権の中枢部に近い要衝《ようしょう》の地・葛城に勢力を張り、王権の創業時から初期にかけての王宮を妻・母方として支えた古代の名族とみられる。というのも、后になったのは奉祭神の子女としているが、もちろんじっさいは神の子でなく、事代主神の末裔と称していた鴨氏の族員であったろう。そして『新撰姓氏録』には鴨氏の苗裔《びょうえい》として大和・阿波《あわ》・讃岐《さぬき》に賀茂宿禰《すくね》・鴨部《かもべ》・役君《えんのきみ》、伊賀《いが》国に鴨藪田公《かものやぶたのきみ》、伊予《いよ》国に鴨部首《おびと》・酒人《さかひと》君・賀茂伊予朝臣・賀茂首、遠江《とおとうみ》国・土佐《とさ》国に賀茂宿禰・鴨部らが見られるが、彼らは大和王権の伸張とともに各地に進出していった鴨氏の関係者。そのように、見なしてよい。

大和王権創業時の大王の後宮を支えていたのならば、その後も大王家の外戚《がいせき》氏族として重きをなし、宿老《しゅくろう》などとなって王権中枢にそれなりの位置づけを得てきたであろう。そのはずである。

ところが鴨君氏関係の記事はそこでぷっつりと切れて、その後に鴨氏が顔を出すのは、天武《てんむ》天皇元年（六七二）の壬申《じんしん》の乱のとき。天武天皇側についた大伴吹負《おおとものふけい》が飛鳥京《あすかきょう》の留守司《るすのつかさ》を奇襲・占領し、将軍に任ぜられる。そのおりに鴨君蝦夷《えみし》は、吹負の麾下《きか》に参じたのである。そしておりしも河内《かわち》に集結していた近江方が大和にまさに進攻しようとしていたので、それを阻《はば》むために兵数百を率いて石手《いして》道《みち》（竹ノ内峠か）を固めた。これが鴨君の氏人《うじびと》がひさびさに登場した場面である。

この不自然に長く断絶した状態から、もともとこの記事には作為《さくい》が働いていると見られている。つまり鴨君氏は、ほんらい壬申の乱ではじめて注目された在地勢力だった。だがその系譜を偽《いつわ》って、ずっと以前から大王《おおきみ》の姻戚《いんせき》であったかのように作為して、権威づけをしてみせた。それで右の立后《りっこう》記事ができた、と推測されている。たしかに鴨氏がかかわった王権初期の大王たちは欠史《けっし》八代といわれ、綏靖天皇以降の八大王には治世下の事績がない。実在したのかどうか、存在そのものが疑われている。そんな大王の姻戚というのでは、その系譜が疑われてもおかしくない。

そうはいうが、欠史八代の大王の実在性を疑い切れるのか。それもまた疑問である。懿徳《いとく》天皇・孝安《こうあん》天皇などにあるオホヤマト・タラシヒコ・クニオシなどの諱《いみな》の一部は、持統《じとう》天皇（オホヤマトネコアメノヒロノヒメ）・皇極《こうぎょく》天皇（アメトヨタカライカシヒタラシヒメ）・欽明《きんめい》天皇（アメクニオシハルキヒロニハ）など後世の大王の名の一部を写したものだとできるが、安寧天皇のシキツヒコタマテミの名などには類例がない。また綏靖天皇・孝昭《こうしょう》天皇・孝安天皇の葛城高丘宮《かつらぎのたかおかのみや》（森脇）・掖上池心宮《わきがみのいけごころのみや》（掖上）・室秋津嶋宮《むろのあきつしまのみや》（室）など類例のない御所市内の宮名は何をどうやって捏《ねつ》造《ぞう》したと説明するか。それも十分できない。それならば、もともと実在していた初期王権の一様態《ようたい》を反映しているのでは。そうともいえよう。もしそうならば、鴨君氏の擁《よう》した大王家の王系があったと想定することもできなくない。初期王権の実態解明と相まって、鴨氏の謎が深まっている。

ついでだが、右の鴨氏は葛野県《あがた》を下賜《かし》されて山城《やましろ》の賀茂神を奉じた賀茂氏とはまったく別氏である。

# 15 万葉歌が伝えていた有間皇子の心の叫びとは

斉明《さいめい》天皇四年（六五八）十一月三日、孝徳《こうとく》天皇の皇子・有間《ありま》皇子は、飛鳥京《あすかきょう》留守官であった蘇我《そがの》赤兄《あかえ》の訪問を受けた。

『日本書紀《にほんしょき》』によれば、赤兄は斉明天皇の失政を数え上げ、激しく現政権を非難した、という。失政とした施策《せさく》内容は、三つ。第一は、大きな倉庫を建てて、人民から奪い取った財産をそこに積み集めていること。第二は、長い水路を掘るための人夫を長期間大量に動員し、たくさんの国費を費《つい》やしていること。第三に、切り出した石を舟に載《の》せて運ばせ、人工の岡を築かせていること、である。

当時の人ならば、こういわれただけで思い当たることがたしかにあった。

第一のことは、大化改新《たいかのかいしん》政策を推《お》し進めるなかでいままでにないあらたな負担が増え、租税がより重く感じられるようになっていた。第二・第三は斉明天皇二年に起工しはじめた狂心《たぶれごころ》の渠《みぞ》のことで、天理市の石上神宮《いそのかみじんぐう》あたりの山裾《やますそ》から香具山《かぐやま》まで、十二キロメートルにも及ぶ溝渠《こうきょ》を掘らせていた。天理の石を切り出して舟に載せ、この水路を使って運んで、田身嶺《たむのみね》の周囲に石垣をめぐらせたのだ。いま奈良県立万葉文化館前の南の小丘の中腹に、その石垣列の一部が展示されている。山裾にめぐらされた。斉明天皇は土木工事好きで、人民が疲弊《ひへい》していることなどお構いなし。これが延々と働いている自分たちに役立つのならまだしも、この水路が狂心の渠と揶揄《やゆ》されたように、なぜ・いま・こんなところに作るのか、まったく理解できない。農閑期とはいえ、いやなものはいや。人々の間には徒労感《とろうかん》が漂《ただよ》い、不満が充《み》ちていた。

　そうした姿を見聞きしているところだったから、有間皇子もその批判に共感を覚《おぼ》えた。そして「十九歳になって、兵を動かすときがきた」といい、二日後に赤兄の家に集まり、守大石《もりのおおいわ》・坂合部薬《さかいべのくすり》・塩屋鯯魚《しおやのこのしろ》らとともに挙兵の手はずを決めた。とはいうものの、まず有間皇子が斉明天皇の後《のちの》飛鳥岡本宮を焼き、五〇〇人を率いて牟婁津《むろのつ》（田辺市）を襲う。さらに舟軍《ふないくさ》が淡路《あわじ》との間を遮断すれば、もう斉明天皇側は袋の鼠になり、牢屋に押し込められた罪人同様にできる。そんなていどの、かなり楽観的な作戦だった。ところが、挙兵の盟約を交わした五日の夜、有間皇子の市経《いちふ》（生駒市）の家は、赤兄が遣した物部朴井鮪《もののべのえのいのしび》の兵に囲まれた。そして有間皇子は謀反画策の容疑で捕縛され、同席した者たちとともに斉明天皇・中大兄《なかのおおえ》皇子（のちの天智《てんじ》天皇）らがいる紀伊《きい》の牟婁温泉に護送されていった。十一日には藤白坂《ふじしろざか》（海南市）で絞首刑となり、十九歳の若い命は刑場の露と消えてしまった。

　経緯を見る限りでは、有間皇子に謀反を唆《そそのか》したのは赤兄であり、赤兄の家で謀議がなされ、赤兄が逮捕させた。それならば、これは赤兄が有間皇子を陥《おとし》れたものに違いない。陥れた理由は、有間皇子が孝徳天皇の子だから、大王位継承権があるため。とくに白雉《はくち》四年（六五三）孝徳天皇と皇極《こうぎょく》上皇（斉明天皇）・中大兄皇子たちは仲違《なかたが》いし、孝徳天皇を難波宮に置いたまま、中大兄皇子らが飛鳥に帰ってしまった。つまり政権中央が分裂して、和解しなかった孝徳天皇は置き去りにされ見棄てられたといってよい。孝徳天皇は、翌年失意のうちに死没。このとき、有間皇子はメンタルな病に罹《かか》っていて温泉地で療養していた。それでも、それは病気のふりなのかも。時をうかがって父の怨みを晴らすために、斉明政権を覆《くつがえ》そうと図《はか》るかもしれない。いや彼がしなくとも、周囲で擁立しようとするかもしれない。危惧《きぐ》しながら成長を見守るくらいなら、芽のうちに摘《つ》み取ってしまおう。中大兄皇子がそう考えて指示したのか、赤兄が自分を売り込むために画策したのか。そのいずれにせよ、有間皇子はそれだけ危険に思われていた。それにしても、有間皇子だとて「兵を動かそう」とか「赤兄の家で謀議した」とか、ともあれ謀反の立案に参画してしまってはいまさらどうしようもない。病人だったというから、判断できなくてもしかたないか。『日本書紀』の記事をもとにすれば、図られたにしても、有間皇子も満更《まんざら》でなく、本心は荷担したかった。そういう見方が通説とされてもやむをえない。

ところが『日本書紀』で、有間皇子は「なぜ謀反を企てたのか」と尋ねられて「天と赤兄が知っている。私は知らない」と答えたとある。「さきにいい出したのは赤兄だ」の意味か「すべて虚構で、計略にはめられた」の意味か。この発言では、何をどう弁明するつもりだったのかわからない。

ところが、この答えは『万葉集』に記されていた。有間皇子は護送途中で松の枝を結び、

磐代《いわしろ》の　浜松が枝《え》を　引き結び　ま幸《さき》くあらば　またかへりみむ　（巻二・一四一）

と詠《よ》み、草や木を結んで前途の幸いを予祝《よしゅく》した。もしも彼が赤兄の謀反に同意し、斉明天皇らを牟婁温泉に押し込めて殺戮《さつりく》しようという話をリードしていたのなら、ここで「ま幸く」と祈りはすまい。国家転覆を謀《はか》る気持ちを見せていたのなら、いまさらどう考えても「ま幸く」なりようがない。また死刑から流刑《るけい》への減刑の願いだったとしても、神に「ま幸く」とまでは祈れまい。「ま幸く」と祈ったのは、彼が神かけて荷担の意思を持っていなかったからだ。赤兄が唆そうと、家に呼ばれようと、謀反にも政権批判にも首肯《しゅこう》していないし、失政と誹《そし》ったこともない。すべては赤兄の作りごとだ。「嵌《は》められているが、真実は自明だ」と、この歌こそがあの日の真相を伝えていたのだ。

# 16 壬申の乱で、少数派になるはずの側がなぜ二正面作戦を取ったのか

規模の大きな相手を倒そうとしているが、仕掛ける側は少人数の予想である。そんな見通しのとき、味方の人数をさらに二分して、連絡のつきにくいところに配置したりするか。少ない味方なら集中させて、相手の人数に対抗できるように努《つと》めるのでは。つまり壬申《じんしん》の乱で、大海人《おおあま》皇子はなぜ倭京《わきょう》と不破《ふ わ》の二箇所に拠点を構えたのか。その意図や効果が取り上げられていないのが、不思議に思えるのだ。

決起にさいして大海人皇子は、黄書《きぶみのおおとも》大伴らを派遣して倭京に駅鈴《えきれい》を取りに行かせた。それは失敗するのだが、彼はそのまま大伴《おおともものふ》吹負《けい》・馬来田《まくた》兄弟のもとに赴き、大海人皇子の決起を告げた。まだ不破への逃避行《とうひこう》中で、もし密告されれば、行《ゆ》く手を遮《さえぎ》られるかもしれない時期である。よほど信用していた。いや、すでに事前に挙兵のさいには同調するという諒解が取れていたのだろう。ともかく馬来田は大海人皇子のもとに向かい、菟田《うだ》の吾城《あき》（安騎）で落ち合った。ところが吹負はそのまま残って倭京を陥落させ、ここに大海人皇子方の拠点を作る。吹負は、不破に合流しようとしない。

大友皇子側は奈良盆地の西・北からそれぞれ進入し、吹負軍を潰《つぶ》しにかかった。河内《かわち》に集結した軍兵は壱岐韓国《いきのからくに》に率いられて倭京を西側から攻略し、北側からは大野果安《おおののはたやす》が近江宮《おうみ》の軍を割《さ》いて乃楽山《ならやま》越えで攻撃した。さらに大友《おおとも》皇子側は不破と倭京の間の連絡を断ち切ろうと、田《た》邊小隅《なべのおすみ》に別働隊を率いさせて鹿深山《かふかやま》を越させて倉歴道《くらふみち》を行かせ、莿萩野《たらの》を襲わせた。これを奪取して不破からの援軍を阻《はば》み、倭京を包囲した上で殲滅《せんめつ》してしまう計画であった。

果安軍は、乃楽山まで北上してきた吹負軍を破り、八口《やぐち》（不詳）まで南下。また韓国軍も河内恵我《えが》河《がわ》で吹負が送った坂本財《さかもとのたから》軍を破った。莿萩野の連絡路が断ち切れて、近江方が倭京に一気に攻め込めば、倭京は陥落しただろう。だが韓国軍内に内紛が起こり、果安軍も敵情視察に手間取り、勝機を逸した。小隅部隊は倉歴の守備隊の急襲に成功したが、莿萩野の多品治《おおのほむち》軍に迎撃されて敗退していた。

莿萩野が押さえられなかったこともあって、大海人皇子方の指令で紀阿閉麻呂《きのあへまろ》率いる伊勢方面の大軍が援軍として倭京に送り込まれた。韓国軍は竜田《たつた》・穴虫《あなむし》・石手《いして》（竹ノ内街道）の三道から大和に入って一時は吹負を倭京から追い払ったが、援軍に支えられて復活した吹負軍のために当麻《たいま》で敗れた。また果安軍が奈良盆地中央の上中下三つの南北道から押し寄せ、中《なか》ツ道の吹負軍は危なかったがなんとか撃退した。上《かみ》ツ道でも箸墓《はしはか》の激戦を制し、倭京を守り抜いた。結果として倭京での戦いはこれで終わり、吹負たちは難波に集結する。そのころには近江大津宮は陥落し、大友皇子は自殺していた。

ところで問題は、なぜ決起の最初から倭京を拠点にすることにこだわり、吹負を大和に踏みとどまらせたのか。そのために不破と倭京の連絡路を確保しなければならず、軍は二分《にぶん》されている。これを近江宮を挟撃《きょうげき》するためとするのは、結果論だろう。勝てるかどうか分からず、挟撃できるほどの味方が増えるかどうかも分からないのだから。二正面作戦によって近江宮の防衛力が殺《そ》がれたのは事実だが、それも結果論で、大海人皇子側も力を殺がれて二分されている。これらは、いずれも後講釈《あとこうしゃく》である。ではなぜか。筆者は、この倭京を拠点にして固守させたのは、中央豪族たちの勢力地盤が奈良盆地南部にあり、そこを人質にするためだったろうと思う（拙稿「大友皇子の基礎知識」）。

近江宮に首都があり、中央豪族の宗家《そうけ》の人たちは近江にいる。しかしだからといって、近江が彼らの勢力地盤になったわけじゃない。白村江《はくすきのえ》の戦いの敗北によって、あくまでも一時的に緊急避難した出先きの王宮である。中央豪族の地盤は、相変わらず飛鳥《あすか》周辺を中心とした奈良盆地南部にある。そこに氏族の中核的施設があり、氏族の中枢を支える財務基盤と人的な基盤が置かれている。だからこそ、そこを押さえれば中央豪族は動きにくくなる。大海人皇子軍に刃向《はむ》かえば、奈良盆地の氏族の施設が報復攻撃を受け、そこにいる氏族員や部民《べみん》たちは殺され、壊滅的な打撃を与えられる。そんな予想のなかでは、氏族の力を挙げて大友皇子側で動く気持ちになれない。そのためらいが、大海人皇子の狙い目だったのである。だから吹負軍を倭京に留まらせ、不破から援助していた。そのために連絡路を断ち切られないよう兵力をわざわざ配置し、手間のかかる態勢を維持していたのだ。

これは関ヶ原の戦いで、石田三成《いしだみつなり》もしていたことだ。慶長五年（一六〇〇）七月、三成は徳川家康《とくがわ》とともに東下《とうげ》した大名たちの妻子を人質として、徳川方への加勢を阻止しようと考えたのである。この策は、細川ガラシャの自害《じがい》などによって、反発を招く危険性が生じたことで失敗する。しかしそれは関ヶ原の戦いのさいのことで、人質・物件の差し押さえは、やはり有効である。

そういえば、大友皇子の自害の場には、物部《もののべの》（石上《いそのかみ》）麻呂《まろ》が付き随っていた。麻呂は、のちに藤原不比等《ふひと》の上席の左大臣となっている。どうして大友皇子の側近が天武系政権の首班になれるのか、不思議でもある。ところで大友皇子の首は、不破で実検《じっけん》されている。だがもし最期の場に居た者が主人の遺体を埋めていたら、首実検はできない。ならばこの首を運んだのは、麻呂でなかったか。麻呂は最後の最後に、大友皇子の信頼を裏切った。というのも、本拠地の石上は現在の天理市にあり、吹負の支配した奈良盆地南部である。何らかの功績がなければ、石上の地は蹂躙《じゅうりん》されていたかもしれない。

## 17 天智天皇・天武天皇の子女間の純愛は、どういう結末を呼んだのか

むかしの結婚話は親同士で決めてしまって、本人同士は挙式当日にはじめて会ったという。それとどこか似ているがやや違うのが、上《うえ》つ方の間での政略結婚だ。家と家との結びつきを堅くするとともに、人質の意味を持つこともある。だからお年ごろに関わりなく、そのときの家の都合で決められてしまう。たとえば慶長八年（一六〇三）、徳川《とくがわ》家康の孫で数えの七歳だった千姫《せんひめ》は、豊臣秀吉《とよとみひでよし》の子で十歳の秀頼《ひでより》のもとに嫁いでいる。

古代の皇子女の結婚も、なかなかむずかしかった。政略の下心《したごころ》などはじめはなかったとしても、下級貴族が天皇の娘の心を射止《いと》めて結婚したら、姻戚関係を利用してそれなりの地位への出世を願う気持ちになるかもしれない。そうならないように、『養老令《ようろうりょう》』継嗣《けいし》令王娶親王条では、

諸王は内親王《ないしんのう》以下を、五世王は諸女王以下を、諸臣は五世女王以下を、それぞれ娶《めと》れる。ただし、五世王は親王を娶れない。

と規定してある。五世とは、天皇の子を一世とした場合の五代目である。臣下が結婚できるのは五世女王からだから、そうなるとこうなる。つまり皇子ならば諸豪族の娘とも自在に結婚できるのに、四世以上の皇女たちは狭い皇族内で結婚相手を探すほかない。もちろんそれなりの人数はおり、一世代に十人の子がいて結婚しあえば、五世代目には三一二五人となる。三世王では子を十人も養《やしな》えないだろうが、それでもあるていど相手を選べる。

そうではあるが、天皇家には特有のべつな意識がある。血の濃さである。天皇の子のうちでも区別され、皇女所生が貴種《きしゅ》として次期天皇の有力候補となり、中央有力豪族の子女所生《しょせい》がそれにつぐ。だから相手は女王ならばだれでもよいのではなく、より有力な後継候補の皇子には、より有力な皇女が人為的《じんい》に結び付けられる。頂点に立つ数人にふさわしい結婚相手は、適齢期を考慮すればさらに絞られて、ほんの数人しかいない。

しかし、人はそれぞれ生きた心を持っている。「彼にはこの彼女が吊《つ》り合《あ》う」と決められても、身体が揺さぶられ、魂が燃えるような愛を知ってしまったら、そのときはどうなるものか。

『万葉集』には、そんな思いの伝わってくる歌がある。但馬《たじま》皇女は、こう詠《よ》んだ。

人言《ひとこと》を　繁《しげ》み言痛《こちた》み　己《おの》が世に　いまだ渡らぬ　朝川渡る　（巻二・一一六）

彼女は当時「高市《たけち》皇子の宮に在《いま》す」とあり、高市皇子の正妻であった。ともに天武天皇の子で、但馬皇女の母は中臣鎌足《なかとみのかまたり》の娘・氷上娘《ひかみのいらつめ》で、高市皇子は宗形徳善《むなかたのとくぜん》の娘・尼子娘《あまこのいらつめ》である。天皇の子同士で異母兄妹の、ほぼ同格で妥当な婚姻関係に見える。だが、それは形の上でのことである。年齢や格付けが吊り合っても、心のなかの思いは吊り合うとは限らない。彼女は、同じく天武天皇の子で蘇我赤兄《そがのあかえ》の娘・大蕤娘《おおぬのいらつめ》

を母とする穂積《ほづみ》皇子を愛してしまった。どうやっても一回しかない人生なのに、どうしてこの気持ちを抑えて暮らさねばならないのか。この気持ちをかりに抑えおおせたとして、その見返りとして自分の生涯に何が得られ何が残るというのか。だれがどう止めようと心が求めてしまう激しい愛情を抑えきれず、人の噂が多くてうるさくてもなお白昼の明日香川を渡って穂積皇子のもとに通う、と詠んでいる。ほとばしる愛情は、お金でも、道徳でも、周囲の糾弾《きゅうだん》さえ振り切って、なお抑えきれない。

ここでは妻にいまでいう不倫《ふりん》をされた高市皇子だが、じつは彼にも心が求める愛人がいたようだ。相手は、同じく天武天皇の娘・十市《とおち》皇女である。

天武《てんむ》天皇元年（六七二）の壬申《じんしん》の乱ののち、天武天皇は前政権に関わる天智《てんじ》天皇の子女を排除せず、ぎゃくに自分の子女との間を取り持って婚姻させるように努《つと》めたらしい。草壁《くさかべ》皇子には天智天皇の娘・阿陪《あへ》皇女（元明《げんめい》天皇）を、高市皇子には同じく御名部《みなべ》皇女を、大津皇子には同じく山辺《やまべ》皇女を、忍壁《おさかべ》（刑部）皇子には明日香《あすか》皇女を、それぞれ配している。その一方で天智天皇の子・川島皇子には天武天皇の娘・泊瀬部《はつせべ》皇女が、施基《しき》皇子には同じく託基《たき》皇女が嫁《とつ》いでいる。壬申の乱後かどうか不明な例もあるが、年齢的な吊り合いを考えればこの多くは乱後の婚姻だろう。ついでにいえば天武天皇は、天智天皇の娘の大江皇女・新田部《にいたべ》皇女を後宮に迎えている。大田《おおた》皇女・鸕野《うの》皇女（持統《じとう》天皇）をふくめれば、兄の娘を四人も后妃《こうひ》としたわけで、異常な感じもする。しかしこれはおそらく年齢的にまた格付けで吊り合う皇子がいなかったので、壬申の乱後に天武天皇の後宮に迎えた。独身のままにさせておくよりもよい、という叔父としての大王家の主としての配慮であったろうか。律令の規定などのありようを勘案すれば、そう考えておくのが穏当であろう。

天智天皇の子女と天武天皇の子女との婚姻関係づくりが意識的に促《うなが》されていたのなら、十市皇女が高市皇子と恋愛関係になっても問題はない。そのように見える。しかし、これだけはダメだったのだ。それは十市皇女が大友皇子《おおともおうじ》（弘文天皇《こうぶん》）の正妻で、大后《おおきさき》だったことがあるからだ。天武天皇の政権下では、大友皇子の即位は認められておらず、十市皇女の大后も公認されていない。それでも近江朝《おうみ》ではじっさいに大后格であったわけで、大后とみなされるなら天皇候補者の推薦権があり、本人には即位の潜在的な資格すらある。そういう女性と結婚すれば、相手の男性つまり高市皇子は強い皇位継承権を持ってしまう。それでは草壁皇子即位への障害になりかねず、不都合だ。このため、十市皇女の再婚だけは大王家の意思として人為的に阻まれた。天武天皇七年四月に「卒然に病《にわかやまいおこ》発りて宮の中に薨ず」とあり、十市皇女は突然死没した。この不祥事《ふしょうじ》で、天武天皇は伊勢《いせ》行きを中止したという。この若い皇女の急死は、父へのまた周囲への抗議の自殺だったのではないか。そういう推測が有力である。

というのも、高市皇子は十市皇女を悼《いた》んで、

みもろの　三輪《みわ》の神杉　已具耳矣自得見監乍共　寝《い》ねぬ夜ぞ多き　（『万葉集』巻二・一五六）

山吹の　立ちよそひたる　山清水《やましみず》　汲みに行かめど　道の知らなくに　（巻二・一五八）

などと詠んでいるが、前者の歌には「寝ねぬ（寝られない）」という語が入っており、かつての恋愛関係を窺わせている。愛の行く手を阻まれたことで、失意のうちに自殺した。そう見てもよかろう。純愛を貫《つらぬ》くのはいつの世でも容易でなく、多くの思いは知られぬまま消されてしまう。だが万葉歌に秘められた心の叫びは、いまに伝えられて涙をさそう。

## 18 万葉歌で知られる大伴家持の悩みと左大臣・橘諸兄との個人的関係とは

初春の　初子《はつね》の今日の　玉箒《たまははき》　手に取るからに　揺《ゆ》らく玉の緒《お》　（『万葉集』巻二十・四四九三）

右の歌は、天平宝字《てんぴょうほうじ》二年（七五八）一月のはじめての子の日にある行事のさまを詠《よ》んだものである。この日、皇后は玉を鏤《ちりば》めた箒《ほうき》を持って、蚕《かいこ》のねぐらを掃除する。全国の農家が養蚕をしているだろう、その個々の農家の養蚕が無事でありますようにと、全国の農家に代わって祈る行事である。その宮中の儀式で用いられるのが玉箒で、色とりどりのガラスなどが燦《きら》めいている美しさが詠み込まれている。

作者は著名な天平歌人・大伴家持《おおとものやかもち》である。ところが、この歌はだれにも披露《ひろう》されることなく、大伴家の歌集のなかにお蔵入《くらい》りとなった。『万葉集』が残ったからいいようなものの、当時の人も後世の人も知らないままだったはずだ。家持は披露しなかった理由として「大蔵《おおくら》の政《まつりごと》に依りて、奏《そう》し堪《あ》へず」とし、公務と重なったといっている。彼は太政官《だいじょうかん》の右《う》中弁《ちゅうべん》であったから、その管轄下にある大蔵省の用事で、その宴《うたげ》に行かれなかった。だが大蔵省の仕事をしていたのは事実としても、そもそも招かれていなかったから、大蔵省の仕事をしに行ったのかも。あるいは家持をその宴に欠席させるために、ことさらに用事を入れられたのかもしれない。彼からすれば招かれないはずがないと思い、期待していたからこそ事前に歌を作っておいた。歌を事前に作ることは不自然なことではなく、即《そっ》興《きょう》に対して、宿構《しゅくこう》という。それはともあれ、彼は招かれなかったと思いたくなくて、不意の用事のせいだと自分に言い聞かせ、落ち込む気持ちを宥《なだ》めているのである。

というのも、彼にも思い当たる政権中枢から疎《うと》まれ忌避《きひ》されるような理由があった。

前年七月には、橘《たちばなのな》奈良麻呂《らまろ》の変が起きていたからだ。この事件をきっかけとして、大納言《だいなごん》・藤原仲麻呂《なかまろ》は上席の右大臣で兄の藤原豊成《とよなり》まで連座させて追い落とし、光明皇太后《こうみようこうたいごう》の力を背景とした専制体制を一気に固めてしまった。そういう政界の動きのなかで、いくら歌人としての才能があったとしても、橘氏グループ・反仲麻呂派とみられていた大伴一族の、そのなかでも氏の上《かみ》（族長）の家持にお呼びがかかるはずなど、客観的に見ればなかったのだ。

これには長い前哨戦《ぜんしようせん》があった。橘奈良麻呂の父・諸兄《もろえ》は、天平宝字元年一月に失意のうちに死没していた。この前年の天平勝宝八歳（七五六）二月に酒席での発言を咎《とが》められて左大臣職の辞任に追い込まれたのだが、そうつい嘆かせたのは藤原仲麻呂のせいであった。仲麻呂は光明皇太后の政治的剛腕に援けられ、紫微中台《しびちゆうだい》という新設の政治支配機関の長となり、諸兄たちが執務してきた既設の太政官機構を凌《しの》ぐ権力を得ていた。やがて並び立っていた左大臣・右大臣を失脚させて、仲麻呂は政界のトップに立っていった。こうした光明皇太后・仲麻呂らによる国家機構の恣意的改変や国家の私物化を快《こころよ》く思わない人々は、諸兄の遺児・奈良麻呂のもとで政権奪取を画策した。しかし杜撰《ずさん》な情報管理体制のため、画策の内容は筒抜《つつぬ》けとなっていた。光明皇太后はとくに大伴氏と佐伯《さえき》氏を名指しして「お前たちは昔から天皇のお側近くを守る兵として仕えてきた。大伴氏はわが同族である。お前たちがよからぬから、醜《みにく》いことが聞こえてくる」（『続日本紀《しよくにほんぎ》』）と説諭《せつゆ》している状態で、完全にばれていた。

大伴氏を代表する族長（氏上）は家持であり、彼は天平勝宝七歳の族員・大伴古慈斐《こしび》拘禁事件にさいしても政変への関与を思いとどまるよう「族《うから》に喩《さと》す歌」を詠み、「あたらしき　清きその名を　お

ぼろかに　心思ひて　空言《むなごと》も　祖《おや》の名絶つな　大伴の　氏と名に負へる　ますらをの伴《とも》」（巻二十・四四六五）つまり祖先からの名誉ある清い名を汚《けが》し絶やしてはならないと、軽挙妄動《けいきょもうどう》をつよく諌《いさ》めた。

しかし傍流の氏族員でも位階は家持より高く、氏上の権威は同族に強制力を持ち得なかった。氏上としての叫びは虚《むな》しく、同族はつぎつぎと権力の餌食《えじき》となり、逮捕され獄死していった。政変から大伴氏をただ守りぬくのでよいのか、一部の専横に目を瞑《つむ》ったままでいいのか。政権側と大伴側の両方から彼は白眼視《はくがんし》され、孤立していた。そのなかで用意していた歌。それが右記の詠歌である。

さて、家持は右中弁だったから、左大臣・諸兄は太政官の上司にあたる。史書で解るのはそれだけの関係だが、『万葉集』には史書で窺いえない個人的な人間関係が記録されている。

白雪の　降《ふ》り敷《し》く山を　越え行かむ　君をそもとな　息《いき》の緒《お》に思ふ　（巻十九・四二八一）

という自作の歌を見せたら、諸兄は「最後は『息の緒にする』がいい」という。しかし考え直して、「いや、前のように詠みなさい」といい直したという。家持は諸兄に歌の添削《てんさく》を求め、諸兄は快くそれに応じるような親しく行《ゆ》き来《き》する関係があったのである。

そういえば、天平二十年（七四八）三月、越中守として赴任していた家持のもとに、橘家の使者として田辺福麻呂《たなべのさきまろ》が遣わされていた。また家持は在任中に同国砺波《となみ》郡石粟《いさわ》村に、諸兄の子・奈良麻呂のための墾田地を作ってやっている。まさに橘氏とは家族ぐるみの付き合いをしていた。その諸兄の失脚を見送り、奈良麻呂の呼びかけにも動かなかった。そこまで隠忍自重《いんにんじちょう》したのに、彼は晴れの宴席にも呼ばれず、さらにこの翌年には因幡《いなば》守となって中央政界から追い出されてしまう。『万葉集』で彼の親交や内面まで知ってしまうと、その悲哀・失望感はいちだんと深く感じられる。

## 19 行基は、奈良県御所市とどんな関係があったか

行基《ぎょうき》は、奈良時代を代表する高僧である。しかしその生涯には激しい浮き沈みがあって、まさに波瀾万丈《はらんばんじょう》というにふさわしい。

彼が史書に出てくるのは、養老元年（七一七）四月に政府が弾圧すべき対象としてだった。そこでは「小僧《しょうそう》行基」と罵《ののし》られ、

徒党《ととう》を組んで道のあちこちに出没し、人としての罪業《ざいごう》や福徳なるものを好《す》き勝手に説教する。指に火を灯《とも》したり臂《ひじ》の皮を剝《は》いで写経してみせたり、いい加減な説なのにこれこそが聖道《せいどう》だと家々を回って誘惑している。（『続日本紀』）

と非難された。まさに国家の敵と見なされている。

いい加減な説かどうかはともかく、このうちの何がいけないのかと思われよう。しかし当時なら、非難される理由はわかっていた。当時の僧侶は、国家給付の食を食《は》む国家公務員だったからだ。僧侶は国家の指定する寺院内で修行するのが仕事である。もし寺院外で修行したいときは、寺の責任者の許可を受け、許可された範囲内で行動することとし、俗人との接触については規制を受ける。勝手な布教・説教などはもちろん許されない。修行したことで得られた成果は、すべて国家安寧・鎮護《ちんご》国家のために寺院内で行使される。そういう任務を果たさせるために国税を免除し、国費で養成して職務に専念できるよう環境のもとに置いている。それなのに行基は巷間《こうかん》をうろつき、国家的には大した見

返りの効果が見込めない人々に働きかけている。こうした独断の行為は、僧侶として許されていない。そうした趣旨での禁圧《きんあつ》であった。

ところが一転して、天平三年（七三一）に政府は行基に随従《ずいじゅう》する在家《ざいけ》の信者である優婆塞《うばそく》・優婆夷《うばい》の一部を公認した。その二年後、今度は行基の方が聖武天皇の毘盧遮那仏造顕《びるしゃなぶつぞうけん》の趣旨に賛同・同調して、人々に大仏造顕事業に参加して協力するようにと呼びかけはじめた。さらに二年後、行基は国家仏教界の最高位である大僧正《だいそうじょう》になった。難航が予想され不満が続出しかねない国家の大事業を前にして、行基本人の土木建築の知識・行動力とその組織力・動員力が評価されたのだ。行基集団と対立する道より、それを取り込む方が得策だと、政府は考えを変えたのである。

それにしても、札付《ふだつ》きのお尋《たず》ね者から一転して国家最高レベルの要人《ようじん》へ。こんな劇的展開を一生のうちに経験できる人は、日本史上でもそうそういない。

行基は、政府からは小僧といわれて弾圧されていたが、各地を廻《めぐ》りながら木々を伐《き》り倒し根を掘り上げて道を作り、渡れなかった川に橋を架《か》け、池に水を溜《た》め溝を掘って周辺に田畑を開き、布施屋《ふせや》を建てて飢えた者たちの当座を凌《しの》がせた。目に見える生活の救済をしてくれる行基を、有力者から奴隷たちまで慕わぬはずがない。『日本霊異記《にほんりょういき》』にあるように、彼は赴いたその地に仮設の小屋を作り、人々に講説《こうせつ》をし、仏教の世界観を少しでも広めようとした。国家が期待する鎮護国家仏教という使い方や仏の教えとは異なるが、彼の学んでいた法相宗《ほっそうしゅう》では社会救済の具体的現実的な実践が求められていた。この教えはかつて道照《どうしょう》なども実践していたが、勅命《ちょくめい》で飛鳥寺禅院《あすかでらぜんいん》に押し込められた。しかし法相宗の教えは脈々と受け継がれ、行基もその教えに列《つら》なった。そして彼の説教した仮設の小屋が道場と呼ばれ、やがて喜捨《きしゃ》をうけて常設の寺院となる。行基が開創《かいそう》したと称する寺院は全国に数多いが、その多くは伝説にすぎない。そのなかで、『行基年譜』（一一七五年成立）所載《しょさい》の四十九院《しじゅうくいん》はほんとうに行基が関わった寺院らしい。ただ残念ながら、その寺院は御所《ごせ》市内に分布しない。大和国内では、七十歳の天平九年に創《つく》った添下《そうのしも》郡矢田岡本村の頭陀院《ずだいん》・頭陀尼院《にいん》が最南端であって、その南にはない。

ところが、御所市は行基と縁があった。行基の戒師《かいし》が御所の人だったのだ。

どんな僧侶も、出家《しゅっけ》・得度《とくど》と受戒の手続きを経る。出家というのは家を出て寺院に入り、剃髪《ていはつ》して度牒《どちょう》を貰《もら》うことだ。これによって俗人でなくなり、一般戸籍から外《はず》されて治部省《じぶしょう》の管轄するべつの名籍《みょうじゃく》に名が記載されるとともに、戸籍から外《はず》れたことで免税になる。寺院内で生活することになり、やがて十戒を守ると誓って沙弥《しゃみ》になるが、沙弥ではまだ僧侶の見習いにすぎない。正式の僧侶となるには、戒壇《かいだん》に昇って、授戒師・教授師・羯磨師《こんまし》という三師と七人の証人の前で二五〇戒（尼は三四八戒）を誓約する必要がある。ただし、行基が二十四歳の持統《じとう》天皇五年（六九一）の時点では、まだ略式の自誓受戒《じせいじゅかい》形式しか知られていなかった。だから仏像群に囲まれての授戒儀式だったろうが、ともあれ三師が立ち会っての受戒はなされた。『行基菩薩伝《ぼさつでん》』（一一〇六年以前の成立）によれば、その儀式の中心を担《にな》った授戒師は、御所市にあった高宮寺《たかみやでら》の徳光禅師《とくこうぜんじ》だったそうだ。授戒師はいわば今日でいう指導教授にあたり、行基にとってはかけがえのない師匠である。となれば授戒の前後だけでなく、生涯の師と仰いで高宮寺とを足繁《あししげ》く往《ゆ》き来《き》したことだろう。

いまその高宮寺跡は金剛山《こんごうさん》中腹の鴨神《かもがみ》に見つかっていて、五間《けん》×四間の金堂《こんどう》と方《ほう》三間の塔の基壇・礎石がよく残っていて、奈良中期の軒丸瓦《のきまるがわら》・軒平瓦《のきひらがわら》も出土するという。

## 20 唐招提寺は鑑真の夢にみた道場だったか、それとも流刑地だったか

来日した鑑真《がんじん》は、天平勝宝《てんぴょうしょうほう》六年（七五四）東大寺大仏殿の前に築かれた戒壇《かいだん》で聖武《しょうむ》上皇・光明《こうみょう》皇太后《こうたいごう》・孝謙《こうけん》天皇に菩薩戒《ぼさつかい》を授け、そのほか五〇〇人を超える沙弥《しゃみ》・僧侶らに具足戒《ぐそくかい》などを授けた。宮廷は「授戒伝律《じゅかいでんりつ》のことは鑑真に一任《いちにん》する」と明言しており、皇室・政府の厚い信頼をうけて、東大寺における鑑真の活動は順風満帆《じゅんぷうまんぱん》でスタートした。もとより鑑真は中国律学の権威であり、当時の中国にとって辺境・場末《ばすえ》でしかない日本には、願ってもない高学の僧侶の来日である。まだ未熟な日本の仏教界が寄せる期待は大きく、敬慕《けいぼ》の思いをこめてその一挙手一投足《いっきょしゅいっとうそく》を見守っていた。と、そう思いたいところなのだが、人々の思いはそう単純でなかった。

前項に記したように、鑑真来日以前に僧侶となるための認証《にんしょう》方法は、自誓受戒《じせいじゅかい》による具足戒の授与であった。つまり生身《なまみ》の高僧たちの眼前ではなく、仏像群の前で自己宣誓するものだった。こうした僧侶の授戒法も『占察経《せんさつきょう》』にはたしかに記されているが、それはふつうに僧侶が得られないであろう辺境地帯などでの、非常手段としての仮の授戒法である。しかも、そこで仮に授戒したとしても、しかるべきときに再度三師七証《さんししちしょう》の前で正式に授戒しなおさねばならないものであった。

日本という辺境地帯では、そうした非常時の授戒の僧侶、いわば仮免許でもとりあえず許されることである。いやそうした僧侶しか、日本にはいなかった。しかしここでいま鑑真らがきた以上は、そのままにできない。そこで鑑真と弟子たちとがあらたに三師七証となり、自誓受戒で具足戒を得たす

べての僧侶をただしく受戒させなおしはじめる。そうしなければ、ただしい比丘・比丘尼が生じない。しかし、鑑真らのその原則遵守《じゅんしゅ》の使命感が、大混乱を起こすこととなった。

日本ですでに高僧として待遇されていて、弟子・孫弟子を持っているような僧侶たちはこのことをどう受け取るか。どういう立場に立たされると懸念《けねん》し、この使命感・決定をどう聞くだろうか。

もしもここではじめて正式な授戒を受けたと見なされるなら、いままで積み上げた功労は何だったのか。戒臈《かいろう》は白紙に戻り、過去の業績は無になる。戒臈とは、授戒してからの経年数《けいねんすう》のことだ。授戒し直せば、会社でいえば一年目の新入社員と扱われる。国会議員だって、何回当選したかというのが規準となって、順送りで国務大臣になれる。才能があろうとなかろうと、一回目の当選ではまず大臣になれない。それが議員のいわば戒臈だ。それはともかく、戒臈が清算されてしまうような改変を嫌う興福寺《こうふくじ》などの僧侶が反発し、鑑真らに大論争を挑み、仏教界を二分する騒動となった。

鑑真らは、経典に基づく論争に勝った。しかし、だからといって相手の不満は消えない。従わない僧侶も多い。根強い反発をうけて、ついに「東大寺の実務はご老体にはこたえるでしょう」との名目《めいもく》で職務を解かれ、東大寺での表舞台から西ノ京の唐招提寺《とうしょうだいじ》の地に追い遣《や》られたらしい。もちろん鑑真だけを敵視しても解決にならないが、象徴的な存在として東大寺にいさせたくなかったのだろう。

「いや、律学の後継者の養成を志し、残り少ない人生を懸けようとした。そのために意気軒昂《けんこう》として東大寺を離れた」という見方もある。そうはいうが、彼が唐招提寺に移されたとき、その地は「園《えん》地一区《ちいっく》」と表現され、倉庫二棟と小さな住坊《じゅうぼう》一宇《う》だけしかなかった。講堂・食堂《じきどう》などの施入《せにゅう》は後《のち》のことで、施設らしいものなどなかった。やはり追放に近い仕打ちを受けた、とみなすべきだろう。

## 21 各地に残されている条里制の跡は、奈良時代のものじゃなかったの

一筆《いっぴつ》が一町《いっちょう》（約一〇九メートル）四方《しほう》に区切られた碁盤《ごばん》目のように整った田圃《たんぼ》の群れ。これは古代になされた田圃の切り方である条里《じょうり》制のあとである。

南北方向につづく六町四方の固まりの一段づつを条と名付け、東西方向の六町四方の固まりを里と呼んでいく。つまりその一かたまりは、長さの六町×六町で、広さの三十六町となる。その広さの一町づつを坪《つぼ》といい、それぞれに固有の名前や番号をつける。たとえば一之《いちの》坪《つぼ》・二之坪とかで、のちには市之坪とか書かれることもある。こうすると、田圃の所在地が特定できる。たとえば三条四里二十五坪といわれれば、条里制下の田圃群の、北から三段目にあって、西側から四番目にある固まりのなかにある。坪の呼称の付け方には千鳥式《ちどりしき》（蛇行のこと）と平行式とがあるが、二十五坪はそのどちらでも北端の西側から五番目の田圃である。

こうした一律・一定原則の田圃の呼称は、古代国家が国民に田圃を頒布《はんぷ》していくさいに、その耕作者の班田場所を把握するのに必要だった。たとえば「蘇我稲目《そがのいなめ》とその家族には、三条四里二十五坪に九段一二〇歩の口分田《くぶんでん》を分配した」、というように記録したかったのだ。

ところで律令《りつりょうせいか》制下では、男子に二段《たん》、女子に一段一二〇歩《ぶ》を配分し、奴婢《ぬひ》（もちろんその所有者に）には良民の三分の一が支給されることになっている。そうした原則で配分するには、その坪のなかつまり一町が一〇段に分割されていて、さらに一段が三六〇歩か、そうでなくとも三分割できるよ

うな単位に区分けされていなければなるまい。

というのも律令制度導入以前には、一段は五十代《しろ》という単位で構成されていた。これは収穫と密接に関係した面積単位で、一代から成斤束《せいきんのそく》の一束の稲が穫《と》れる。一束が穫れる田圃を一代というといい換えてもよい。しかし五十代では二か五かの単位でしか割れない。すくなくとも、この割り方では、男子の三分の二とか良民の三分の一とかの三分割ができない。

それだから班田収授《はんでんしゅうじゅ》を規定した持統《じとう》天皇四年（六九〇）の飛鳥浄御原令《あすかきよみはらりょう》下か、あるいは完成度の高い大宝元年（七〇一）の大宝令《たいほうりょう》下か、そのどちらかでの班田収授の実施にさきだって、全国農村に強制的に田圃区画の変更を施行させたと考えられてきた。

南山城《やましろ》に見られる条里遺構も、島根県松江市の出雲国庁《いづもこくちょう》跡周辺にのこるあざやかな条里遺構も、すべてが律令制的中央集権国家が強大な権力のもとに施行させた班田収授制の痕跡と見なされてきたのも無理なかった。しかしこれは、文献解読に頼りすぎた研究者の思い込みだった。

群馬県高崎市周辺の水田は、浅間山の度重《たびかさ》なる噴火による噴出物に埋まり、何回も客土《きゃくど》をしている。そのおりおりの噴火時期の記録もあるので、いつごろどのような区画の水田を造っていたかが明瞭にわかる。それによれば、条里制的な一〇九メートル四方の田圃は、どんなに溯っても十世紀、九〇〇年代以降のものだった。条里制的区画の採用・変更は、平安中期以降だったのである。

とはいえ、たとえば天平勝宝元年（七五九）越中国《えっちゅうのくに》射水《いみず》郡須加《すか》村の東大寺開田図には明瞭な条里が見られる。だから奈良時代にもたしかに条里はあった。ただそれは新規の荘園だからだった。つまり古くからの田圃には手を着けず、新規の開墾からは条里制を強制的に導入させた。そういうことだった。

## 22 日本列島の形や気候は、いつも現代と同じだと思っていないか

私たちが歴史を勉強するとき、頭のなかにまず浮かべるだろう日本の形は、現代の日本列島である。日本地図の形や海岸線は、現代のものを想定している。気候だって、多少の違いはあったとしても、おおむね現在の温度と考える。今とそうそう大差《たいさ》のない条件下で、ほぼ同じ地形のなかで、栄枯《えいこ》盛衰《せいすい》を繰り返してきた。おおむねそう思っている。そんな感覚だから、歴史的に見ればさして大きくもない気候変動でも、「フロンガスだの炭酸ガスだの規制をしなければ」などと慌《あわ》てふためいてしまう。

その原因が何であるかはべつとして、この七〇〇〇年の気候は乱高下《らんこうげ》といえるほど変動している。縄《じょう》文《もん》早期~前期には、気候はいまよりずっと温暖だった。だから、大陸上の氷河や北極・南極などの氷山は解け、海面は推定でいまより五~六メートルも上昇していた。ということは、海水は関東平野のなかほどまで進入（海進《かいしん》）していたわけで、関東地方は水浸《みずびた》しであった。海岸線の位置は現代とまったく異なり、島や中洲《なかす》だらけといってもよい。

そうなると、どうなるか。たとえば魚介類《ぎょかいるい》を浜辺で獲り、その貝殻や骨を貝塚に棄てる。その当時には浜辺にほど近かったから、棄てられて当然の場所だった。その同じ場所が、後世になると「なぜこんな内陸に貝塚があるのか」と不思議がられる。茨城県水戸市塩ケ崎町にある大串《おおぐし》貝塚は、現代の海岸線からすれば五・五キロメートルも離れている。この光景をみた奈良時代の人々には、海水面が時代によって上下するなどと考えられなかった。そのなかで、何とか辻褄《つじつま》合わせの理解をしなければ

ならず、「上古《いにしえ》、人あり。躰《かたち》は極めて長大《たけたか》く、身は丘壟《おか》の上に居ながら、手は海浜の蜃《おおうむぎ》を摎《くじ》りぬ。其の食ひし貝、積聚《つも》りて岡と成りき」（『常陸国風土記』）と説明してみせた。つまり海浜まで手が届く巨人がいて、食っては貝殻を下に落としたのが丘のように積もった、としたのだ。巨人を夢想し、その足跡の遺跡や国引《くにび》き神話まで創作して、眼前の不合理な事態を解釈しようとしたのである。もちろんこの内陸に残った貝塚は、むかし海水が内陸部まで入り込んでいた証拠である。つまりいまとは異なって、その時代の気候が暖かかったことを私たちに示しているのだ。

この暖かい時期は三〇〇〇年ほど続いたが、縄文中期〜後期にはむしろ寒冷化し、海水面はこんどは現代よりも一〜二メートルも下がってしまった。国土が膨《ふく》らんだのである。そしていまの状態になったのはまだ二〇〇〇年前からである。気候が変われば地形だけでなく、そこでの植生《しょくせい》もすっかり異なる。温暖であれば亜熱帯《あねったい》性植物が繁茂《はんも》し、寒冷であれば針葉樹《しんようじゅ》が寂《さび》しげに立っているであろう。それぞれの気候で、そのときの人々が見ていた景色は、いまとは大きく違っていたのである。

北半球の気温の推定は、フェアブリッジ氏の「海水準曲線」、北川浩之氏の「13C／12C比からみた過去二〇〇〇年間の気候変動」、阪口豊氏の「過去一〇〇〇年間の気候変化と人間の歴史」などでさまざまに試みられている。そのすべてで一致するのは、一一〇〇年から一二〇〇年にかけて北半球が温暖だったことである。

このころ、日本の東北地方には奥州《おうしゅう》藤原氏が強大な勢力を築いていた。

それ以前から、安倍《あべ》氏・清原氏は俘囚《ふしゅうちょう》長という職名のもとに奥六郡《おくろくぐん》といわれる胆沢《いさわ》郡以北岩手郡以南の地を自治領としており、一定の納税さえ欠かさなければどのように支配することも一任されていた。奥州藤原氏二代目の藤原基衡《もとひら》は押領使《おうりょうし》・在国司《ざいこくし》として現地差配《さはい》の実権者となり、軍事・行政とも彼を通さなければ陸奥守《むつのかみ》の命令でも国内に実施されない形を築き上げた。さらに三代目・秀衡《ひでひら》のときには陸奥守・鎮守府《ちんじゅふ》将軍職を兼務し、形の上では律令国家の傘下《さんか》だが、事実上東北地方全域の軍事統帥権《とうすいけん》・行政執行権を一元支配することとなった。

この奥州藤原氏の繁栄のもとは、ながく砂金と馬と見なされてきた。ここが砂金の一大産地だったことは著名で、奈良時代には東大寺毘盧遮那仏《びるしゃなぶつ》の鍍金《メッキ》に困っていたときにここで砂金が発見され、聖《しょう》武《む》上皇を喜ばせたという。金の採掘・生産量は豊かで、中尊寺金色堂《ちゅうそんじこんじきどう》はその精華とされる。十世紀の平安朝廷も、宋の交易船《こうえきせん》から唐物《からもの》を買うための決済用に奥州の砂金を切望していた。また馬も内地産とは比べられない大型の駿馬《しゅんめ》であり、『平家物語』の宇治川の先陣で争った駿馬の生接《いけずき》・磨墨《するすみ》ももちろん蝦夷《えみし》産だった。貴族は蝦夷産の馬を手に入れようと争い、権門勢家《けんもんせいけ》は最高の献納物と喜んだ。今も残る八戸《はちのへ》などの地名は、一戸から九戸に分けられていた蝦夷馬の飼育・管理体制の名残りである。

こうしたことから、「このエゾの民は、『米づくり農業』を専業とするヤマト系の民と日本人の型を異《こと》にする」（高橋富雄氏著『平泉の世紀』日本放送出版協会）と見られてきた。たしかに昭和前期までなら、東北地方といえば冷害に苦しまされた貧困の地だった。だから米作りに多くは期待できない。それでも繁栄できたとすれば……、と理由を探していって違いを見つけ出す発想法だ。だがこの論理の立て方は、現代の気候から発想する現代人には理解しやすいが、それは現代人の思い込みに依拠《いきょ》すぎている。当時は平均気温が二〜三度も高く、品種改良などしなくとも、東北地方でも米作りを十分になしえた。豊かな稔りがあって、さらにその上に黄金と馬が輝いた、というべきではないのか。

## 23 正倉院宝物は校倉造の特異な空調機能のおかげで保存されたのか

東大寺正倉院《しょうそういん》の宝物《ほうもつ》は、天平《てんぴょう》文化つまり奈良時代の文化の精華といわれている。

こまかくいうと東大寺正倉（現在は東大寺所有でなく、宮内庁《くないちょう》正倉院事務所の管轄）の内部は三区に分かれ、北倉《ほくそう》はおもに天平時代の品だが、中倉《ちゅうそう》の天平時代のものは半分ほど、南倉《なんそう》のは平安時代・鎌倉時代に東大寺が使用していた品である。このうち北倉の宝物はその伝来の経緯《けいい》までわかっている。聖武《しょうむ》天皇が身近で愛翫《あいがん》していた品物を、天平勝宝《てんぴょうしょうほう》八歳《さい》（七五六）六月二十一日の聖武上皇の四十九日法要にさいし、光明皇太后《こうみょうこうたいごう》や孝謙《こうけん》天皇が東大寺など十八ケ寺に献じた。東大寺への献納物は「国家珍宝帳」など五通の献物帳《けんもつちょう》に認《したた》められており、今もその記載と合致するものがかなり残っている。

七〜八世紀代の品物で、考古学的な発掘調査によって出土したものでなく、埋められたことがない伝世品《でんせいひん》として目にできるのは、世界中に例がない。王者の所有物だったという由来《ゆらい》もふくめて、希有《けう》で貴重な歴史遺産といってよかろう。地上では地震・火災・洪水などの自然災害のほかに、戦争・掠奪《りゃくだつ》などの人為的《じんい》災害もある。正倉院も窃盗《せっとう》にあってはいるが、被害はさしたる規模でなかった。

ところでそれよりも不思議なのは、伝世品であるにも拘《かか》わらず、残存状態がかなりよい。それはなぜなのだろうか。この謎について、正倉の建築構造から語られた説明がかなり流布《るふ》している。

それは校倉造《あぜくらづく》りという特殊な構造のせいだ、という。校倉は、床面《ゆかめん》を支える総柱《そうばしら》という数多くの柱の上に床板をはり、床面の周囲に二等辺三角形の各角《かど》を切り落とした六角形の長い材木を井桁状《いげたじょう》に横

唐招提寺の校倉

に積み重ねて壁としたものだ。その頂上に、防火の観点から瓦屋根を載《の》せてある。

この井桁状の六角形の木と木の間は、夏の湿気の高いときには、木が湿気をふくんで膨張するので閉じてしまう。このために湿気が入ることが防止される。寒い冬には、木から湿気が吐き出されて、間が開く。そこから外気《がいき》が採り入れられる。これを繰り返すことで年間を通して適正な湿度に調整されて、宝物は朽ち果てることなく保存された、という説明である。

しかしこの説明は、まったくの虚偽である。壁となる横木《よこぎ》に隙間ができたのは風化《ふうか》のせいだが、これによって調湿《ちょうしつ》されたという事実はない。手向山八幡宮《たむけやまはちまんぐう》近くの校倉で調査すると、十二月の校倉内の温度／湿度は五・七度／七十三％で、外気は六・五度／七十七％。七月の校倉内は二十二・七度／八十六％で、外気は二十三・八度／八十八％であった（藤森照信氏著『天下無双の建築学入門』ちくま新書)。正倉内の温湿度は、外気の上昇とともに夏は高くなり、冬はそのまま低くなっている。

宝物は、外気の変化をそのままうけて、自然状態に連続して曝《さら》されていた。それなのにさして傷《いた》まずに伝世してきたのは、じつは繰り返し箱に詰められていたからであった。幾重《いくえ》にも箱に詰められていたため、微気象《びきしょう》の世界で温湿度がしだいに安定し、宝物本体の傷みが少なかったのだ。なお、毎年秋に奈良国立博物館で開催される正倉院展で、「よくこんなに鮮やかに燦《きら》めいて……」と絶賛する声を聞くが、その鮮《あざ》やかに燦《きら》めいている所の多くは、明治時代に新規に補修された部分である。

もう一つ、建築について流布しているまことしやかな虚説は、五重塔の作りだ。

東京・谷中《やなか》の感応寺《かんのうじ》(のち天王寺)五重塔は、幸田露伴《こうだろはん》作『五重塔』でのっそり十兵衛が建てた塔のモデルとされて著名である。自分の建てた塔は倒れないと信じ、倒れるならばもろともにと台風のなかで塔に登って動かない十兵衛の姿は、まことに感動的である。

この五重塔は、寛政三年(一七九一)にできたもので、初重《しょじゅう》の一辺は十八尺(五・四五メートル)、総高一一二尺八寸(三十四・一八メートル)で、相輪部《そうりん》が二十七尺(八・一八メートル)。屋根は銅板葺《どうばんぶき》であった。ところでこの五重塔の心柱《しんばしら》は、五重目のところで切断されていて、塔頂まで貫通していない。五重目の天井の梁《はり》から鉄鎖で心柱が繋《つな》げられ、つまり鉄鎖の下に心柱がぶら下《さ》がった形になっていたのだそうだ。

この塔は昭和三十二年(一九五七)に心中《しんじゅう》の舞台となり、放火されて焼け落ちてしまった。心中のしだいはともあれこの特異な心柱の形から、のっそり十兵衛が「塔は倒れない」と確信しました五重塔が一般に倒れないのはこの心柱が吊下式《つりさげしき》だったせい。地震や台風で前後左右に揺れても、鉄鎖で吊り下げられた柱が揺れを打ち消すように働く、いわゆる免震《めんしん》構造となっていたからだ、という理解がまことしやかに流布してしまった。

しかしこの理解も、ただの浮説《ふせつ》・虚説である。五重塔の心柱は、ほんらい吊下式などでない。心柱は塔の中央部を貫通し、伏盤《ふくばん》より上の相輪部分だけをじかに支えるものである。周囲の初層から五層までの建物部分と、構造上は直接に関係していない。五重塔などの礎石立建物は、すべて建物の構造材と瓦などの屋根の重みによって立っているものだ。吊下式というのは、心柱の基部が腐り落ちて長さが足りなくなったために起きた不備不全な状態であって、工人たちの知恵の結晶などでない。

校倉も五重塔も、建築学にうとい人がその理由を問われ、その場凌《ばしの》ぎにいったいい逃《のが》れが、工匠たちのすばらしい知恵とみなされた。振《ふ》り込《こ》め詐欺《さぎ》のように、そう思い込まされているにすぎない。

## 24 木簡は墨痕のある木札で古代地層からの出土遺物だ、となぜ定義できないのか

木簡《もっかん》は、地中から発見された古代の遺物で、墨痕《ぼっこん》がある二十センチメートルていどの木片である。そういう漠然とした理解が、木簡の常識になっている。

たしかに新聞紙上には、「九九《くく》記した木簡が出土」とか「『国』記した最古の木簡」など、古代の木簡があたらしい知見をもたらしたとする記事が多く載《の》せられている。「木簡」という学界の造語《ぞうご》も知名度が上がって教科書に載るようになったが、古代史の記述をしている部分に記載されているから、「木簡は古代のもの」という思い込みがいっそうつよくなってしまった。

しかし、これはまったくの誤解である。

木簡を扱う専門研究会である木簡学会には、たとえば大坂城下町遺跡から出土した「たひ」「ひらめ」と記された木簡が報告されている。龍宮城《りゅうぐうじょう》でも掘りあてたかのようだが、江戸初期の魚市場《うおいちば》の址《あと》だったにすぎない。品名や値段などを書き込んで、魚の間に差し込んでおいたいわゆる経木《きょうぎ》だ。江戸時代の実物もあるように、もちろん中世の木簡もある。いや明治時代のでも、近現代のでも、木簡は木簡である。木簡といえば古代のものしか指《さ》さない、というようなことはない。

地中からの発掘物に限ってもいない。

じっさい東大寺正倉院《しょうそういん》のなかにある宝物《ほうもつ》の袋などには、多数の木札《きふだ》が取り付けられている。この木札は、まぎれもなく木簡である。一度埋められたものが地中から発掘されなければ木簡とは呼べな

い、などという決まりはない。したがって、どこから発見されるかは、問題でない。

「木簡というのは、何か書いてあるから木簡とわかるんでしょう」とも思われようが、墨付《すみつ》きのあるなしは木簡かどうかの基準にならない。墨痕がある木簡は、じつは木簡総数の四割しかないからである。木簡全体の半数を超す六割の木簡には、まったく墨痕などない、ただの木片・削り屑《けずくず》にすぎない。工事現場に落ちているのと同じこの削り屑までが木簡なのか、といわれるかもしれない。だが木簡は、一度使ったあとも、ただちには棄てられない。表面にある文字の部分を小刀で削って、再利用する。その削り屑は、木簡でないのか。もともと木簡だったものを削ったのだから、木簡の分身であろう。そうなると、削平《さくへい》のさいに出た屑は木簡である。削り屑には、文字のもともと書かれていなかった部分も入るから、墨痕のないものもかなり多くふくまれる。それらが出土木簡の総数に勘定されるから、もともとは一本の木簡だったのだが、それから十数本の木簡が生じてしまうわけで、見かけの数値だけはどんどん大きくなる。だから「木簡が一〇〇点出土した」といっても、墨痕があるのは四十点ていど。そのなかには一点・一画ていどの墨痕しかない削り屑も多いから、じっさいに文章が読み取れる木簡として役に立つのは、一〇〇点出土したといっても数点にしかならない。また使用済の木簡と一緒に、未使用の木簡が出土したら、やはり出土木簡点数に入れる。こうしたことで、墨痕があるかないかで木簡とみなすかどうかの基準とはしがたいのだ。

ついで大きさのことだが、私たちは博物館などで調庸《ちょうよう》などの品物に取り付けた付札《つけふだ》木簡をよく見かけるから、二十センチメートル内外のものというイメージがまず浮かぶ。しかし現実には、「尻官《しりえのつかさ》」と書かれていた法隆寺《ほうりゅうじ》釈迦三尊像台座《しゃかさんぞんぞうだいざ》なども木簡とされる。文字が書かれた木製品だからだ。

台座はもちろん一般的には木簡でないが、文字が書かれた台座ならば木簡として扱う。こうしたことで木簡については大きさも定義できないし、大きさに目安《めやす》などありはしない。

それでは、なぜ木簡を古代特有のものだと思ってしまうのだろうか。

それは、古代史にとって木簡は重要史料だが、中世以降では、とくに近世以降ではさして重要でないからだ。近世以降では、すぐに手近にあった紙に書いてしまうし、紙の史料がいまでも大量に残されている。木簡に書かれているものからあらたに発見する度合《どあ》いは、きわめて少ない。大坂城下町遺跡で木簡が出たからそこが魚市場だとわかったといいたいが、じつは城下町の地図ですでにわかっていた。何を売っていたかも、紙の史料で十分に知られていたのである。

しかし古代史では、紙に書かれた史料が少数しかない。古代史を叙述するさいの参考書籍はゆうに一〇〇点を超えるが、分量的には『古事記《こじき》』『日本書紀《にほんしょき》』『続《しょくに》日本紀《ほんぎ》』などが大きく、これらの史料に多くを頼っている。だが『古事記』『日本書紀』は後世の編纂物であり、編纂時点の知識によってたとえば「天皇・日本・国造《くにのみやつこ》」などと記されている。これらの言葉・制度がいつからどういう目的で使われるようになったか、を窺う手がかりにならない。また『続日本紀』も貴族層以上の動静を記すもので、庶民の歴史を書くつもりがない。というのも、これらの書籍は現代人にも使えるようにと作られたのでなく、当時の為政者《いせいしゃ》にわかるよう配慮して編纂したのであり、その目的にはかなっている。

そこで編纂目的によって歪《ゆが》んだり脚色・修訂された部分を知るために、編纂される前の生《なま》の古代史料がほしかった。木簡はその渇《かわ》きを癒《いや》すものとして、注目を浴びている。古代史学界が待望する内容が書かれていると思うから、古代関係の木簡だけが重要視されてしまうのである。

# 第三章
# 平安時代

# 25 政権奪取の二度目のチャンスを、橘氏はなぜみすみす見逃したのか

橘《たちばな》氏は諸兄《もろえ》が創《つく》った氏《うじ》だが、その名は母・県犬養《あがたいぬかい》橘三千代に由来する。元明《げんめい》女帝は大嘗会《だいじょうえ》後の宴席で橘を浮かべた酒杯を三千代に賜い、「橘は果物のなかでも最高で、枝は霜雪にもめげず繁茂し、葉は寒暑でも凋《しぼ》まない。光沢は珠玉《しゅぎょく》と競《きそ》い、金銀に交じっても劣らずに美しい。これにちなんで橘宿禰《すくね》の名を与える」と顕彰した。そして天平八年（七三六）諸兄は「この名を継がなければ、詔《みことのり》の旨《むね》を損《そこ》なうから」といい、臣籍《しんせき》に降《お》りて橘氏を樹《た》てた。ただ本音《ほんね》は、母家《ぼけ》の莫大な財産の継承にあったろう。

諸兄は天平三年八月に参議《さんぎ》となり、政界九位として公卿《くぎょう》の末端に列《つら》なった。ところがその六年後、天然痘《てんねんとう》が大流行して先輩の公卿たちが相次いで死没。彼は中納言《ちゅうなごん》を経《へ》ずに大納言となって政界の首座に立ち、天平十年に右大臣、五年後には左大臣となった。もちろんこの栄進は、起用してくれた聖武《しょうむ》天皇の寵愛あってのことだが、ともあれ天平勝宝《てんぴょうしょうほう》八歳（七五六）まで二十年間も政権を保持した。

しかし晩年の諸兄は、光明皇太后の後押《あとお》しで台頭してきた藤原仲麻呂《なかまろ》に押された。光明皇太后《こうみょうこうたいごう》は自分の娘・孝謙《こうけん》天皇のもつ叙位《じょい》の権限を恣意的に使い、右大臣藤原豊成の弟で、庶流の仲麻呂を大納言に進めた。さらに首座に立つ日を早めようと、紫微中台《しびちゅうだい》を創設して太政官《だいじょうかん》の執政権限を奪い取って、紫微令《しびれい》（長官）・仲麻呂に実質的な最高執政権を与えた。光明皇后は聖武天皇から天皇御璽《ぎょじ》を引き継ぎ、聖武上皇が遺詔で指名した道祖王《ふなどおう》を皇太子から排除した。諸兄の子・奈良麻呂《ならまろ》は「遣《や》りたい放題をしやがって」と憤《いきどお》り、父が宴席での失言を咎《とが》められて左大臣を致仕《ちし》（退職）して失意のうちに

死没したことも恨《うら》んだろう。同じく光明皇太后・仲麻呂らの専横を快《こころよ》く思っていない大伴《おおとも》氏・佐伯《さえき》氏・多治比《たじひ》氏などを仲間に引き入れ、つとにクーデタ計画を立てていた。

こう書いていくと、「なァんだ、また政権争奪戦の話かい。政治家っていうのは、命《いのち》懸《が》けでも、どんな手を使ってでも、そんなにトップに立ちたいのかねぇ」という話になってしまいそうだ。

だがこの橘氏は、ちょっと違う。光明皇太后が仲麻呂を登用して、諸兄政権を倒そうとしていたことにも関わりがある。藤原不比等《ふひと》と橘諸兄・奈良麻呂とは律令政治いや政治というものについての考え方が違っていた。不比等は、律令の規定を全国一律にくまなく施行しようと心血を注《そそ》いだ。だが統治・政治というものはそれだけでいいのか。それが公平で、公平が正しいのか。

統一税制というが、それは中央政府が欲しいものを取る税である。指定された調《ちょう》庸《よう》物《もつ》のために、ありもしない産業を起さなければならない地方もあり、砂鉄を産出しないので買って納めた地域もある。しかも京都まで運ぶ運脚《うんきゃく》の負担は増えたのが、何より不公平だ。これへの配慮はないのか。土地の開墾はつねづね寸暇《すんか》を惜《お》しんでしてきたが、いまはまるで違法行為だったかのように、班田収《はんでんしゅう》授《じゅ》ごとに没収される。それでいいのか。生活格差を拡げかねない私出挙《しすいこ》は禁止し、不公平感のある封戸《ふこ》租《そ》の半給を全給に改めよ。東国に負担となっているわりに出番のない防人《さきもり》や軍団は、停止したら。国郡分割はきめこまかに支配するのに欠かせないが、行き過ぎて整った管理体制は国民の活力を萎縮させるから、元に戻すべきだ。治められているのは人間だ。物品管理じゃない。そういう温かい目で、諸兄は政治に取り組んだ。しかし光明皇后や藤原一族は、諸兄を「反不比等」政治家として追いつめた。

橘氏のこのクーデタの呼びかけには、村長《むらおさ》が応じた。橘氏を支持したのは、貴族の派閥だけでなかった。これは古代には異例のことである。温かい心を持つ為政者《いせいしゃ》には、村長の方から慕ってくる。とはいえ諸兄はすでに老いすぎ、かといって奈良麻呂は若すぎた。奈良麻呂のクーデタは情報管理が杜撰《ずさん》すぎて、光明皇太后・仲麻呂に阻まれた。人心は摑《つか》んだが、政権を奪い取ることはできなかった。

だが、再挑戦のチャンスが訪れた。奈良麻呂の孫の世代のことだ。

奈良麻呂の子の嶋田麿《しまだまろ》・安麿は従四位下になれたが、清友は内舎人《うどねり》どまりだった。ところが清友の娘・嘉智子《かちこ》が延暦二十二年（八〇三）ごろ、嵯峨《さが》天皇の後宮に入った。高津内親王《たかつないしんのう》や藤原氏出身の緒夏《おなつ》が嫡子を儲《もう》けられないなか、嘉智子は弘仁初年に夫人《ぶにん》、弘仁六年（八一五）皇后に立てられた。

それだけじゃない。嘉智子の娘・正子《まさこ》内親王（仁明天皇と双子）は大伴親王の妃となっていたが、その夫が嵯峨天皇から譲られて即位し、淳和《じゅんな》天皇となった。正子も皇后となった。母娘は二代の天皇の皇后となり、嘉智子の兄・橘氏公《うじきみ》も大納言（のち右大臣）へと出世し、一族も各官司に幅広く登用されていった。嘉智子・正子のおかげである。皇太后・皇后の後押しがあれば、天皇に集中している五位以上への叙位の権利を操作して、一族を貴族に仕立てていくことは造作《ぞうさ》もない。前掲のような光明皇太后の実績を思い起こせば、手にしている権力の強大さがわかる。目をかけられた仲麻呂は、天平十一年には従五位上だったが、九年で八階上がって正三位・大納言になった。同時期に『万葉集』で著名なあの大伴家持《おおとものやかもち》は、三十二歳から五十三歳までの二十一年間ずっと従五位上に据え置かれた。これが後楯のあるなしの差である。

二代の皇后を出した橘氏が、やがて全盛期を迎える。種は蒔《ま》かれており、あとは登用した彼らが順調に出世すれば、やがてその一部が台閣《たいかく》に姿を現してくる。藤原・橘で政界を二分し、ときには橘が藤原氏の力を凌駕《りょうが》することもあろう。そういう日を待ちわび、その日の到来は十分に信じられた。

ところが承和《じょうわ》九年（八四二）七月、政界に激震が走った。阿保《あぼ》親王が嘉智子に、伴健岑《とものこわみね》・橘逸勢《たちばなのはやなり》らのクーデタ計画を密告してきた（承和の変）。嘉智子は中納言藤原良房に相談して調査させ、淳和天皇・正子の子で皇太子の恒貞《つねさだ》親王も関与していると断定。橘氏の族員は数多く逮捕されて宮廷から排除され、恒貞親王も廃太子《はいたいし》となった。正子は嘉智子の措置を怨み、嘉智子の没年には草餅《くさもち》に入れる母子草《ははこぐさ》が生えなかったという。原因は、皇統が両統迭立《りょうとうてつりつ》となり、嵯峨天皇のあとに弟・淳和天皇、淳和天皇は嵯峨天皇の子・仁明天皇を後継にし、今度は仁明天皇が淳和天皇の子を皇太子とするという具合《ぐあい》になった。美しい話だが、臣下はたまらない。実権を長期間保持する算段《さんだん》が難しく、次を狙う勢力との鬩《せめ》ぎ合いだった。そうした諍《いさか》いに付け込まれた事件だった。それにしても、嘉智子はなぜ正子の希望を砕き孫を見捨て、大納言の兄を措《お》いて、藤原良房に相談を持ち込んだのか。結局、良房は皇太子に自分の婿・道康《みちやす》親王（文徳《もんとく》天皇）を推薦し、さらに清和《せいわ》天皇の外戚《がいせき》となって一人勝ちした。

良房が有能で実力者だったとの解釈もあるが、後講釈《あとこうしゃく》だ。これは冬嗣《ふゆつぐ》への恩返しだろう。大同五年（八一〇）薬子《くすこ》の変で、冬嗣は蔵人頭《くろうどのとう》となって嵯峨天皇の危機を救った。そののち北家《ほっけ》隆盛の基礎を作るのだが、そのやり方はまだ若かった嗣子《しし》・良房に恩恵が返されるよう、周到に恩恵の種を蒔いておいたから。その一つが弘仁二年の嘉智子皇后の冊立《さくりつ》で、仁明天皇の立太子・即位への助力だった。妹・安子が藤原三守の室となったのも、娘・正子の入内も、冬嗣の承認と後楯があればこそ。その恩返しが、「まずは良房への相談」となった。義理堅い人は政治家に向かず、一生下積みになる。成功する政治家は、義理を感じさせても、自分は感じないものだ。嘉智子は、残念ながら義理堅すぎた。

## 26 東大寺と延暦寺とでは、どうして僧侶のなり方が違うの

鑑真《がんじん》が天平勝宝《てんぴょうしょうほう》六年（七五四）に来日する前と後では少し違うが、そのどちらでも古代に僧侶となろうとすればまずは沙弥戒《しゃみかい》をうけ、ついで比丘戒《びくかい》を受けるものだった。

沙弥戒とは出家した者が守るべき戒律で、不殺生《ふせっしょう》・不邪淫・不妄語《ふもうご》・不飲酒《おんじゅ》・不歌舞観聴・不塗飾《ふとしょく》香鬘《こうまん》・不坐高広大牀《しょう》・不食非時食《ひじじしょく》の十項目である。その次の比丘戒は円頓戒《えんどん》・小乗戒ともいい、男子なら二五〇項目もあった。女子つまり尼の場合だとさらに多くて、沙弥戒を受けたあとの比丘尼としての戒律は三四八項目とされていた。それでも要《よう》は十戒の精神がわかっていればむずかしくないもので、「こういうときはどうですか」とこまかく聞かれるから、どんどん項目が増えてしまっただけである。例えば男女とも異性の裸身《らしん》を摩《こす》ったり触れたりしてはいけないのだが、意図的ではなく出会い頭にぶつかったさいに触れたらどうか、とかそういうことだ。

鑑真の来日前には、僧侶にするための比丘戒を授けられる資格を持つ者がいなかった。そこで比丘の候補者たちは自誓受戒《じせいじゅかい》といい、数人の師僧と仏像群を前にしてみずから宣誓して僧侶となった。これが鑑真の手によって正式な形に整えられ、三師七証《さんししちしょう》という十人の生身《なまみ》の僧侶に囲まれて、そのなかで師僧から戒律を授けられることに改められた。正式な僧侶を生み出す公的儀式の執行を認可された場所は天下の三戒壇《かいだん》といい、奈良の東大寺、筑紫《つくし》の観世音寺《かんぜおんじ》、下野《しもつけ》の薬師寺《やくしじ》の三寺だけだった。この儀式はいまも連綿と受け継がれ、東大寺戒壇院で僧侶が生み出されている。

ところがこの形は全国共通でなく、延暦寺《えんりやくじ》の考えは大きく違う。どういうことかというと、これは天台宗《てんだいしゅう》を興《おこ》した最澄《さいちょう》の主張による。彼はいう。比丘戒は小乗仏教（正しくは上座部《じょうざぶ》仏教）の戒律である。これでは修行した僧侶しか魂を救済されず、一般信者は寺院・僧侶に喜捨《きしゃ》することでその功徳《くどく》を多少受けるていどだ。しかし大乗仏教の菩薩戒《ぼさつかい》ならば、出家《しゅっけ》・在家《ざいけ》を問わずだれもが救済される。だったら菩薩戒だけ知っていればいいじゃないか、と。

たとえていうならばこうなろうか。上座部仏教は、特殊な訓練をして運転・操縦の免許を得た人しか乗れない小型高速船である。手近でいえばモーターボートなどだ。これに乗れる技術を得た人は、たしかにいいだろう。しかし多くの人は日常生活におわれていて、そんな技術は取得していない。ところが大乗仏教は、いわば大型フェリー船である。何の修行をしていなくても、船の構造も操縦の仕方も何も知らなくとも、切符さえ買えば乗れる。船の着く先は、どちらでも同じだ。それならば、菩薩戒を受けただけで、僧侶としてよいはずだ。

こうして最澄の開いた天台宗では、弘仁十三年（八二二）宮廷の許可を得て、菩薩戒だけで僧侶と認められることとなった。菩薩戒は十重四十八軽戒つまり十の重い戒律と四十八の軽い戒律の合わせて五十八項目を戒と定めるもので、それまでは在家のうちの篤信者《とくしんしゃ》が授かるものだった。

日本では、こうして菩薩戒しか受けていない僧侶が出現した。しかし鑑真のもたらした授戒制度を採用していなければ、東アジア世界では正式な僧侶と扱われない。そこで天台系僧侶たちは、海外では、東大寺で比丘戒を受けてきたと偽造・詐称《さしょう》してその場を切り抜けていた。僧侶と見なされないのを恐れて詐称すれば、心に傷を負わないものか。あなたならば、このどちらを取るだろうか。

## 27 荘園って、どうやって貴族・寺社所有の特権地となっていったの

荘園《しょうえん》といえば、「院・摂関家《せっかんけ》や寺社が所有し、経済的な繁栄を支えた特権地のことでしょ」と思われている。しかしそれはのちの姿であり、はじめから治外法権的な土地として成立したわけではない。

もともと人々は、少しでも暇があれば、田圃《たんぼ》を拡大してきた。一条でも一株でも稲を植えれば、収穫がそれだけ多くなるからだ。その田圃は、六年ごとの班田収《はんでんしゅう》授《じゅ》のおりに政府に取り上げられてきた。それが天平《てんぴょう》十五年（七四三）の墾田永年私財法《こんでんえいねんしざいほう》で永久私有の地とされ、収公《しゅこう》されなくなった。この墾田が××荘《しょう》と名付けられて荘園（初期荘園）となるのだが、それは所有者が貴族・寺社のときだけだ。開墾者が一般公民ならば治田《はりた》・百姓治田《ちでん》としかいわない。荘園は所有者の直接経営で、耕作はおもにその近くの公民の小作（賃租《ちんそ》）に頼っていた。持ち主の違いで荘園・百姓治田と呼び分けられたが、税制面でとくに差別などなかった。つまり地税・人頭税のうちの地税（輸租《ゆそ》）として、収穫の三％の租を納めた。荘園には専属農民が居住していないので、人頭税の庸調《ようちょう》はかけようがなかったのだ。賃租料は小作人が八十％とり、租が三％なので、荘園経営者の取り分は十七％となっていた。

ところが、十世紀初頭、大きな税制転換があった。班田や課税の台帳となる戸籍・計帳《けいちょう》が使い物にならなくなり、課税の方法を変えざるをえなくなったからだ。たとえば延喜《えんぎ》二年（九〇二）の阿波《あわ》国板野《いたの》郡田上郷《ぐんたのかみごう》での五戸の総計四三五人のうち、男が五十九人で女三七六人。その男も老人か子ども。こうすると口分田《くぶんでん》額は減っても班田は受けられ、女子・老人・子どもはいずれも不課税。つまりこの

戸は、少量の租以外出していない。もちろん人口の実態ではない。ふつうこんな戸籍・計帳が上がってくれば却下され、提出した本人や調査担当者が処分される。中央政府にまで届くはずがない。それがそのまま上がってきたのは、国司・在庁官人《ざいちょうかんじん》・郡司がグルになっているからである。もとよりこれは村民だけの虚偽申告ではなく、調査し書類作成にあたった郡司を巻き込んでの改竄《かいざん》である。つまり村民が出している税物《ぜいもつ》と書類上の納税額の差は、上の人たちが分けてしまったのだ。課税はそれなりにされているが、中央政府にはまともに届かない。そういう状態が続いていたのである。

もちろん中央政府が再調査の指示を出せばよいのだが、終身雇用に近い地元に根付いた在庁官人・郡司らが結託すれば、せいぜい二～三年しか滞在しない国司に打つ手はない。国司を通して改善命令を伝えても免除・未納の申請が増えるだけで納税額は減る一方。このままでは政府の財源が枯渇してしまう。給与の未払いが続出し、年中行事すらできなくなりかねない。

そこで十世紀初頭、関白《かんぱく》・藤原忠平《ただひら》は国司が納入すべき税額をやや低めに定めるかわりに、国司にその決定額だけは確実に納入するように税額の請け負いに政策転換させた。諸国の生産が上がれば税額が増え、人口などが減れば税額も減るという徴税方式を止めた。一定の税額さえ納入すれば、あとはすべて任せる。税の取り方などは原則として国司に一任し、国司は中央の法令と食い違っても、諸国の決めた国例《こくれい》によって支配することを認められた。しかも請負納税額を満たした場合の優遇措置として、中央政府に出す以上の税額は合法的に国司らの取り分とする。そう、妥協したのである。

政府としては大きな妥協だったが、国司も国内の実情を把握できていない。低めに設定されたとはいえ、納税請負額の納入ができるかどうかは、考課《こうか》（勤務評定）と将来の出世に大きく影響する。

そこで納税額の確実な達成のために、物納税を地税（租《そ》）・人頭税（調庸）と分けずに正税《しょうぜい》官物《かんもつ》と名付けてまとめて地積にかけることにし、その課税総額は中央政府への請負額と国司らの取り分が十分に出るよう定めた。その額を国衙《こくが》（国の政庁）がかつて班田のさいに記していた田図《でんず》に見られる土地の所有者に請け負わせ、その徴税単位を名《みょう》（負名《ふみょう》）と名付けた。名はもともと国衙領で発生した制度である。また個別人身支配のための台帳である戸籍とそれをもとにした課税台帳の計帳も偽造されているので、人別に課していた労役税はほぼ取れなくなっていた。そこで、免れることがむずかしい戸単位での課税に切り替えて、臨時《りんじ》雑役《ぞうえき》と名付けて必要に応じて賦課した。

この一連の税制改革によって、初期荘園に課される税額は跳《は》ね上がった。賃租料の八〇％を支払い、残りで地税を支払うとほとんど残らないか赤字になる。これでは初期荘園を経営している意味がなく、自《じ》墾地《こんち》系の荘園はほとんど消滅した。

ところが違う観点から、今度は寄《き》進型《しんがた》荘園（寄進地系荘園）が発生しはじめる。それは荘園側でなく、国司が支配した地（公領・国衙領）での都合による。

国司らは中央政府への請負額を基礎数字とし、それに上乗せした税額を各負名に割り当てて、この課税額を固定した。固定しないと、政府への請負額すら達成できないからだ。しかし農業経営は、ほんらい安定したものでない。負名を請け負っている田堵《たと》（のち名主《みょうしゅ》）が狡猾《こうかつ》なのか、本当に洪水・旱《かん》魃《ばつ》・蝗《いなご》などによる虫損や天候不順で不作だったのか、それは不明だ。ともかく不作・凶作など課税額を支払えない理由をつけ、減税を求めることがあった。この状況に対して国司らは、請け負わせた納税額を確保するために、田堵《たと》（名主）の所有する治田の収益で補塡するよう求めた。話はほんらい次元の違うもので、律令制度下であれば水旱虫《すいかんちゅう》霜《そう》での不作・凶作はとうぜん減税・免税される。それを別の収入や固有財産で補塡しろ、とまでいわれない。しかし国司らも譲れない状況にあった。

こうなると、田堵（名主）もみずからの財産を守るため、一工夫しなければならない。そうしなければ、根こそぎ固有財産を奪われかねない。そこで、その解決策として考えたのが自分の持つ百姓治田を他者に寄進してしまうことだった。自分の所有地にしてあるから課税され、補塡用に使えといわれる。それを自分の土地でないことにすれば、少なくとも国衙側への課税の補塡には使われない。

そこでつてを辿《たど》って、といっても地元で知っているのは国司だけだが、それを通じて中央の貴族・寺社に寄進し彼らの所有地（荘園）ということにして貰う。荘園になっても、地税の額は国衙領内にあるときと同じだ。しかも荘園領主となる貴族・寺社に支払う名義料《めいぎりょう》も若干《じゃかん》必要となり、身入《みい》りは少る。それでも田堵（名主）は、それ以上に収奪される心配がなくなる。その点は、前進であろう。

さて寄進を受けた貴族・寺社だが、何もしていないのに寄進されたのだから、初めはないよりましというところだったろう。そこから一歩進めて、国衙の課税権を国司から奪おうと画策する。

かれらは、政府から給与や手当などを受けている。政府が地方から正税官物のたぐいを集め、それが配られるわけだ。ところが田堵らの抵抗などもあって正税官物の納入はけっきょく滞りはじめ、政府経由では給与も手当《てあて》もままならない。不払い・遅配《ちはい》などが珍しくなくなった。そうなるとたとえば供養の法会《ほうえ》をしようにも手当が出されず、堂宇を建てようにも費用が賄《まかな》われない。そこで彼らの給与分になる税物を確保するには、政府経由でなく、自分の所有となっている寄進地（荘園）で払っている税額をそのままあてさせて貰うのが、なにより確実である。そこで荘園に課されていてやがて政府に差し出されることになっている納税物を自分の給与・手当・費用などにじかに使いたいと申請し、その許可を受ける。といっても政府高官であれば、じっさいは自分で申請し、自分に許可を下すのだ。このとき形式としては太政官符《だいしょうかんぷ》・民部省符《みんぶしょうふ》によって許可されるので、その荘園を官省符荘《かんしょうふしょう》と呼んでいる。以降この荘園では、貴族・寺社に納税することになる。荘園に居住している人がどこにも税を払わない免税地になったわけじゃない。これは国司側から見れば不輸官物田《ふゆかんもつでん》であり、不輸の荘園となった。しかし荘園領主には払う。国司側から荘園領主側に課税権が移ったにすぎない。

　これと同じ論理だが、雑役免《ぞうえきめん》の荘園も生じた。歳役《さいえき》は実施されたことがないが、雑徭《ぞうよう》は実役であった。ところが戸籍・計帳の偽造で個別人身支配は崩れ、人別に動員できなくなった。それでも国内の橋梁《きょうりょう》架設《かせつ》や道路開削《かいさく》・庁舎修繕や工房作業などで人民の労役税徴発は必要不可欠であった。そこで支配形態の精密さのレベルを落とし、戸別・地域別などでの動員が模索された。その結果雑徭の系譜を引いた臨時雑役が成立したのだが、この賦課は地税でないので、不輸の荘園でもそこに人が居住していれば、その人たちの戸に課される。荘園はもともと未開の荒野《あれの》だったから本来の住民などいないが、負名体制下で把握されない公民や本籍離脱者のなかには荘園に住み着く者も出ていた。荘園側も、かれらを受け入れて専従の耕作者を確保したかった。そうしたかれらの臨時雑役を免除し、荘園領主に賦課権を渡したのが、雑役免荘園である。不輸官物でかつ雑役免になると、田地（荘田）・人民（荘民）とも荘園領主に税役賦課権があるので、国司からみれば税を取れない特権地と見なされることになる。

　ところが、こうしても荘園は国司の支配から外《はず》れた土地にならなかった。荘園はもともと未開の荒野であり、そこを開発して墾田を作った。だが荘園内には未開地がまだたくさんある。開墾できたのは荘地のごく一部で、その一部にしかすぎない開墾田の収穫について課税免除の許可を受けていたのである。ある時点で不輸権を得たといっても、そのあとに開発した墾田の収穫については国司が課税できる。荘民も同じであって、雑役免となった人民（荘民）は荘園のなかの一部であり、免除申請・許可を受けた人民と受けていない人民が混在していた。荘園内のことでも、不輸の手続き後に開発した墾田や雑役免申請・許可後に転入した者があれば、その部分についての免税申請が必要となった。ふつうそうこまめに申請しないから、荘園には課・不課の田・民がないまぜに存在していたのである。

その立ち入り調査にさいし、国司は多めに納税地とみなし、荘園側は少なめに申告する。田は一面が稔《みの》る状態でなく、場所を移しながらまばらに生えるていどだったから、そこが新開地かどうかわかりにくい。判断をめぐって乱闘となることもある。この争いを防ぎ免税申請の手間を省略するため、国司の介入を力づくで押さえたのが、国司の派遣する「検田使を入らせない権利（不入《ふにゅう》権）」である。荘園内のどこを開発しだれが住んでいるのか検《しら》べられなければ、国司はもはや何も課税できない。

これらの荘園の権利を不輸・不入というが、これらが揃った荘園は多くない。というのも不入権は、国司側からみれば行政執行権の破壊ともいえる事態であるし、また不入権申請のためには国使《こくし》が荘園内を通過することもないように、荘園の土地が纏《まと》まっていること（一円化）が必要だったからだ。

右記の道程は荘園の一つの歩みを合法的に描いてみたもので、じっさいには多種類の成立の動機がまた仕方がある。荘園の中核に寺田《じでん》・神田《しんでん》などもともと不輸租の地があってそれを根拠に非課税を主張するとか、現地の荘官や名主らが武装して不入権を実力で樹立してしまうこともあった。

いずれにせよ、荘園は荘園と名乗っただけで自動的に特権地になったわけじゃなかった。

## 28 国司って一人じゃなくて、四種類もあったの

我が家の思い出話ですまないが、父・松尾聰が「国司《こくし》って、一人じゃないの」と訊《き》いてきたことがある。なんでそんな変なことを訊くのか、想像はついた。おそらく『更級《さらしな》日記』などの中古文学の世界では、国司が多数いると思えなかったからだろう。この日記は、寛仁《かんにん》四年（一〇二〇）菅原孝標《すがわらのたかすえ》が十三歳の娘を連れて、任地の上総《かずさ》から京都に戻るところからはじまる。また『今昔物語集《こんじゃくものがたりしゅう》』巻第二十八・第三十八では、信濃守《しなののかみ》としての任期を終えた藤原陳忠《のぶただ》が、美濃《みの》国との境にある御坂《みさか》峠（神坂峠）で馬もろとも谷間に落ちてしまった。生命の危険に晒《さら》された陳忠だが、降ろされてきた籠に平茸《ひらたけ》を詰めてあげさせた。そしてなお宝の山に入ったのに虚《むな》しく返ってきた心地だといい、「『受領《ずりょう》は倒るる所に土を掴《つか》め』というじゃないか」つまり転《ころ》んでもただで起きないという受領根性を披瀝《ひれき》してみせた、とある。

中古文学に書かれた国司の様子から帰納《きのう》すれば、たしかに国司として赴任しているのは一人だけで、信濃守に同行するほかの国司の姿はない。孝標は上総介《すけ》だったが、これは親王任国《しんのうにんこく》（後述）だからであって、上総介が現地の首席官人である。つまり中央から派遣されるたった一人の国司が国庁（国《こく》衙《が》）に入り、現地の在庁官人《ざいちょうかんじん》（いわば県職員）を指揮して国内統治に当たっていた。そう考えるのも、無理はない。

だが、ほんとうのところは四種類の国司がいた。

『養老令《ようろうりょう》』職員令《しきいんりょう》に列挙されているが、守・介・掾《じょう》・目《さかん》がいる。官庁内の四等級の官吏構成は、国

司だけでない。中務《なかつかさ》省など八省では卿・輔・丞・録、図書《ずしょ》寮などの寮では頭・助・允・属、采女《うねめ》司などの司では正・首・佑・令史など、官庁のレベルに差はあっても、いずれも四種類の官人で構成されている。国司の場合は、治める土地・人民が多い場所つまり大国では守・介・大掾・少掾・大目・少目の四種類・六人の構成となり、以下、上国では守・介・掾・目が各一人、中国では介を略して守・掾・目の三人、下国《げこく》では守・目だけの二人となる。この四種類の職員構成を四等官《しとうかん》というが、これは律令官制下の役所はどれもこうなっていて、上二種が管理職で、下二種が実務官であった。

国司の職はいずれも中央官人が政府によってじかに選抜されるもので、位階を持った貴族・役人たちが任命され、中央政府の意向を持って現地に赴任する。和訓を「くにのみこともち」といい、天皇のお言葉を地方にもたらすのが役務と見なされていた。天皇の言葉をもたらすにはとうぜんその言葉（命令）を受けた自分が現地に赴かなければならず、奈良時代にも京官《きょうかん》兼任のために赴任しない国司（遙任《ようにん》国司）がいるにはいたが、原則として全員が赴任すべきものと考えられていた。

ところが、これが平安時代になると国司の遙任が増え、現地に行かないのがふつうになっていく。その根底的な理由は、国司の利得《りとく》の多さにあった。国司は四等官と史生《ししょう》（書記官）を入れてもせいぜい十人ていどで、それで一国内の全行政を第一線で担《にな》う激職である。そこでその補償として、経済的な利権が付与された。職分田《しきぶんでん》という特別手当や空閑地《くうかんち》の開発権があり、ほんらい税収の不足を補なうべき補塡《ほてん》用の稲である公廨稲《くがいとう》が余れば国司のなかで分配する役得《やくとく》があった。これだけでも膨大な利得であった。また十世紀初頭の税制改革で諸国の税額は固定されることとなったので、じっさいに集められた税収と中央政府への納税額との差額も合法的に国司たちの懐《ふところ》に入るようになった。

国庫は慢性的に窮乏しているのに、国司は高収入の役職すぎる。そこで宮廷は国司の上前《うわまえ》をはねる策を考えた。天長三年（八二六）上野《こうづけ》・常陸《ひたち》・上総を親王任国とし、親王が遙任の守（太守《たいしゅ》）として俸給だけ受ける制度がはじまった。役務を果たす気はなからなく、給与代わりに就《つ》けた職務である。これが拍車《はくしゃ》をかけたのか、参議《さんぎ》以上の政府高官も積極的に国司を兼任し、その分け前にあずかろうという風潮になった。政府高官が国司になった場合、もちろん現地に赴任しないが、地方政務に国守の裁可を意味する署名・捺印《なついん》は本人のものが必要だから、国守は私的な事務員として目代《もくだい》（代官）を送り、目代と介以下が現地の国内において留守所《るすどころ》を形成した。

国守が遙任となっても、介以下の国司（雑任国司《ぞうにんこくし》）はもとより現地に赴任すべきだった。しかし守が行かないような状態では、介以下もただの利権としか見られなくなり、執政のためにわざわざ都を離れて治安の悪い現地に赴任しようと願う者も少なかった。しかも諸国内の政治の実務は在地に定着していて国庁に長く勤めている職員つまり在庁官人の方がはるかに詳《くわ》しい。在庁官人からすれば、中央官職を得れば地元での権威となる。そこで政府の売官（買官）制度に応じて、現地の人が介などを入手することとなった。たとえば大椽《だいじょう》氏は大椽の地位を代々買官してきた氏であり、三浦大介・上総介広常など介を名乗る武士団の長がいるのも、こうした買官を繰り返していたからである。

かくして、国司は守が中央貴族の財源視されるだけで赴任せず、介以下の雑任国司はもはや除目《じもく》で任命されるものではなくなって売官され、現地の有力者に割りふられていった。それでも現地に行く国司（受領国司）はせいぜい守だけで、先行きの出世が見込めない下級貴族の仕事とみなされた。「国司というのは守一人だけ」と見えているのは、平安後期社会の末期症状だったのである。

## 29 貴族のつけた日記はまだ見ぬ子孫たちのために遺したものだってホント？

日記といえば心の独白《どくはく》を書くもので、他人が読むことを想定していない。事実の確認のためとしても、読むのは自分。だから自分のいつわりのない本心を書くのであって、他人には知られない。そういうものとしてきたが、いまどきは「『今日は、彼女とすれ違ったときに目が合って、微笑《ほほえ》みを送られた』とか日記には書いておこう」という自己満足の幻の記述があったり、家族や他人に将来読まれることを意識して事実を枉《ま》げて記すこともまま見られる。日記の形にしておけば事実・本心と思われることを逆手《さかて》にとって、日記に虚偽を書いておく。そうした作為が見受けられるので、近現代のものは日記形式の記載でも本心や事実を確かめるのがなかなか難しくなっている。

かつて奈良・平安時代には、中務省陰陽寮《おんみょうりょう》所属の暦博士《れきはかせ》が十一月初めまでに具注暦《ぐちゅうれき》を作成し、官司・国庁あてに頒布《はんぷ》していた。具注暦とは、一日一日のそれぞれについての北極星などの星の位置やそれに伴う日常的行動の吉凶などを記したものである。たとえば十日に一度くらい沐浴《もくよく》とあり、爪を切るのによい、とか注記されている。その暦注を官司や家政機関などが写し取り、半年分で一巻に仕上げた。貴族のものは、その日と次の日の間に罫線《けいせん》で数行の空白が設けられている。この数行やその周辺に自分の見聞《けんぶん》や感想などの日記的な記事を書き込むのだが、その実物はいま『御堂関白記《みどうかんぱくき》』のほかいくつも残っていない。『御堂関白記』とは従一位・摂政《せっしょう》で三代の天皇の外戚となって摂関家《せっかんけ》の全盛期を現出した藤原道長の日記で、長徳四年（九九八）から治安元年（一〇二一）までの具注暦に直筆《じきひつ》での書き込みがある。ほかにもこの当時の貴族の日記は多数残っているが、具注暦部分は割愛《かつあい》され、記事の部分だけが転写された。そのために、いまは多くが記事のみの日記となってしまっている。

記事の多くは、来客やそれのもたらした風聞《ふうぶん》など日常生活についての記載と宮廷行事についての記載である。宮廷行事の記載が多いのには、二つの理由がある。

一つは、宮廷貴族たちの執政内容が行事の執行しかないからである。十世紀初頭の税制改革で、政府は一定の納税額さえ守れば、徴税内容をはじめとして国政のありようは国守の判断に任せることとした。全国一律の法律で公平・均等な支配を目指すことはもうやめ、各国の国例《こくれい》で処理させることにした。そうなると宮廷では、いままで多数寄せられていた諸国からの税の減免申請などの審議がほとんどなくなり、審議といえば年中行事の執行の仕方が主たる議題であった。

いま一つは、行事についての記録は、子孫のためになるからである。宮中の審議のさいには、新儀より、なにより先例が有るか無いかを問われた。かなり後世の例だが、応永三十二年（一四二五）踏《とう》歌節会《かのせちえ》で、内弁役《ないべんやく》を務《つと》めた大納言《だいなごん》・広橋兼宣《ひろはしかねのぶ》が群臣を呼び出すとき「大夫達召（まちきんたちめせ）」と発音した。これに対して、参議《さんぎ》・中山定親は「まうちきんたつめせ」とすべきだと述べている（『薩戒記《さつかいき》』）。その根拠として、八代前・十二世紀後半の中山忠親の日記『山槐記《さんかいき》』の記事を挙《あ》げている（本郷恵子氏著『将軍権力の発見』講談社）。先祖が遺《のこ》してくれた行事の記録は、自分がその仕事を担当するときには拠《よ》り所となり、また行事の執行を議論するときには重要な論拠となる。いや、これは偶然でなく、そうした日のために書き遺《のこ》してくれているのである。

先祖の日記が大切に保存されてきたのは、畏敬《いけい》でも懐旧《かいきゅう》でもなく、実益のためだったのだ。

## 30 むかしは、こんなものまで人に化けていたのか

動物が人間に化けて騙《だま》したという話は、よく聞く。その場合の正体《しょうたい》は、だいたい狐か狸かだ。『日本霊異記《にほんりょういき》』（平安初期成立）上巻第二縁にも、そうした話がある。欽明《きんめい》朝の三野国大乃《みのおおの》郡で、男が妻とすべき人を探していた。野原に美女がいたので求婚したら、OK。家に連れてきて結婚し、やがて子を産んだ。同時に家の犬も出産しており、子犬はよくこの女に歯を剝《む》き、睨《にら》み付けては襲いかかった。ある日女が踏《ふ》み臼小屋《うすごや》に入っていたとき、親犬に噛《か》まれそうになって、ついに狐の正体を現わしてしまった。それでも男は「子までなした仲じゃないか。いつでも来いよ。一緒に寝よう」といってくれたので、女は来ては泊まっていくつまり「来《き》つ寝《ね》」と呼ばれるようになった。えっ、これって古代のダジャレ？　まぁそれはともかく、狐が人を化《ば》かすことは昔からだが、いまではとても化けそうにないものまで、昔は化けていた。時代が異なれば、化ける物も大きく異なるのである。百目鬼《どうめき》恭三郎《きょうざぶろう》氏著『奇談の時代』（朝日新聞社文庫）には、そうした話が並べられている。

たとえば野猪《のいのしし》。京都の愛宕山《あたごやま》で修行している僧が、知り合いの猟師に「このごろ毎晩普賢菩薩《ふげんぼさつ》がいらっしゃる。あんたも泊まって拝むがいい」といわれて泊まり込むことに。僧侶に付いている幼童もその姿を五〜六回は見た、という。秋の夜長も半ばを過ぎたころ、ついに白い姿の普賢が白象に乗って現れた。僧侶は感涙《かんるい》にむせびつつ礼拝《らいはい》しているのだが、猟師は考える。「修行している聖僧に普賢が見えるのは分かるが、経文も知らないオイラや幼童にまで見えるのはおかしい」と。矢をつがえて

僧侶の頭越しに普賢を射ると、その姿はかき消え、地響《じひび》きを立てて逃げ去る音がした。翌朝、血痕を辿《たど》っていくと、矢の刺さった野猪が死んでいた、という。

寸白《すばく》（真田虫）も化けた。腹のなかに寸白がいる女が子を産んだ。その子が出世して信濃《しなの》守となって任地に赴いたところ、国境で在地の官人たちが境迎《さかいむか》えの宴会を開いてくれた。ところが宴席で出されているのはどれも胡桃《くるみ》料理。「どうして胡桃ばかり」と国守が質《ただ》すと、「この国は胡桃の産地ですから」との答え。国守が悶《もだ》え苦しみはじめたのをみて、物知りの官人が「この人は寸白の生まれ変わりかもしれない」という。そこで古酒に胡桃を擂《す》って入れたのを飲ませたら、国守の身体が解《と》けて水になってしまった。『医心方《いしんぼう》』という医学書では寸白の除去剤が胡桃だったので、その話の応用である。

以上は『今昔物語集《こんじゃくものがたりしゅう》』にある話だが、『平家物語』には、源頼光が毎日瘧病《おこりやまい》に襲われ、頭痛がして身体が火照《ほて》り、宙に浮いた感じになっていた。そうしたある夜、燭台の影から六尺以上ある法師が擦《す》り寄ってきて、縄をさばいて頼光を縛り上げようとする。そこで刀で、その法師に斬りつけた。翌朝その血痕を辿ると、塚のなかに四尺もある山蜘蛛がいたので、捕らえて鉄の串で刺して河原に晒《さら》した、という。このとき使った刀が、源氏の重代《じゅうだい》の宝刀・蜘蛛切《くもきり》（膝丸・吠丸・薄緑ともいう）である。

ついで室町時代の『化物草紙《ばけものぞうし》』には、兵衛府《ひょうえふ》の役人宅の庭で、小さな男と太った男が角力《すもう》を二晩も取っていたので、変な奴らだと思って矢を射掛けた。姿が見えなくなったが、翌日探しまわってみると、大きな蟻とダニが組み合ったまま死んでいた、という。

化けまでしなくとも年をとった猫は喋《しゃべ》ると考えられ、蜂や虱《しらみ》が心を持っているとも思われていた。奇《き》っ怪《かい》なものどもに囲まれていると思いつつ、恐れながらもなお楽しんでいたというべきだろう。

## 31 将門の乱を準備していたっていう「僦馬の党」とはどういう人たちだったか

僦馬《しゅうば》の党の僦馬とは雇馬《やというま》の意味で、馬を使って物資を輸送する専業集団の名称である。『類聚三代格《るいじゅうさんだいきゃく》』巻十八・昌泰《しょうたい》二年（八九九）の上野国《こうづけ》からの上申書のなかに「この国でこのごろ強盗が蜂起し、被害は甚大である。ことの原因は、みな僦馬の党にある。なにかといえば、坂東諸国《ばんどう》の富豪の人たちは、ただ馬を使って荷を運ぶのではなく、その荷を出す所から掠《かす》め奪うので、東山道《とうさんどう》の荷を東海道《とうかいどう》に流し、東海道の荷を奪って東山道に持って行く。最下等の馬のことでも、庶民の命まで奪い、遂には群れをなして凶賊と化した。当国と隣国とで力をあわせて追討し、国堺《くにざかい》まで追い詰めている。そこで碓氷《うすい》の坂本に仮設の邏邏《ていら》（番所）を置いて、通行人の監察と相模《さがみ》国への移送を担当させたい」とあるが、以降の史料には出てこない。しかし九世紀末から十世紀にかけて「反乱のおさまらない東国」という政情不穏な雰囲気は、彼らの動きが基盤にあって創《つく》られていったものと思われる。

もともと古代において、東国は腫《は》れ物に近い存在だった。

律令体制下では、固関《こげん》という措置がたびたび取られている。これは東国を封鎖するもので、愛発《あらち》・不破《ふわ》・鈴鹿《すずか》の三関を閉ざす。愛発より東は越前《えちぜん》で、不破より東が美濃《みの》、鈴鹿の東が伊勢《いせ》で、この越前・美濃・伊勢より東がいわゆる関東・東国である。これらの関所は畿内《きない》方向に向けて門を閉じるよう作られており、畿内から東国に入ることを防遏《ぼうあつ》する施設だった。固関は天皇の不予《ふよ》、上皇や権力者の死没などにさいして行われており、畿内在住の有力者などが東国に入って兵を集めることを防止する意図があったらしい。東国は、反政府的勢力を擁立しかねない悪の温床と見られていたのである。

天智《てんじ》天皇二年（六六三）の白村江《はくすきのえ》の敗戦直後にこそ渡来人を近江国に配置したが、天武《てんむ》天皇四年（六七五）には百済《くだら》人を武蔵《むさし》国、持統《じとう》天皇元年（六八七）には新羅《しらぎ》人を下野《しもつけ》国、同七年には高句麗《こうくり》人を常陸《ひたち》国に入植させている。霊亀《れいき》二年（七一六）に駿河《するが》国など七カ国の高句麗一七九九人を武蔵国に移送して高麗郡《こまぐん》を建てたことは著名で、いまも埼玉県日高市には高麗神社があり、渡来人の名残りがある。これらは善意で授けられた安住の地ではない。武蔵などでの水田開発に高い技術力を借りたいというだけでなく、内応の危険性がある集団を外国使節の眼から遠ざけることに配置の意図があった。

それは俘囚《ふしゅう》も同じだった。俘囚とは、東北地方で律令国家の支配に屈し受け入れた人たちの称である。彼らの一部は国内に移送されたが、中央政府の近くには配置されなかった。神亀《じんき》二年（七二五）閏《うるう》正月に陸奥《むつ》国の五七八人を筑紫《つくし》に移してから、宝亀七年（七七六）九月・十一月、延暦《えんりゃく》十四年（七九五）五月、大同元年（八一三）十月など連続して大宰府管内《だざいふかんだい》（九州）に送り込んでいるが、手近な関東地方にも多数が移された。俘囚には国家給付として俘囚料を供与したが、それが欠乏気味だったかまたは隔離された差別的な待遇に反感を募らせたか、九世紀から激しい抵抗を見せはじめた。嘉《か》祥《しょう》元年（八四八）に上総《かずさ》で丸子廻毛《まるこのつむじ》が反乱に踏み切ってから、貞観《じょうがん》十二年（八七〇）に上総で民家を焼き払い財物《ざいもつ》を略取する事件が起きた。貞観十七年にも、下総《しもうさ》では「俘虜《ふりょ》の怨乱《おんらん》」と見なされる事件が起こり、官寺を焼き人民を殺戮《さつりく》した。大規模だったのか、周辺諸国の官軍が投入された。その年の下野でも反虜《はんりょ》・賊徒とともに「帰降俘囚」が討伐されており、元慶《がんぎょう》七年（八八三）には上総国市原郡の俘囚四十人が山中に逃亡するなど、不満を募らせる俘囚はつねに騒擾《そうじょう》の中核にあった。

そこに寛平《かんぴょう》元年（八八九）東国の群盗の首領・物部氏永《もののべのうじなが》が蜂起し、「僦馬の党」騒ぎの翌年の昌泰三年に上野・武蔵で野党・強党《ごうとう》が騒ぎ、翌延喜《えんぎ》元年（九〇一）には信濃《しなの》・甲斐《かい》・武蔵・上野で群盗の横行を抑えられず、翌年には駿河国富士郡の官舎を群盗に焼き落とされている。延喜九年には、下野国内の擾乱《じょうらん》の一方で、国守の悪政を訴える過状《かじょう》が提出されたりした。

もともと政情不穏が常態化していた東国だが、政府はこの騒擾の主体の一部を僦馬の党とはじめて認識した。彼らはそれまでのものとちょっと違う。従来の俘囚は「俘虜の怨乱」といわれ、故郷から切り離され、配送された地で差別や虐待をうけていた。それを恨むのは、気持ちだけならわかる。だが過去の恨みや貧困からの脱却を掲げるだけでは、新しい社会の創造主体とはなるまい。その点、この僦馬の党は坂東《ばんどう》の富豪《ふごう》たちの組織で、地域経済のなかでの成功者である。彼らの経済活動は「荷を出す所から掠め奪う」といわれているが、それは犯罪者と描写しようとしているからだ。要《よう》するに馬を使って荷を運ぶ業者で、「東山道の荷を東海道に流し、東海道の荷を奪って東山道に持って行く」わけで、広域流通業者である。彼らの活動には、発展していく未来がある。そこが俘囚とは違う。

かれら物流を扱う者たちにとって、律令国家が設定する国堺など何の意味もなく、その往来を阻《はば》まれることは営業妨害。東山道の品を東海道に運送するのに、国堺・郡堺でいちいち滞留させられては困る。国司・郡司の治安対策とは相容《あいい》れない仕事内容である。

彼らからすれば、「物流圏であり地盤としている関東だけでいい。そこの物流に見合った、これを促進するような政権。それができてほしい」のだ。この横に広い動きが、平将門の関東独立を支える舞台になる。彼らには、武士の戦いに必要な馬が用立てられ、富力で多人数を集めることもできる。

将門首塚

## 32 今日が決戦という日なのに、平将門が率いてきた大軍はどこに消えちゃったのか

平将門《たいらのまさかど》は、桓武《かんむ》天皇から数えて五代目の子孫である。『律令《りつりょう》』の規定ならば、天皇の子は親王で、その子は二世王となり、以下四世王までが皇親《こうしん》と呼ばれる（慶雲《けいうん》三年［七〇六］～延暦《えんりゃく》十七年［七九八］は五世王も皇族）。六世目以降でも王名を名乗れたが、ふつうは氏姓《うじかばね》を貰《もら》って官僚世界に仲間入りした。将門はほんらい五世王だが、桓武天皇の子が葛原《かずらはら》親王、ついで高見《たかみ》王。しかし三代目の高望《たかもち》王が平朝臣《たいらのあそん》という氏姓を賜り、皇籍を脱して臣下に列《つら》なることになった。高望は関東に土着し、平良将《よしまさ》・将門へと継がれていったのである。

皇親の待遇が変わったのには、それなりの理由があった。

奈良時代以来の皇親も増えていたし、平安時代になると死没時まで天皇として在位しないでつぎつぎ代替わりし、引退後に太上天皇《だいじょうてんのう》（上皇）となる例が増えた。退位後も皇子が生まれ、天皇・上皇の子は数多くなり、すべての皇親にそのランクにふさわしい生活費を支給しえなくなった。平安中期には親王宣下《せんげ》の制度ができ、親王の数を定めた。今上《きんじょう》天皇の子といえども、定数に空《あ》きがなく親王宣下がなければ、王となるかただちに氏姓を賜って臣下に降《くだ》った。

こうした宮廷事情におされて祖父・高望が皇親を離脱したわけだろうが、とはいえ関東地方の武士団の長にまで身を落とさなくてもよさそうだ。だが、それもまた時代の趨勢だった。

平高望の父・高見王は无位《むい》だったというから、高望王にどのていどの祖父の蔭位《おんい》が適用されたろう

か。ともあれ王族は役所でも臣下筋の下僚《かりょう》になれず、各役所では部署のトップに立つ決まりだった。そこで彼は上総介《かずさのすけ》となった。天長《てんちょう》三年（八二六）以降、上総・常陸《ひたち》・上野《こうづけ》の三カ国は親王任国《しんのうにんこく》とされ、守の俸給は赴任しない親王に供与されることとなっていた。だから介（六位相当）ではあるが、彼が現地のトップであった。高望王が宮廷から託された任務は、「坂東諸国に、王族として天皇の権威を打ち樹《た》てよ」ということだったようだ。王族の赴任で坂東《ばんどう》に天皇の権威を扶植《ふしょく》し、中央政権の安定の礎《いしずえ》を築く。その齣《こま》に使われたのだ。名誉なことではあろうが、それに平安京では藤原氏とその縁《えん》戚《せき》でなければ栄華は望めない。その点坂東ならば、王族の末裔でも「都から来た方だ。しかも天皇の曾孫さまですって」と持ち上げ、羨望の眼差《まなざ》しで仰ぎ見てくれる。この人のもとで結束し、中央に繋がりを持ちたい。そういう人々の願いを聞き入れ、高望王は上総に土着した。そして地元有力者の協力をえて、上総・下総・常陸などで空閑地《くうかんち》を開墾。私営田《しえいでん》領主つまり大墾田所有者となっていった。

　この高望の孫が将門で、生まれながらにして土着の武士であった。下総北部の豊田・猿《さ》島《しま》二郡（茨城県西部）を地盤としていたが、一族間では叔父の良兼・国香《くにか》との女論《にょろん》や所領争いが絶えなかった。そうした私闘は日常茶《さ》飯事《はんじ》で、国家的には大した問題でない。だが争論を乗り切った実力が周囲に認められ、その紛争解決能力に期待が集まった。彼は、地元の争いの調停の依頼を受けるようになった。天慶《てんぎょう》元年（九三八）二月、足《あ》立《だち》郡司・武蔵武芝《むさしのたけしば》が武蔵国司から不当な収奪を受けたという紛争に介入し、介・源経基《みなもとのつねもと》から謀《む》反《ほん》として訴えられた。これは経基が襲われると勘違《かんちが》いしたものであって、五ヶ国の国府からの弁明書も出され、天慶二年六月に結審して無罪と決まった。ここまでならよかった。ところが天慶二年十一月、官物滞納の容疑で手配されて国外に逃亡していた常陸の豪族・藤原玄明《はるあき》とそれを追捕《ついぶ》中の国守・藤原維幾《これちか》との紛争に、将門が介入した。将門は自分のもとに逃げ込んできた玄明をかばい、常陸に還《かえ》って住める保証を得てやろうとした。そして兵一〇〇〇を率い、常陸国府《こくふ》に向かった。なりゆきで三〇〇〇人の国府軍と戦闘になり、そのなかで常陸国府を焼き払ったのだ。最初から反乱のつもりがあったとはいえず、本人としては、どうしても首肯《しゅこう》しようとしない無道な国守の行為を窘《たしな》めて、国司の権能を一時的に停止するていどのつもりだったろう。しかし国府は、地方派遣官の国司が居住して統治に当たる国家の出先機関である。これを破壊しさらに印鑰《いんやく》つまり常陸国印と政府の国費が入っている不動倉《ふどうそう》の鍵も奪えば、それは国家への明瞭な反乱行為である。

将門のもとに身を寄せていた武蔵国権守《ごんのかみ》・興世王《おきよおう》は「過去の事例を調べてみると、一国を討つといっても、その罪は軽くない。どうせ同じならば、坂東《ばんどう》すべてをあわせ従えてしまって、世間の様子を見てみたらどうか」と唆《そそのか》した。将門はこの言を容《い》れて、天慶二年十二月から下野国府《しもつけこくふ》・上野《こうづけ》国府へと軍を進めた。もはや確信的な謀反《むほん》となっていた。そして上野国府で、八幡大菩薩《はちまんだいぼさつ》の使者と称する遊《あそび》女《め》（巫女《みこ》）の言葉をうけ、「朕《ちん》が位を蔭子《おんし》・平将門に授ける。菅原道真の霊魂が位記《いき》を上表し、八幡大菩薩が八万の軍を興《おこ》して助けよう」という神のお告げによると称して、新皇《しんのう》に就任した。ただの謀反人から、新王国の創業者となる階段を登りはじめたのだった。

坂東八ヶ国の独立が宣言され、下野守に平将頼（将門の弟）、上野守に多治経明《たじひのつねあき》（常羽御厩《とこはのみくりや》別当）、常陸介に藤原玄茂《はるしげ》、上総介に興世王（武蔵権守）、安房守に文屋好立《ふんやのよしたつ》、相模《さがみ》守に平将文（将門の弟）、伊豆守に平将武《まさたけ》（将門の弟）、下総守に平将為《まさため》（将門の弟）が任命された。とうぜんだろうが、ポストは一族・党類に振り分けられた。そして武蔵・相模の国々への巡検つまり侵攻を行ない、王城の地を本拠地・石井営所《いわいのえいしょ》近くに建設すると決めた、という。十二月十五日には関白《かんぱく》・藤原忠平《ただひら》に「将門は柏《かしわ》原《ばら》天皇（桓武《かんむ》）の五代目の子孫である。たとえ永《なが》く日本の半分を領したとしてもそれは天の与えた武芸の才によるもので、天下を取ることに憚《はばか》りなどない」との書簡を送り、独立を宣言している。

史上はじめての武家政権であり、社会集団として国家機構を担《にな》う自覚を持った証左《しょうさ》ともいえる。だがどうみても古色蒼然《こしょくそうぜん》としている。朱雀《すざく》天皇と並ぶ「新」しい天「皇」のもとに、旧体制と同じように国司を任命し、左右大臣・納言《なごん》を任命した。太政官印《だいじょうかんいん》も鋳造させている。前時代を否定するなら、新社会勢力らしい企画を出すべきだ。前と同じならば、旧来の権威の方が奥深く重く受け止められてしまう。新しい時代を開くには新しい発想が必要だが、そこまでは思いつけなかったようだ。

いま一つ不足したもの。それは、新王国を支える者の成長である。将門の乱の報に接し、政府は追捕使として藤原忠舒《ただのぶ》・小野維幹《これもと》を、征夷大将軍《せいいたいしょうぐん》として参議《さんぎ》・藤原忠文を任命し、坂東に送り込んだ。ところが到着前の天慶三年二月に、平貞盛・藤原秀郷《ひでさと》らの連合軍に討たれてしまっていた。

将門はその前月に兵五〇〇〇を率いて常陸に乗り込んでおり、「恒例の兵衆《へいしゅう》」は八〇〇〇人を超えるといわれている。これに対して貞盛・藤原秀郷らが動員できた軍勢は、せいぜい三〇〇〇人。それが最終決戦では、将門の手勢《てぜい》は四〇〇人ほどに減っていた。ここが将門の率いた武士団の限界なのだ。十一月時点では、長期の従軍を想定していなかった。だが、もはや農業経営の指導のために、帰村しなければ。兵力となるべき荘園などの名主《みょうしゅ》・作人《さくにん》階層が農業実務に携《たずさ》わり、村からまだ長期間離れられないのだ。貞盛側は、すでに経営指導をしてから動員されている。これがこの時代社会の限界である。専業武士団の一員として年中戦場に立つまでに、まだ一〇〇年以上の歳月を必要としたのである。

## 33 藤原純友は、しょせん海賊なのかそれとも……

藤原純友《すみとも》は、北家《ほっけ》・長良《ながら》の曾孫だ。長良といえば関白・基経《もとつね》の実父だが、曾孫の世代となればそんな血脈の人はいくらでもいる。だれが父かには異説もあるが、良範《よしのり》とすれば大宰《だざいの》少弐《しょうに》・筑前守《ちくぜんのかみ》どまりだった。その子では、役人としての先行きは知れている。伊予掾《いよのじょう》（国司四等官の三番目）を務めたあとも都に帰らず、そのまま土着した。前掾としての権威を有効に使いながら在地に勢力を扶植《ふしょく》して、海賊集団とも接触していった。そして、四国の西に浮かぶ日振島《ひぶりじま》を本拠とし瀬戸内海をわが海とする海賊をおおむね傘下《さんか》におき、一〇〇〇艘を率いる首領にのしあがってしまった。

当時の瀬戸内海は、物資輸送の大動脈だった。たとえば九州の諸国では、徴収した税物《ぜいもつ》を大宰府に持ち込んだ。大宰府はその税物を自由に使い、使い残した物を京都に運んでいた。また中国・朝鮮の商人たちが持ち込む秀逸な産品《さんぴん》は大宰府の管理下に置かれ、まずは宮廷の必要品が買い上げられ、ついで貴族たちが買いあさった。それらも、瀬戸内海を通じて都に運ばれていた。馬に乗せていたのでは、荷造りの手間はもちろんだが、駄賃《だちん》がかかりすぎる。いまでも船便はなにより安く、大量輸送といえば船だ。そうして運ばれていた物品を、海賊は容赦なく奪ったのだった。

政府にとってももちろん放っておけない事態であり、承平《じょうへい》六年（九三六）紀淑人《きのよしと》を伊予守に任命して海賊退治に当たらせた。淑人は軍事制圧より懐柔策を取り、純友の傘下にいた小野氏彦《うじひこ》・紀秋茂《あきもち》・津時成《つのときなり》ら二五〇〇余人の投降者《とうこうしゃ》を得た。彼らは海賊だが、反政府と決めていたわけでないから、政府から与えられる位階・官職や恩賞に魅《ひ》かれ、損得勘定《かんじょう》で行動する者も少なくない。もちろん純友にも従五位下つまり貴族に取り立てて誘ってみたが、こちらは相手にされなかった。

天慶《てんぎょう》二年（九三九）末には摂津《せっつ》で備前介藤原子高《こだか》や播磨介島田惟幹《これもと》が純友一党に襲われ、翌年二月には純友が備中国の官軍を破り、進んで淡路《あわじ》国の官庫から武器類を奪ったと聞こえ、二月下旬には淀川を溯って平安京に侵入するとの噂も流れた。おりしも将門の乱のさなかだった。二人は比叡山《ひえいざん》で落ち合い、京都を東西から挟《はさ》み撃《う》ちにする盟約を交わしたと伝えられ（『大鏡』）、都びとは怯《おび》えていた。

政府は摂津の淀川河口の山崎・川尻や山陽・南海二道に警固使《けいごし》をおき、海賊の襲撃に備えさせた。それでも八月には四〇〇艘の賊軍に伊予・讃岐《さぬき》国府が焼かれ、備前・備後の兵船一〇〇艘も焼かれた。討伐に当たった大宰府軍も敗走し、十月には周防《すおう》国に上陸されて鋳銭司《ちゅせんじ》が、紀伊《きい》・土佐《とさ》も別働隊に攻撃されている。それでも海賊の首魁《しゅかい》・藤原恒利《つねとし》を抱き込み、小野好古《よしふる》を追捕《ついぶ》凶賊使《きょうぞくし》として討伐に乗り出した。讃岐国での会戦では敗れたが、天慶四年二月には純友軍本隊と遭遇して圧勝した。

五月に純友は筑前に姿を現し、大宰府の累代《るいだい》の財物《ざいもつ》を奪った。府の殿舎は焼き尽くされ、府下の財物は公私ともども掠奪《りゃくだつ》された。この報に接した宮廷は、参議《さんぎ》・藤原忠文《ただふみ》を征西大将軍《せいせいだいしょうぐん》に任命。小野好古らは九州東岸から陸路を辿《たど》り、大宰府に向かった。一方大宰判官・藤原慶幸《よしゆき》は伊予国警固使の橘遠保《とおやす》らを伴って伊予から長門《ながと》をへて博多津《はかたのつ》に入ったところ、純友たちの大船団に出くわした。そこで乱戦となり、海賊数百人を討ち取り、船を多数焼き払った上、八〇〇余艘を捕捉《ほそく》した。これにより純友本隊は潰滅《かいめつ》し、純友は伊予に逃げ帰ったところを遠保に逮捕され、六月末に獄中に没した。

これが、東の平将門の乱とあわせ、承平・天慶の乱といわれた大乱の顚末《てんまつ》である。

将門の乱は成長途中の武士団の上に立っての蜂起であり、武士団の成長の延長線上には鎌倉幕府の成立が展望できる。これに対し純友の乱は、騒ぎとしての相乗効果はあったものの、しょせん海賊の所業《しょぎょう》。いわば泥棒であって、健全な社会生活を営む人たちがいてこその、治安の乱れた環境下で集《たか》り・寄生する無頼《ぶらい》派の集団。社会集団としての成長性がない、と評価されてきたのでなかったか。

しかし海賊としたのは、政府の立場からだ。政府が、彼らの業務内容をただしく認識していたかどうか。彼らは、じつは商業集団でなかったか。商業活動の一環として、ときには押し売りも押し買いもする。話がこじれれば、奪い取ったりもする。そして海から川、川から海へと渡り歩く。そのうちの悪い部分だけ見れば、海賊だ。そういうことじゃないのか。

『日本霊異記《にほんりょういき》』には、商《あきな》いのさまが描かれている。たとえば聖武《しょうむ》朝に平城京《へいじょうきょう》の楢磐嶋《ならのいわしま》が大安寺《だいあんじ》の銭を借り、越前国都魯鹿津《つるがのつ》（敦賀港）で交易《こうえき》をしている。美濃国方県《かたがた》郡の小川の市には常住する人がおり、船で乗り付ける人もいる、など。港や川縁《かわべり》で交易したのだから、物資はそこまで船で運ばれたわけだ。海上輸送への依存度は、むしろ古代の方が高い。平安京の周辺には諸国国司が管轄する納所《なっしょ》・蔵が置かれ、宮廷からの要請に応じて物資を供給する体制が組まれていた。それらは水運を前提にして置かれており、国府から納所・蔵までは海・川を利用した。さらに鎌倉時代の新見《にいみ》荘では紙・漆・木器・薪・鹿皮・茸《きのこ》などを産していて、それらを高梁《たかはし》川ぞいの市庭《いちば》に出したり、京都に運んだりしていた。これも水上交通を前提にした生業《なりわい》だという（網野善彦氏『日本の歴史をよみなおす』）。

純友などの「海賊」をこうした水上交通を統制しながら守護する管理者集団と捉えれば、拡大する物流・商取引の担《にな》い手として、あたらしい時代をつくる海運王としての風貌が見えてくる。

## 34 漢才に対する大和魂は、日本人の精神の自立を意味しているの

漢《から》ごころは中国魂で、大和ごころは日本人としての心持ち。日本人だけが持っている日本人魂で、世界に比肩《ひけん》するもののない、高い精神性というニュアンスで理解されている。こうした考えは、江戸後期に生じていた。当時は、いや明治時代に到るまでだろうが、日本の文化人たちは中国漢籍を重んじ、宴会では当然のように漢詩文の出来《でき》を競《きそ》い、書簡は漢文で書き記すべきものと心得ていた。漢籍を博覧し、それに通暁《つうぎょう》して心酔《しんすい》していることが文化人たるものの誇りであった。日本に生まれてきたことを恥じて、中国人となりたかった、とさえいいそうだった。こうした日本人の中国文化への傾倒に反発し、本居宣長《もとおりのりなが》らは国学《こくがく》を提唱した。日本人がほんらい持っている、日本人らしい独自の心情があるはずで、それを解明して日本人のこころを取り戻そうとした。といってもその心情は、漢籍からの引用や漢文で塗り込められた『日本書紀《にほんしょき》』からは知られない。そこで和文を多用した『古事記《こじき》』にそれを探ろうとして、『古事記』を一字一行づつ精密に注釈した『古事記伝』を綴《つづ》っていったのである。そしてその神髄《しんずい》を「もののあはれ」を解する心や「清き明《あ》かき心」と縮約してみせたのだった。

この大和魂《やまとだましい》の起源は、平安時代にあった。そういう理解があるが、それは本当だろうか。

たしかに、『源氏物語』少女《おとめ》巻には「なほ、才《ざえ》をもととしてこそ、大和魂の世に用ゐらるる方も強うはべらめ」とある。これが、大和魂という言葉を文献上はじめて確認できる史料である。この才とは漢学のことで、光源氏が子・夕霧《ゆうぎり》を大学に通《かよ》わせることについてのやりとりである。蔭位《おんい》制度があ

るから、貴族の子弟はふつう大学などにいかず、家庭教師で教養をつけるていど。だがよい家柄を誇っていても、時勢《じせい》が移り後ろだてが居なくなれば、もともとの力がないので軽侮《けいぶ》の対象となりかねない。そこで光源氏は「そういうわけでやはり、漢学を基本としてこそ実務の才が世間に重んじられるということも確実というものでございましょう」と説明をして、漢才の修得を目指させたのである。

つまりここでいう大和魂とは漢才《かんざえ》といわれる中国・韓国などから流入してきた知識・文化に対抗して、これを排除するような排他的概念でない。相互に矛盾も対立もしない概念であって、同じ土俵にない。漢学などの基本原理の修得は、官吏として人として必要で欠かせないものだと認めている。

つまり、たとえば読書はするしクイズも強い。豊かな知識はあるが、一向に使わないし使えない人がいる。それでは生きる糧《かて》にならない。根本となる知識は基礎的に必要だが、それをどう使いこなしたら、日常生活に生かせるのか。それを活《い》かす才能が大和魂なのだ。あるいは、こういってもよい。今日、判事《はんじ》・検事・弁護士など法律家は法律知識を扱うが、書かれた法令通りに杓子定規《しゃくしじょうぎ》に適用したら、求刑・判決は冷酷・無慈悲となり、人倫《じんりん》は破壊されてしまう。だから起きていることの実情をよく見て、どのように柔軟に適用するか。そう判断する実務的な知恵・才覚が大和ごころだというのである。

中国・韓国などの知識・技術などと日本のそれのどちらが優《すぐ》れているとかではなく、行動のさいに両輪とすべき能力で、ともに欠かせない技量。知識・文化・技術を日本という場でじっさいに適用するさい、それを担当する者の心ばえ・性格・品性・実務応用力・適用力が大切になるという人間としての完成度の高さを自覚した上での表現が大和魂なのである。ということはもちろん、「国風《こくふう》文化のなかで、日本人としての自覚が生じて生起《せいき》した精神世界」なんか意味してはいない。

## 35 「元祖蒔絵」「螺鈿本舗」とかいってるけど、もともとは中国製品のコピーだったの

蒔絵《まきえ》・螺鈿《らでん》といえば、日本を代表する工芸文化といわれている。石川県立美術館蔵の秋野蒔絵硯《すずり》箱《ばこ》は、起伏をつけた高蒔絵《たかまきえ》に切金《きりがね》あり螺鈿ありという知りうる限りの開発された技巧を集大成した豪《ごう》奢《しゃ》な作品だ。この作品、あまりに梨地《なしじ》が稠密《ちゅうみつ》なので、金箔《きんぱく》を一枚貼っちゃったのかと勘違《かんちが》いしそうでもある。また本阿弥光悦の作った舟橋蒔絵硯箱（東京国立博物館蔵）は、舟橋の上に貼り渡した板の部分に鉛を使うという奇抜な意匠だが、蒔絵の逸品《いっぴん》とする声が高い。

蒔絵は、木製品などの器物に漆を塗り、乾いたらさらに漆を塗り、何回も漆を塗り重ねていく。漆器の作り方の基本である。その行程のなかで、漆が乾ききらないうちにそこに金銀などの板金を貼ったり、金属粉を撒いたりする。螺鈿ならば、貝殻内側の虹色に光っている面を置く。ときどきは色《いろ》漆《うるし》を掛けてもよい。さらに全面に何度か漆を塗り、金属・螺鈿などを塗り隠す。そして最後に木炭で漆の表面を研《と》ぎ、金属・貝などの面を出していく。これにより、漆に埋まったなかから輝く金属、七色の螺鈿が研ぎ出された、素晴らしい工芸品が出来《しゅったい》する。これが研出蒔絵《とぎだしまきえ》という蒔絵の一技法である。

蒔絵という言葉は、つとに『竹取物語』に見られる。かぐや姫をお迎えするためにといって、うるはしき屋を造り給《たまい》て、漆を塗り、まきゑして、かべし給て、屋の上に糸を染めて色々に葺《ふ》かせて、内のしつらひには、言ふべくもあらぬ綾をり物に絵をかきて、間毎《ごと》に張りたり。

と描かれている。『竹取物語』は九世紀の作品だから、このころにはもう蒔絵が高級なしつらえを想

像させるものとなっていて、高級感を醸《かも》し出すのに欠かせない用具とされていたようだ。

　こうした評判は、海外にも知れ渡っていた。『御堂関白記《みどうかんぱくき》』によると、長和《ちょうわ》四年（一〇一五）七月十五日、藤原道長は入宋《にっそう》する僧・念救《ねんきゅう》に託し、天台山に施捨《せしゃ》した。寄贈品には「螺鈿蒔絵の二扉の厨子《ずし》一雙《そう》、蒔絵の筥《はこ》二合、海図蒔絵の衣箱一雙」などが見られ、螺鈿・蒔絵製品が並んでいる。『泊宅編《はくたくへん》』を著《あら》わした北宋・方勺《ほうしゃく》も「螺塡器《らてんき》はもとより倭国《わこく》から出ており、物象百態にして頗《すこぶ》る工巧を極める」と書いているくらいで、螺鈿・蒔絵は中国で喜ばれる日本産の代表的な輸出産品だった。

　ところがこの蒔絵技法のもとは、じつは中国にあった。

　それは、東大寺正倉院にある聖武《しょうむ》上皇遺愛の品で知られる。光明皇太后《こうみょうこうたいごう》が献上したさいの『国家珍宝帳《こっかちんぽうちょう》』所載の太刀《たち》一覧のなかに「金銀鈿荘唐大刀《きんぎんでんそうのからたち》」がある。これには末金鏤《まっきんる》という注がつけられている。技法の名であるが、実物と照らし合わせると、末金鏤とは透《す》き漆をかけてから粗《あら》めの鑢粉《とのこ》で研ぎ出したもの。この技法は、まさにのちの研ぎ出し蒔絵のことである。中国での末金鏤技法は春秋戦国時代・漢時代にあったともいうが、実物がなくて確認できない。ともあれ日本の蒔絵は、「唐大刀」とあることから知られるように、中国の唐から教わった技術と見てよい。

　日本はおそらくこの意匠が気に入って、製品を研究しはじめた。奈良時代のうちに、もうこの技法を解明した。切金の板を嵌《は》め込んでからその上にかかった漆を除去する技法を平脱《へいだつ》、線状の切金を使って複雑な文様を表わす技法を平文《ひょうもん》と呼び、ともに自在に駆使《くし》できるようになっていた。中国の末金鏤技法を体得し、自家薬籠中《じかやくろうちゅう》のものとした。そこで商品名を替え「元祖蒔絵本舗《ほんぽ》」として本家に売り込んだ。ようするに中国製品のコピー商品を、恥ずかしげもなく日本特産品と称したのである。

# 36 平仮名の成立は、日本文化の自立のあかしといえるのか

十世紀半ばごろに、平仮名が成立した。毎日だれもが喋《しゃべ》っている話し言葉はあるが、書き記す文字がない。そういう言語がじつは世界言語の過半なのだそうだ。その点、日本には平仮名がある。もとをただせば漢字の一種の書きざまだが、それをもとの形がわからないほど崩して日本語を表記する特製文字に変えてしまった。大変な発明である。

日本語の表記文字を手にするまでの道のりは、長かった。『日本書紀《にほんしょき》』には応神《おうじん》天皇十五年に西文《かわちのふみ》氏の祖《おや》・王仁《わに》が『論語』とともに『千字文《せんじもん》』をもたらした、とある。『千字文』とは一〇〇〇の異なった漢字を用いて作る詩文で、字を憶《おぼ》える学習にさいして用いる。つまり『日本書紀』では、おおむね五世紀初めごろに文字文化が伝わってきたとする。考古学的には、癸未《きび》年の制作である隅田八幡《すだはちまん》神社人物画像鏡《じんぶつがぞうきょう》に「意柴沙加宮《おしさかのみや》」とあり、辛亥《しんがい》年の制作である埼玉稲荷山古墳《さきたまいなりやまこふん》出土鉄剣銘文に「乎獲居《おわけの》臣《おみ》」などとある。これらは日本人の日本語表記である。癸未年は四四三年ととる説と五〇三年説とがあり、後者ならば継体《けいたい》朝にあたる。辛亥年は四七一年・五三一年説があり、雄略《ゆうりゃく》朝とする説が有力だ。年代の確定はむずかしいが、五〜六世紀には、漢字を用いた日本語表記がはじまっていたようだ。

かつては、『万葉集《まんようしゅう》』の原文の書き方から、略体歌《りゃくたいか》→非略体歌→全文万葉仮名という変遷を辿《たど》ると理解してきた。すなわち柿本人麻呂《かきのもとのひとまろ》作の「東野炎立所見而反見為者月西渡」(巻一・四八)のような単語ばかりの歌を、読み手が「東《ひむがし》の野に炎《かぎろひ》の立つ見えて反《かへ》り見為《みす》れ者月かたぶきぬ」とテニヲハや

送り仮名などを補って読む。しかしこれでは、ひとによって読み方が違ってしまう。そこで大伴家持作の「春野介霞多奈毘伎宇良悲許能暮影介鶯奈久母」（巻十・一九〇二）のように、「春野に霞たなびきうら悲しこの暮影《ゆうかげ》に鶯《うぐいす》なくも」として、平仮名にしてある部分（悲しの「し」を除くが）を一字一音の万葉仮名で埋めた。これなら、読み違えも少しは減りそうだ。だが万全ではない。やがて誰も読み間違えぬよう、防人《さきもり》歌の「於保吉美能美許等可之古美伊蘇介布理宇乃波良和多流知々波々乎伎弖《おおきみのみことかしこみいそにふりうのはらわたるちちははおきて》」（巻二十・四三二八）のように、すべて万葉仮名で記す。こう変化してきた、と思われていた。

　しかし、そうではなかったらしい。前期難波宮址《なにわのみやあと》で出土した「皮留久佐乃皮斯米之刀斯（はるくさのはじめのとし）」の歌木簡《もっかん》では、漢字の音だけを利用して日本語を一字一音で表す方法がすでに見られる。これは七世紀中葉の孝徳《こうとく》朝あたりのものだから、人麻呂の略体歌より一つ昔である。考えてみれば、中国人もヒミコを卑弥呼、クナ国を狗奴と一字一音で表記している。この字音の借用による表記はだれもが考えつくことで、いちばん安易な工夫だった。だからいちばん最初に生じたらしい。

　むしろ大変だったのは、日本語・日本文の表記に中国語・中国漢文を取り込むことだった。中国語の「主語＋動詞＋目的語」という文法をこれと異なる日本語の「主語＋目的語＋動詞」の順に並べ替える工夫が、いや馬鹿げたことをする勇気が必要だった。漢語を組み替えていくという発想は、まったく別物《べつもの》の努力・工夫だったのだ。そのなかで、漢語の順を日本語の順に変えて、日本語表記として用いるようになった。滋賀県中主《ちゅうず》町《ちょう》の西河原森ノ内遺跡出土の告知《こくち》札《ふだ》木簡は、その過程の遺産である。この木簡は天武朝のもので、滋賀県の民間運輸業者間で日本語的に表記された文章が生じていた。舟人を率いて行くべきだというのを、「率舟人而」ではなく、「舟人率而」と書いている。勇気をもって、日本語の順にひっくり返している。しかも「稲者」「我者」「稲在処《いねのありか》者《は》」など「者」を日本語の「は」に当たる文字として使っている。これが、人麻呂時代あたりまでの表記の到達点だった。

そこから次に漢語と漢語の間に、日本語のテニヲハや送り仮名が入れられていく。『万葉集』の原文や『古事記《こじき》』では漢語的に使う漢字と日本語的に使った漢字を交えた万葉仮名の表記が採用されている。しかしどれも漢字ばかり。同一文章内にあると、どれを漢語として読み、どれを日本語に訓むか、わかりにくい。一字で一音を表わすというていどの用途にしては、漢字の画数は多すぎた。

そこで、この問題点を克服する方法があれこれ模索されていく。たとえば宣命小書体《せんみょうしょうしょたい》では、日本語に訓《よ》む漢字だけを小さく書き、漢語に用いた漢字と区別しやすくする。機械を使うわけではなく、自分で書くときに手加減《てかげん》するのだから、いい案だった。しかし画数の多さが嫌われたのか普及せず、結局は和語部分を思い切り崩した草書体とした平仮名に落ち着いた。

これの早い例が醍醐寺《だいごじ》五重塔に戯書《ぎしょ》されたもので、時期が明瞭なものでは貞観《じょうがん》九年（八六七）の讃岐《さぬき》国司・藤原有年申文《ありとしもうしぶみ》（東京国立博物館蔵）がある。

草仮名《そうがな》によって日本語表記のときの特製文字を得たわけで、その意義は大きい。日本人的な感覚を、文字として容易に表現できるようになった。これによって、『源氏物語《げんじものがたり》』『枕草子《まくらのそうし》』などの傑作がつぎつぎに生まれていく素地が作られた。そういわれている。

しかし紀貫之《きのつらゆき》著『土佐《とさ》日記』は、「をとこもすなる日記《にき》といふものを、をむなもしてみむとてするなり」として女であるかのように装っている。これは男が主宰する貴族文化・官僚世界は漢詩文によって運営され、表《おもて》社会では発明された平仮名を用いなかった、いや用いてはいけなかったことを意味する。ついでながら、「日記」が漢字であることから、和漢混淆文《わかんこんこうぶん》の最初とみる向きがある。しかしそれは誤解だそうで、貫之は全文平仮名で書いたつもりだった（中田祝夫《のりお》氏著『日本の漢字』中公文庫）。たとえば日記という字を漢字にしているのは、和語になかったからである。たとえば今日に片仮名がなかったなら、コンピュータもクリックも外国語の「computer」「click」をそのまま書き写すほかなかったろう。現代中国では、漢語に直せないものは、英語をそのまま書き込む。それと同じ事情で、外国語である漢語が混ぜられているにすぎないのだそうだ。

こうした事情は、諺文《おんもん》（ハングル）を作った大韓民国でも共通していた。李氏《りし》朝鮮の世宗《セジョン》十四年（一四四六）『訓民正音《くんみんせいおん》』の名で、世宗は国字を制定した。諺文は韓国独自の文字で、母音《ぼいん》・子音《しいん》二十八字からなる音字である（現在は十一の母音文字と十四の子音文字を用いる）。いまは国内がこの字で満ちあふれている。しかし制定されたあとも、宮廷などの男社会では長くこれを用いなかった。宮廷では「宗主国《そうしゅ》である中国に、漢字以外の独自な文字を制定したと聞こえては、何かとまずい」という暗黙の諒解があったからだ。これが広まったのは、光復節《こうふくせつ》つまり日本の植民地時代を経たからで、反日がすなわち日本が多用した漢字文化を拒むこととなり、民族文化の復活願望が諺文の偏重へと繋がったのである。

中国の冊封《さくほう》体制下にあった李氏朝鮮と、それとはやや離れていた日本では国情の差もあるが、いずれにせよ表舞台の社会では、平仮名も諺文も許容されなかった。舞台の裏側でいくら持て囃《はや》されていたとしても、そういう状態での物語を「国風《こくふう》文化が謳歌《おうか》されていた」と評価してよいか疑問がある。西洋に負けない文化があったという国民の自負心を擽《くすぐ》るための、明治国家の作為ではなかったのか。

## 37 国風文化なんて、存在するのか

旧ソ連科学アカデミーの編纂した世界歴史のなかで、日本文化は室町時代に成立した、とされているという。この説は、二つの相反する理由で誤っている。第一に、室町文化としたのは、現代日本文化の原点を禅文化と見ているからである。生《い》け花《ばな》・剣術・柔術など技術的なものが、華道・剣道・柔道など人としての道を極める一手段とされている。技術修練と禅宗哲学とを合体・融合させたものである。だから禅宗が庶民層に浸透してきた時点を日本文化のはじまりとみなした。だがこれでは現代文化の成り立ちしか説明できていない。「いまに繋《つな》がらない文化は日本文化でない」というのは、誤っている。第二に、鎌倉文化以前の文化は中国・朝鮮半島からの直輸入文化で、これを日本文化とは見なせない、という理解であろう。だがそういうのなら日本文化は、ほぼすべてが直輸入文化といってよい。日本文化を分析し、どこに起源があるかを探れば、日本の独自文化などどこにもない。禅宗が日本文化の基底をなしているとするが、それすらも日本製でなく、宋《そう》などからの輸入文化である。この論理では、現代にいたるまで、日本文化といえるものは一つも存在していないこととなろう。

たしかに日本の文化は直輸入文化である。飛鳥《あすか》文化の中宮寺《ちゅうぐうじ》半跏思惟像《はんかしいぞう》は中国南朝の南梁様《なんりょうよう》で、飛鳥寺釈迦如来像《しゃかにょらいぞう》や法隆寺《ほうりゅうじ》釈迦三尊像は北朝の北魏様《ほくぎよう》である。中国の南北朝の文化が、飛鳥で融合することもなくただ同居していた。白鳳《はくほう》文化の興福寺《こうふくじ》山田寺仏頭や薬師寺《やくしじ》薬師三尊像は初唐文化そのままで、天平文化の東大寺毘盧遮那仏《びるしゃなぶつ》も盛唐文化の丸写しである。弘仁貞観《こうにんじょうがん》文化の室生寺《むろうじ》の飜波《ほんぱ》式

仏像群も、唐での流行技法を持ち込んだにすぎない。日本人の努力とか好みとかがあって造像形式が推移するのではなく、中国文化の受け売りで進んでいく。こうした状態であれば、日本文化とはとても恥ずかしくていえそうにない。しかし遣唐使《けんとうし》停止を境に、日本の平安後期には国風《こくふう》文化つまり日本化された日本好みの和風の文化が花開いたことになっている。それはそれでいいのか。

国風文化を代表するものとして寝殿造《しんでんづくり》・蒔絵《まきえ》・大和絵《やまとえ》・仮名文学などがあり、これに大和魂《やまとだましい》が附随して語られる。しかしこれが日本国風なのか、はなはだ疑問だ。前項までにおおむね記してあるが、寝殿造は中国の宮殿建築を簡略化したもので、これに庭として池泉《ちせん》・築山《つきやま》を配したにすぎない。檜皮葺《ひわだぶき》にしたのは、瓦《かわら》作りが大変なのと、材の入手しやすさのせいだろう。蒔絵は、中国の末金鏤《まっきんる》の製法を模倣したもの。大和絵と唐絵《からえ》はただどこの風景を描いたかだけの差で、技法は唐絵である。仮名文学は日本人の心をたやすく表記する方法を見出したが影の存在であり、宮廷は相変わらず漢文世界であった。大和魂は漢才《かんざえ》を運用する能力の意味で、中国に対峙《たいじ》する心情などここにはない。

いやじつは、国風文化といわれてきた内容は唐文化そのものである。唐の文物を解析し咀嚼《そしゃく》して、やっと自国で製造法を会得《えとく》した。その周回遅れの走者が評価されたようなもので、持ち込まれたときの中国・宋王朝の人にはその文物《ぶんぶつ》が物珍《ものめずら》しかった。だから日本人の創意工夫による文化と勘違《かんちが》いされた。そういうことなのだ。いや、これは国風文化だけのことでない。旧ソ連の人たちが禅文化を日本文化としたのも、禅文化がすでに中国にないから、日本独特の文化と見誤っているのである。もともと文化を分解して、個々の淵源を尋ねちゃいけないんじゃないか。それでは、ほとんどの文化はどこかの模倣だ。私だって私の考えではなく、先人からの聞き書きを扱《こ》き混ぜて書いているにすぎない。

## 38 出家した僧侶たちは、色欲を断ち切って修行していたのか

百人一首で、僧正遍昭《そうじょうへんじょう》は「天《あま》つ風　雲の通《かよ》い路《じ》　吹きとぢよ　をとめの姿　しばしとどめむ」と詠《よ》んでいる。「美しい天女たちの姿を見ていたいから、雲のなかの通路を閉じてくれ」という意味で、坊さんの歌なのにやけに色っぽい。子ども心に「こんな歌を詠んでいていいの」とか思ったものだ。しかしこれは良岑宗貞《よしみねのむねさだ》の名で詠まれたもので、三十五歳以前の在俗中の歌詠であった。

出家した僧侶ならばもちろんのこと、在家の信者といえども、最低限守るべき戒律が五つある。不《ふ》殺生《せっしょう》・不偸盗《ちゅうとう》・不淫・不妄語・不飲酒《おんじゅ》、つまり殺さない、盗みをしない、異性・同性およびほかの動物とも淫行しない、大言壮語とくに悟《さと》ったといわない、酒を飲まない、の五戒である。このうちの前四つの戒は波羅夷罪《はらいざい》といって、どんなに懺悔《ざんげ》しても許されない、寺院・僧団を追放となる重大な破戒行為とされている。

いまでもタイでは、在家信者であればパーティでも酒を口にしない。在家でも、信者として最低限守るべき約束事だからである。ノンアルコールと称して、アルコール分数%までは許されるなどという姑息《こそく》な言い訳などもしない。約束事かどうかより、規定の底にある精神（法意）こそがなにより大事ならば、精進《しょうじん》料理もいかがかと思う。料理の食材には、殺生して得た獣肉などを使わないというのはいい。しかしなぜ獣肉を使った料理の形にし、その味に近づけようと努めるのか。獣肉はもとより、肉食の疑似《ぎじ》体験をふくめて、食への執着を断つのが修行の精神でないのか。筆者には食の欲への

執着を棄てないよう温存させている不可解な料理と思うのだが、どうだろう。

それはともあれ、問題は不淫戒だ。鎌倉新仏教の世界はまたべつのこととして、国家公務員たる官僧たちの世界ならば、この戒律は守られてきたのだろうか。松尾剛次《けんじ》氏著『破戒と男色の仏教史』（平凡社新書）によると、どうやらその実態は凄まじく生臭《なまぐさ》いものだったようだ。

『古事談《こじだん》』（十三世紀初頭成立）に、成　尊《じょうそん》僧都《そうず》の話がある。この僧都は、じつは仁海《にんかい》僧正の真弟子《しんでし》であった。真弟子とはその僧侶の実子でかつ弟子という意味だが、僧正遍昭のような在俗中のときの子という意味でない。「或る女房、彼の僧正に密通する間、忽《たちま》ちに懐妊して男子を産生《うみな》す」（巻三・七十二）とあり、僧侶と通じたのである。その罪を匿《かく》そうとして、母は子に水銀を飲ませた。このために、成尊僧都は「男女において一生不犯《ふぼん》の人なり」とあって、男色・女色ともできなかった、という。

仁海は雨僧正ともいわれ、祈《き》雨《う》に優れていたらしい。長く東寺長者を務め、長暦《ちょうりゃく》二年（一〇三八）に僧正となった。その僧侶界の重鎮が、女犯《にょぼん》をしていて咎《とが》められない。上に立つ者がこれならば、より下の僧侶がそのまねをしないはずがなかろう。

宗性《そうしょう》も、東大寺を代表する学僧として著名で、文応《ぶんのう》元年（一二六〇）には東大寺別当《べっとう》、文永六年（一二六九）に権僧正《ごんのそうじょう》にまで昇進した。その彼が嘉禎《かてい》三年（一二三七）三十六歳のときに作った起請《きしょう》文《もん》（誓文）は、とても僧侶のものと思えない。五箇条あるが、「二、現在までで九十五人である。男を犯すこと百人以上は、淫欲を行なうべきでないこと」「三、亀王丸《かめおうまる》以外に、愛童を作らないこと」「四、自房中に上童を置くべきでないこと」などと見える。

女犯に手を染める。しかしそれがだめなら、せめて男・童を犯す。先述のとおり、異性でなければいいのではなく、どちらも不淫戒を破るものである。しかし彼らは、もともと世をはかなんで出家したわけでない。国家の安寧のために祈るのは仕事と割り切り、権力欲・出世欲を漲《みなぎ》らせていた。欲望を止める術《すべ》もなく女色・男色の蔓延《まんえん》していたようすが、この一二だけでも窺い知れよう。

この僧侶の色欲の対象が、おもに向けられたのは稚児《ちご》・童子だった。『令義解《りようのぎげ》』僧尼《そうに》令取童子条に「凡《およ》そ僧は、近親郷里に、信心の童子を取りて、供侍《ぐじ》すること聴《ゆる》せ。年十七に至りなば、各本色《ほんじき》に還《かえ》せ」とあり、十七歳以下の童子を侍《はべ》らせることが認められていた。本意は、もちろん僧侶の身の回りの世話をさせるためである。しかし彼らが、寝床《ねどこ》をともにすることとなる。

さして気にしたことはなかったが、そういわれて見ると、絵巻物での僧侶の絵にはそうした光景がごく自然に描かれている。十四世紀初めに作られて春日大社《かすがたいしゃ》に奉納された『春日権現験記絵《かすがごんげんげんきえ》』には、興福寺別当・実尊《じつそん》が、垂髪《すいはつ》の女性の装束に包まれている稚児と同衾《どうきん》した姿が描かれている。これが奉納品であって、恥ずかしいと思っていないのである。「僧侶は戒律を守って修行に励んでいる」というのは、宮廷仏教世界のありようでなかった。

しかし男色は、異性との接触を禁ぜられていた僧侶の苦肉の策としてはじまったわけでなく、もともと公家《くげ》社会に蔓延していた。後白河《ごしらかわ》天皇が藤原信西《しんぜい》を男色相手として寵愛したのは著名だが、信西の宿敵・藤原信頼《のぶより》も男色の相手だった。保元《ほうげん》の乱（一一五六年）で信西に倒された藤原頼長《よりなが》も「今夜、義賢《よしかた》を臥内《がない》に入れ、無礼に及ぶ」（『台記《たいき》』久安四年［一一四八］一月五日条）とあり、源為義の子・義賢を男色の相手にした。ほかにも随身《ずいじん》の秦公春《はたのきみはる》・秦兼任《かねとう》、貴族の藤原忠雅・藤原為通・藤原公能・藤原隆季・藤原家明・藤原成親《なりちか》・源成雅《なりまさ》たちと関係している。上《うえ》つ方は、何とも凄《すさ》まじい社会だった。

## 39 興福寺の僧兵は、どうして春日大社の神木を持って強訴するのか

僧兵というのは、武装した僧侶集団である。『梵網経《ぼんもうきょう》』によればもともと僧侶の武器使用は許されておらず、延暦《えんりゃく》寺でも「二十六箇条制式《せいしき》」（良源《りょうげん》著）で兵仗《へいじょう》の携行《けいこう》を禁じていたから、武装などありうる話でなかった。しかし古代に出家・得度《とくど》するのは、もともと厭世観《えんせいかん》や国家理想の実現を望んでのことでなかった。脱俗世間の反対で、世俗的な欲望のためであった。というのは、この当時、貴族・官僚の世界で成功しようとすれば出身母体である氏族の貴賤《きせん》が問われたが、僧侶界にはそうした差別がなかった。経典の知識やその適用能力だけが問われ、自分の意思と努力しだいで高僧への道が拓《ひら》けた。そこで政界に干渉して国家を動かしたいとか富を得たいとか思う人たちが時代の成功者となるためのバイパスとして、寺に入ろうと志願したのだ。しかも、政府は慶事や飢饉・疫病などの凶事があるごとに功徳《くどく》に対する恩恵を求めてか祈る力を増させるためか出家・得度者を増やしたので、増員される彼らを養うために寺院組織が巨大化し、それを支えるために寺院経営にかかわる下部の僧侶（学習・研究に専念する学衆に対し、衆徒《しゅと》・堂衆《どうしゅう》という）が多くなって彼らの発言力が大きくなった。衆徒は、管轄下の荘園から兵士を徴発し、ときには彼らとともに宮廷への実力行使に出た。これが強訴《ごうそ》である。

興福寺が春日大社の神木《しんぼく》を奉じて入洛《じゅらく》・嗷訴《ごうそ》したのは、安和《あんな》元年（九六八）から文亀《ぶんき》元年（一五〇一）までで九十回余に及び、要求内容は山階道理《やましなどうり》と別称されるほど無理無体なものだった。これを見倣《みなら》った延暦寺も要求を通すために日吉《ひえ》神社の神輿《みこし》を持ち出した、という。興福寺は神木を平安京に持ち出

して、通りに放り出したり、権力者の家の前に置いたりした。そんなもの放っておけばよさそうだが、神木の在京中、藤原氏の氏人《うじびと》は身を慎《つつし》んで神木にお参りした。彼らは公務に携《たずさ》われず、宮廷の多くは藤原氏出身なので宮廷機能が麻痺《まひ》した。これをおして出勤すれば、藤原氏から放氏《ほうし》つまり破門《はもん》になる。藤原氏の一員に数えられず、ほかの氏が引き取るはずもないので、すべての社会的地位・財産を失って路頭《ろとう》に迷うことになる。「待ったなし」の状態におかれた宮廷は、要求を呑むほかなかった。

ところで興福寺の僧兵たちは、なぜ寺院の所有物である仏像や経典でなく、まったく別組織のはずの神社の木など持ち出すのだろうか。

それは、まず興福寺がときの権力者集団である藤原氏の氏寺であり、春日大社は同じく藤原氏の氏神だったからだ。藤原氏を通じて、興福寺と春日大社はいわば兄弟関係にあった。興福寺からすれば、藤原氏の守護仏も守護神も要求している、という設定にしたかったのだろうか。だがそれにしても、神木なら神社のもので、担《かつ》ぐなら僧侶でなくて神官じゃないのか。

これには、神社の地位が急激に低下していたという事情がある。奈良時代以来の国家仏教の保護政策で寺院勢力は台頭し、神々の地位は凋落《ちょうらく》した。日本の神々はほんらい仏であって、日本には先行して神として出現していたとする本地垂迹《ほんちすいじゃく》説に神々は呑み込まれた。さらに多度神宮寺《たどじんぐうじ》の縁起によれば、天平宝字《てんぴょうほうじ》七年（七六三）の託宣《たくせん》で神は「重い罪を負っているから神として存在している。だから神の身を離れるために仏に帰依《きえ》したい」といっている。こうした仏主神従の趨勢のまま、平安時代以降、神社は仏教寺院に膝を屈する形で吸収され、僧侶の神前読経《しんぜんどきょう》も当たり前になった。神社は僧侶の支配下に置かれたのだ。だから興福寺の僧兵は、春日大社の神木を自在に伐《き》って担ぎ出していたのである。

## 40 天皇はもともと不親政だったと思っていいのか

天皇はもともとみずから政治を執《と》らない存在、つまり不親政だったという理解がある。

全国の村々で行われていた祭祀は、国家の統一とともに凝集してゆき、大和王権のもとに集中した。その国家祭祀を天皇が担《にな》っており、たとえば春には一年の豊饒《ほうじょう》を予《よ》祝《しゅく》する祈年祭《としごいのまつり》、秋にはあらかじめ決めておいた由岐《ゆき》国・主基《すき》国からの収穫物で全国のこの一年の収穫に感謝する新嘗祭《にいなめのまつり》が執行される。天皇がかかわる祭祀を数え上げればきりがないが、全国から郡単位でそこの郡司の子女が采女《うねめ》として貢上される。采女らは、その地域の国魂《くにたま》を体現している巫女《みこ》的な存在である。その彼女らを後《こう》宮《きゅう》に置いて独占していることからしても、天皇が全国の頂点にたつ祭祀王という性格を濃厚に帯びていたことが窺い知られる。

こうなると一般行政の執務に時間を割くことはむずかしい。邪馬台国《やまたいこく》でもそうであったように、夜中に神の声を聞いた卑弥呼《ひみこ》は、朝、神の託宣を弟に伝えて執務させた。祭祀王は日中の政務に表立って携わらない。この社会習慣をうけて、大和《やまと》王権内でも、大王《おおきみ》のかたわらにいる有力な皇子（のちの皇太子）が摂政《せっしょう》として実務を執《と》っていた、とみなされる。

継体《けいたい》天皇六年（五一二）大連《おおむらじ》・大伴金村《おおとものかなむら》は百済《くだら》からの要請をうけて、加羅《から》の四県《あがた》を百済に譲ってしまった、という。このとき、継体天皇がすでに裁可《さいか》しているというのに、大兄《おおえ》皇子（のちの安閑《あんかん》天皇）が百済の使者に対して「撤回する」と伝えている。百済側はもちろんこれを承諾していないが、大王の権限を超えた決断をする皇子がいた。こうした大王権限と並ぶ力を発揮しているのは、厩戸《うまやど》皇子（聖徳太子）もそうだというし、天武《てんむ》朝の草壁《くさかべ》皇子や大津皇子などもそうである。国務運営についての行政力を皇子のままで持ちえたとすれば、中大兄《なかのおおえ》皇子がながく皇太子に留《とど》まっていた理由もわかろう。まずは叔父の孝徳《こうとく》天皇を即位させ、ついで母の斉明《さいめい》天皇を立て、さらに五年間の空位まで作った。それほどまでして即位を回避したのは、国家の急務である大化改新政策を軌道に載《の》せたかったから。祭祀にかかわる大王では政務に専念できないから、自由に行動できる皇太子の地位にこだわって執政していた。だから天皇はずっと政治に関与しない存在だったと説明されても、納得がいこうというものだ。

近時の昭和前期、日中十五年戦争・太平洋戦争のなかで、昭和天皇はまさに国家権力の中枢にいて、国政の重大事を眼前で審議させ、採否を承認していた。「統治権を総攬《そうらん》」（大日本帝国憲法第四条）して、国政の決定権があった。そうであれば、戦争を起こした敗戦国としての責任を問われるはずである。それが人間宣言をするだけで処断されなかったのは、もともと天皇は不親政という原則があり、それが連合国側にも認められたからだ。そういう見方もある。

だが、現代史のことはともかく、前近代の天皇不親政は作られた思い込みである。

きっかけは承和九年（八四二）の承和の変で、嵯峨《さが》上皇の没後に伴健岑《とものこわみね》・橘逸勢《たちばなのはやなり》の叛乱計画が暴露され、関係者として皇太子・恒貞《つねさだ》親王が廃立《はいりつ》された。そのあとは藤原良房《よしふさ》の娘婿であった道康《みちやす》親王が皇太子に立てられ、やがて文徳《もんとく》天皇として即位した。文徳天皇は即位に導いてくれた良房に感謝し、良房の外孫にあたる惟仁《これひと》親王（清和《せいわ》天皇）を生後八ヶ月で立太子させた。その清和天皇はわずか九歳で即位することとなったが、執務はもちろん政務内容すら理解できないので、外祖父《がいそふ》の良房が政務をすべて代行した。事実上、これが摂政の就任となった。そしてこれが天皇不親政、臣下による政務代行のはじまりである。

しかし律令制度では、統治権はまごうかたなく天皇の掌中《しょうちゅう》にあった。もともと全権を握った天皇がじかに統治するために、その行政のいわば目安として臣下に律令《りつりょう》を提示しているのである。何も示さないと、そのたびにいちいちお伺《うかが》いを立てられる。それでは大変だから、先んじてその基本を示したものだ。そのなかでの天皇権限は、広く大きく強い。たとえば五位以上の貴族の叙位《じょい》については式部《しきぶ》省で立案できず、天皇の意のままであった。それこそ奴隷を大臣にすることも、僧侶を大臣にすることも、その逆も自由自在であった。また律令に反するどんな法律でも、その場の詔勅でただちに制定・施行できた。そうした大権を有する天皇が、原則として不親政であったはずなどない。天皇にすべての執政の権限が集中し、親政が基本精神である。法制度を見れば、それが動かせない事実である。だが、それをその権限通りに発揮されては困る人たちがいた。

七世紀中葉までは、三十歳ていど以上で執政能力が確認できなければ、大王候補とされなかった。八世紀初めに皇太子であった首《おびと》皇子（聖武《しょうむ》天皇）はこのとき十五歳だったが、「年歯《とし》幼《わか》く稚《おさな》くして未《いま》だ深宮を離れず」（『続日本紀《しょくにほんぎ》』霊亀元年九月庚辰条）として即位を見送られている。それが摂政・関白《かんぱく》という代行制度が生じると、事態は一変した。天皇が政治に関心を持ち、政治能力に目覚め、自分の大権に気づくと、天皇と代行者との意見の対立も生じうる。そこで、そうした年齢に達する前に退位させてしまうのだ。朱雀《すざく》天皇は八歳で即位し、二十四歳で譲位。冷泉《れいぜい》天皇は十八歳で即位し、二十歳で譲位。花山《かざん》天皇は十七歳で即位し、十九歳で譲位。一条天皇は七歳で即位し、二十二歳で死没。

後一条天皇も九歳で即位し、二十九歳で死没した。このために即位時に天皇の実子が皇太子に立てうる年齢であるはずがなく、皇太子を別系から探さねばならなかった。そういう問題があらたに生じていた。そのなかでも、後三条《ごさんじょう》天皇・白河《しらかわ》天皇は長期間親政を行ない、二条天皇も後白河院《ごしらかわいん》に対抗して親政を貫《つらぬ》いた。天皇たちは親政の権限を持っていたが、周囲に抑え込まれてきたのである。
とはいえ、近年の天皇不親政論がここに由来するとは思えない。

この論の直接のもとは、幕末の攘夷運動・倒幕運動に影響力を持った水戸学《みとがく》にあるようだ。長山靖生《やすお》氏著『天下の副将軍』(新潮選書)では、徳川光圀《みつくに》の歴史認識は次のようだったと推測する。すなわち中国では易姓《えきせい》革命があり、命運《めいうん》の尽きた前王朝から天命が易《か》わって、前王朝とは姓の異なった新王朝に天命が降りる。その新王朝は前の王朝より勝《すぐ》れているから天命を受けたわけで、だから前王朝の紀伝体の史書を編纂する権利と義務があり、列伝で前王朝を毀誉褒貶《きよほうへん》した評価もなしうる。しかし日本には易姓革命・王朝交替の歴史がなく、天皇家一筋である。すると史書を編纂する主体が生じておらず、歴史が書けない。そこで光圀は公家《くげ》方が「皇家の天下を武家へ取らせ参らせてとありしに、いやいや皇家の天下を取り申したるにては候《そうら》はず、摂家《せっけ》の天下を武家へ取申したるにて候」(『玄桐筆記《げんとうひっき》』)と答えた。つまり天皇は神聖であるがゆえにもともと非政治的な存在であり、持っていた政治大権は公家と武家によって実力で侵犯された。まずは藤原摂関家に代行され、のちには源・北条・足利・徳川などの武家がこれに替わった。彼らはともに天皇の大権を奪った覇者《はしゃ》であり、覇者間には政権譲与の歴史がある、と認識した。覇者は驕《おご》り高《たか》ぶれば滅びることもあるが、天皇はもともと非政治的で神聖だから衰亡しない。この論理で、天皇中心主義史観をカバーしたのである。

## 41 院政って、偶然の事情でできた反骨の政権だったの

院政は、摂関政治の最盛期のさなかにとつぜんポッカリと穴が開き、そこから咲きだした棘《とげ》のある花、あるいは噴き出した熱湯温泉のようなものだった。

きっかけは、後三条《ごさんじょう》天皇（尊仁親王《たかひと》）の出現だった。平安時代から彼のときまでに即位した天皇で、母が藤原氏出身でないのは、宇多《うだ》天皇しかいなかった。仁和《にんな》三年（八八七）その宇多天皇は関白《かんぱく》藤原基経《もとつね》の処遇をめぐって阿衡《あこう》の紛議《ふんぎ》を生じ、公卿《くぎょう》会議を召集することもできず、政治的圧力に苦められた。それに倣《なら》えば、この後三条天皇も少なからず藤原氏との軋轢《あつれき》に悩まされる運命だった。

ときの権力者は関白・左大臣藤原頼通《よりみち》で、もちろん天皇の母方の祖父となる外戚《がいせき》関係を築き、これを基盤として摂関政治を維持・継続しようと努めていた。後朱雀《ごすざく》天皇には、道長の娘・嬉子《きし》との間に親仁親王《ちかひと》（後冷泉《ごれいぜい》天皇）がいたものの、頼通には娘がいなかったので、ほんらいは皇族だが敦康《あつやす》親王の娘・嫄子《もとこ》内親王を養女とし、後朱雀天皇の中宮とした。しかし女子しか産まれなかった。頼通の弟で内大臣の教通《のりみち》が娘・生子《なりこ》、権大納言《ごんだいなごん》の藤原頼宗《よりむね》も娘・延子《のぶこ》を女御《にょうご》に納《い》れたが、皇子は親仁以外に皇后・禎子《よしこ》内親王所生の尊仁親王しかできなかった。寛徳二年（一〇四五）、頼通は親仁を後冷泉天皇として即位させ、不満はあったが後朱雀天皇の指示によって尊仁を立太子《りったいし》させた。もちろん後冷泉天皇の後宮には頼通の娘・寛子《ひろこ》、姪の歓子《かんし》を送り込み、在位中の二十二年間、ただただ皇子出産を待ちわびた。そして歓子は期待通りに皇子を身ごもったが、死産だった。

後冷泉天皇が亡くなり、頼通はしかたなく後三条天皇の即位を認めた。だが後三条天皇にとって、皇太子に留め置かれた二十二年間は廃太子《はいたいし》の恐怖と屈辱に満ちた日々だった。皇太子の標《しるし》とされた壺切《つぼきり》の剣《つるぎ》を渡されなかったともいわれており（『江談抄《ごうだんしょう》』）、「即位は、頼通のおかげ」と思うはずがない。治暦《ちりゃく》四年（一〇六八）後三条天皇が即位すると、ただちに反摂関家の動きがはじまった。延久元年（一〇六九）に荘園整理令を出し、記録荘園券契所《きろくしょうえんけんけいじょ》（記録所）を設置。従来の整理令とは異なり、ただ追認したんじゃない。すべての荘園の寄進《きしん》手続き・免税などの券契（証拠書類）を記録所に登録させることにした。最大所有者は摂関家で、頼通は「勝手に寄せてきたもので、文書《もんじょ》などない」（『愚管抄《ぐかんしょう》』）と拒んだというが、結局提出している。課税・没収するとの強い姿勢に押されたのだ。その一方、直轄地として後三条勅旨田《ちょくしでん》を設け、天皇家資産を増強して摂関家に対峙《たいじ》しうる経済基盤を作り出した。

そして四年半も天皇親政つまりみずから決裁するなど実務に従事してから、子・白河天皇に譲位した。白河天皇の母は藤原茂子《しげこ》で、これで摂関家はふたたび外戚の立場に立てた。だが摂関家も端境《はざかい》期《き》で頼通・教通・上東門院彰子《じょうとうもんいんしょうし》ら実力者が死没し、後三条上皇の「親政」構想を阻止できなかった。

後三条院は院蔵人所《いんのくろうどどころ》を置き、すでに脳裏《のうり》には上皇の執政すなわち院政構想が描かれていた。その権力の源泉は天皇の父としての立場、父権にある。だから皇位は白河天皇に譲っても、院蔵人所を軸に院内で独自に政務を執っていくつもりだった。もちろん摂関家と対峙しつつ、だ。

残念なことに退位後半年で後三条上皇は没し、政治構想は潰《つい》えたかにみえた。だが、白河天皇がこれを引き継いだ。何でも思いつければ実現できるもの。天皇として十六年間親政したあと、応徳三年（一〇八六）に上皇（院）となり、子・堀河《ほりかわ》天皇に対する院政をはじめた。父の構想が形になったのだ。

## 42 摂関家に逆らって院政を支えたのはどういう勢力だったの

院政とは、上皇が実権を握って国政を支配する政治形態である。権力の源泉である天皇に対して、治天《ちてん》の君ともいわれた。

在位中の天皇は内裏《だいり》にいられるが、退位すれば内裏には住めず、京内のどこかに転居した。そのさい塀が巡らされている上等な建物を院といい、上皇はたとえば陽成《ようぜい》院や朱雀《すざく》院などに移った。没後、上皇たちは隠居先の邸の名に因《ちな》んで陽成院天皇・朱雀院天皇といわれたが、いまは院を省いて陽成天皇・朱雀天皇などと呼んでいる。

さて、初代の白河天皇は譲位後に白河院に移り、子の堀河《ほりかわ》、孫の鳥羽《とば》、曾孫の崇徳《すとく》の三天皇に対して院内で政務を執った。ついで治天の君となった鳥羽上皇は子の崇徳・近衛《このえ》・後白河《ごしらかわ》の三天皇に対し、後白河上皇は二条・六条・高倉・安徳・後鳥羽《ごとば》の五天皇に対して院政を行なった。

これに先立つ摂関政治は天皇への母権を外祖父《がいそふ》として行使した政権であり、院政は父権を行使する政権となる。いずれにせよ、天皇家と姻戚家との内部問題にすぎない。そうではあるが、周囲の宮廷人は、だれが国政の実権を握るのかに高い関心を寄せている。その帰趨《きすう》先しだいで、自分の官途《かんと》も開けたり閉ざされたりするからだ。

天安二年（八五八）に藤原良房《よしふさ》が摂政《せっしょう》、元慶《がんぎょう》八年（八八四）に基経《もとつね》が関白《かんぱく》となり、それ以来ずっと藤原氏の北家《ほっけ》嫡流が摂政・関白を独占してきた。政務全般もそうだが、とりわけて宮廷人の関心の高い人事は、摂関家の意向によって決まっていった。だから競って摂関家につくしおもねり、私財を擲《なげう》って摂関家の求めに応じた。摂関家の繁栄を支えたのだ。その対価として、中央政府の役職や豊かな国の地方官（国守）などに任官して貰った。しかしポストは限られている。代を重ねるごとに、主要ポストから藤原氏外の人たちが逐《お》われ、藤原北家外の人たちが逐われ、北家でも嫡流外の人が疎外《そがい》されていく。摂関家に取り入ろうにも、もはや絶望的で見通しがきかない固定された状況が眼前にあった。

そこにとうとつに生じた院政は、宮廷人にとってあたらしい希望となった。

院を支持しその側《そば》に摺《す》り寄ったのは、摂関政治では恵まれない中下級貴族たちだった。他氏はもちろん、北家も嫡流でなければ藤原氏でももはや身内とはいえなくなっていた。院政は、後三条天皇による天皇親政・天皇家執政構想を受け継いでいるため、その成り立ちからして反摂関家的であった。だから、寄ってくる人たちは反摂関家的になる。それは当然の成り行きだったろう。

院の近臣《きんしん》たちは、役職でいえば国司のうちで現地に赴任する受領《ずりよう》国司の階層である。受領国司は公領（国衙領《こくがりよう》）を管理・支配し、ときに応じて国家が必要とする税を課そうとした。しかし摂関家や寺社の荘園の拒絶・横暴に直面し、執行を妨げられてきた。また受領国司として得た莫大な利益も、つぎの役職を得るために摂関家に奉仕する資金として吸い取られた。それでも仕方なく摂関家の顔色を伺ってきたが、新政権のもとでいままでの怨念《おんねん》を晴らしたい気持ちが漲《みなぎ》っていた。

院は、院庁《いんのちよう》を開いた。ほんらいは隠退した院の生活を差配《さはい》する役所だが、それに奉仕する近臣たちが登用されていった。この院の近臣たちは、つよい反摂関家的な政治勢力となった。

この新政権の魅力は、何といっても新権力に見合う新政治勢力の台頭である。摂関家は血縁重視の政権基盤だから、生まれが違うだけで先見的に身内になれずに拒まれてしまう。ところが院政は血縁といえば皇族しかないわけで、彼らは近臣にならない。だからそういう観点での差別・贔屓《ひいき》はなく、血縁や出身は近臣の採否の規準でない。近臣になれるかどうかは、院への奉仕内容とそれに対する院の気まぐれな寵愛であったから、だれでもが入り込める余地と希望が見えたのである。

院は天皇の父として天皇が決裁した政務内容に干渉し、これを変更させた。あるいは最初から院の意思のように決裁させた。摂関家は天皇と諸臣との間に入って「関《あず》かり白《もう》し」たり、指示内容を「内々に覧《み》」たりしていたが、院は上皇の意思として院宣《いんぜん》を出し、院の意思を奉じた院《いんのちょうのくだしぶみ》庁下文を出させて、関係省庁や個人にまでじかに命令をすることができた。

院の耳に入った院の近臣たちの要望がそのまま反映した院宣・院庁下文もあり、下級貴族の意見が院を通して実現された。葉室顕隆《はむろあきたか》は、「夜の関白」といわれたそうだ。夜のクラブで暴れたわけじゃない。彼は白河院の院司《いんじ》となり、毎夜院の御座所《ござしょ》に伺候《しこう》して言上した。その奏上の内容はすべて聞き届けられたので、事実上の関白と渾名《あだな》されたわけである。

とはいえ国政は、内閣にあたる太政《だいじょうかん》官の公卿《くぎょう》たちの会議が討議・審議して決定するのが本筋である。そのなかで公卿たちが長時間かけて審議・決定した政策をいつも院が覆《くつがえ》していたのでは政情不穏となり、いつかクーデタを起こされる。院も公卿会議での安定工作はしており、天皇の人事権を操作して摂関家に対抗する勢力を公卿につかせていった。それが村上源氏の登用であり、頼通《よりみち》・教通《のりみち》たちのころから、村上源氏の躍進が目を引くようになる。こうやって院は、公卿会議をも制し、摂関家と鬩《せめ》ぎ合いをしながらも、ときには実力で覆しつつ、国政の実権を掌握していった。そしてついには国政をほしいままにするといわれ、天皇を差し置いて実権を持つ治天の君という異名《いみょう》を奉《たてまつ》られたのだ。

その実力を発揮して貴族社会を震え上がらせた事件といえば、保安元年（一一二〇）十一月の出来事が思い起こされる。関白・藤原忠実《ただざね》の内覧《ないらん》の権利を停止して、事実上関白を罷免・隠退させてしまったのである。また元永二年（一一一九）には、上野《こうづけ》国の山野五〇〇〇町歩が藤原忠実に荘園として寄進《きしん》されることになっていたのを、あまりにも広大だとして撤回させてもいる。「時代が違ってきた」と、誰もが感じたことだろう。大江匡房《おおえのまさふさ》は寛治《かんじ》七年（一〇九三）に「今の世のことは、すべてまず上皇の御《み》気《け》色《しき》（意思）を仰ぐべきか」（『江記《ごうき》』）として、白河院の意思が第一とされていた様子を伝えている。また右大臣中御門《なかみかど》宗忠《むねただ》も、死没直後の白河院について「法度《はっと》にかかわらず、叙位《じょい》・除目《じもく》を行なった」（『中右記』）と人事を思うままにした専制君主ぶりを評している。

そうした白河院でも意のままにならなかったものとしては、「賀茂川の水（氾濫）・双六《すごろく》の賽《さい》（博《ばく》奕《ち》）・山法師《やまほうし》（延暦寺僧兵の横暴）」（『源平盛衰記』）という。これを白河院の天下の三不《ふ》如意《にょい》と称したというが、たしかに彼には怖いものなしの日々だったろう。

院政の基盤は先述の受領層のほかに、次項の平氏の武力などが支えとなったという。

しかしよく考えると、ほんとうは父権に大きな重みを持たせてくれたのは経営所（婚所）婿取婚《むことりこん》の成立（拙著『古代史の謎を攻略する　奈良時代篇』第五章34項）である。これによって母権が低下し、父権が相対的に高くなってきた。地方社会からはじまったその波が、都の権力基盤を変えていった。そう考えれば、婚姻制度の変化つまり時代社会の変化こそが院政の最大の味方であり、彼のほんとうの支持基盤だったと考えるべきなのかもしれない。

# 43 平氏は、摂関家と源氏を潰すために登用されたんだって

平氏の登用には、作為が感じられる。白河院《しらかわいん》にまず登用されたのは、平正盛《まさもり》である。隠岐守《おきのかみ》の在任中、正盛は伊賀国鞆田《ともだ》村の所領を院の皇女・媞子《ていし》の菩提所《ぼだいしょ》である六条院《ろくじょういん》に寄進《きしん》し、それを機に院の近臣に列《つら》なった。祇園女御《ぎおんにょうご》や院別当《いんのべっとう》・藤原顕季《あきすえ》らと組んで勢力を拡大し、院の意を体《たい》して尊勝寺《そんしょうじ》曼荼《まんだ》羅《ら》堂《どう》・石清水八幡宮《いわしみずはちまんぐう》大塔・九体《くたい》阿弥陀堂（蓮華蔵院《れんげぞういん》）などを造営・進上し、功績を積んだ。ついで子・忠盛《ただもり》も父の引きで白河院の寵愛をうけ、白河院没後は鳥羽院《とばいん》の近臣《きんしん》となって得長寿院《とくちょうじゅいん》などを造営・進上し、その功などで鳥羽院御厩別当《みくりやべっとう》や鳥羽院・美福門院《びふくもんいん》両院年預《ねんよ》（執事別当）に取り立てられた。

これらの経歴を見る限りでは、このころに典型的な院の近臣のあり方である。温国《おんごく》（収入の多い国）の受領《ずりょう》国司を歴任しながら財を蓄え、その蓄財を院の求める寺院などの造営費にあてる。それによって寵愛を受け、院政政権の実力者としてのし上がっていく。当時のフツーである。

彼らがほかの近臣と異なったのは、武力を持っていることだ。正盛は白河院の親衛隊である院の北《ほく》面《めん》となり、強訴《ごうそ》して白河院を困らせる南都北嶺《なんとほくれい》（奈良の興福寺《こうふくじ》と京都の延暦寺《えんりゃくじ》）の僧兵《そうへい》たちの入京を実力で阻《はば》んだことがある。さらに天仁《てんにん》二年（一一〇八）源義親《みなもとのよしちか》を追討し、瀬戸内海の海賊や京内の強盗の追捕《ついぶ》にも活躍した。忠盛も、大治《たいじ》四年（一一二九）に山陽・南海二道の海賊を追捕し、保延《ほうえん》元年（一一三五）にふたたび山陽・南海二道の海賊の追捕に赴いている。

ところが、父子のこれらの武功にはやや不審なところがある。源義親は八幡太郎義家《はちまんたろうよしいえ》の嫡子で、勇

猛な武者《むしゃ》として知られていた。対馬守《つしま》在任中に暴政を行なって大宰府《だざいふ》から告発され、さらに隠岐に流される最中にも出雲国目代《いずものくにもくだい》を殺害するなど反抗的であったそうだ。院はそれまで実績のない正盛を登用し、彼はわずか一ケ月で強勢な義親などを討ち取ったと報告した。報告の真偽を確かめることもなく、論功行賞が済まされた。ところが越後《えちご》には義親だという法師が現われ、常陸《ひたち》にも義親と名乗る男が出没。二十年以上経っても、平安京の一条や近江《おうみ》大津にいたとか、前関白《かんぱく》の藤原忠実《ただざね》邸で見たとかの噂が絶えなかった。つまり正盛は義親を取り逃がした、と囁《ささや》かれていたわけである。

忠盛の功績もそうだ。大治四年の海賊追捕には論功行賞がなされず、もともと暴《あば》れている海賊などいたのか疑われている。保延元年の追捕も、凱旋《がいせん》のさいに連行されたのは海賊でなく、忠盛の家人《けにん》とならなかった武士たちらしい。すなわち白河院・鳥羽院は、忠盛を西海道・南海道に行かせ、その権限下で西国の武士を平氏の家人に組み込ませ、彼を武家の棟梁《とうりょう》の地位に就《つ》けたかったのだ。

その理由は、こうだ。院はみずからの政治を円滑に推進するのに、実力で反対勢力を潰せる武力がほしい。しかし源氏は、長年の絆《きずな》で摂関家の手先となっている。そこで源氏に対抗しうる武力として、平氏をむりやりスターに押し上げて武家の棟梁に仕立てる必要があった。

その上で院は、摂関家と源氏の内部分裂を画策した。白河院にほされていた忠実を内覧《ないらん》に戻すことで、子の関白忠通《ただみち》と競《きょうごう》合させた。内覧は関白の権利内容であり、ほんらい分けられるものでない。となれば、二人はいがみあうことになる。忠通の弟・左大臣の頼長《よりなが》は忠実と結び、摂関家は分裂。源氏では嫡子・義朝が鳥羽院・忠通と結び、為義と子の義賢《よしたか》・為朝《ためとも》らは忠実のもとに伺候《しこう》した。院の分裂策動はものの見事に成功し、だれもが院からの声がかかるのを待つのみの存在になり下《さが》ったのである。

## 44 平氏政権がダメなところと優れたところとは

武家政権のはじまりといえば鎌倉幕府だが、武士出身者が政権のトップに立ったのは平清盛《きよもり》が最初だ。保元《ほうげん》元年（一一五六）保元の乱で後白河《ごしらかわ》天皇側について勝者となり、平治《へいじ》元年（一一五九）平治の乱でクーデタを制圧し、源義朝《よしとも》を破った。武力によって後白河天皇の政権の座を守り抜いたわけで、後白河天皇の寵愛をほしいままにした。永暦《えいりゃく》元年（一一六〇）、武士出身者としてはじめて参議《さんぎ》となり、朝政に参画した。内大臣などを経て、仁安二年（一一六七）には人臣最高官の太政大臣《だいじょうだいじん》（従一位）にまで上《のぼ》った。子の重盛《しげもり》・宗盛《むねもり》や弟の教盛《のりもり》・頼盛《よりもり》もつぎつぎ公卿《くぎょう》に列し、一門で国政の実権を掌握する形勢となった。だがそうした躍進が専制政治を志す後白河院の不信をかうこととなり、治承《じしょう》元年（一一七七）鹿ケ谷《ししがたに》事件など院《いん》の近臣《きんしん》を軸にした各種の反平氏策動に苦しまされていく。

平氏政権はたしかに武士出身者の初の政権だが、政権の基盤はかなり保守的だった。清盛は妻の妹・滋子《しげこ》（建春門院《けんしゅんもんいん》）を白河院に納《い》れて院の寵愛の基盤とし、子・高倉天皇の外戚《がいせき》にもなった。さらに高倉天皇の中宮に入った娘・徳子《とくこ》（建礼門院《けんれいもんいん》）の子・安徳《あんとく》天皇を即位させ、天皇の外《がい》祖父《そふ》になれた。これらは従来型の姻戚《いんせき》関係で、摂関家《せっかんけ》の政権基盤作りと同じである。その摂関家に対しても関白藤原基実《もとざね》に娘・盛子《もりこ》を嫁がせて継子《ままこ》・基通《もとみち》の外祖父となった。さらに寄進《きしん》された五〇〇カ所の荘園を保有したから、貴族的な発想でいえばぬかりなくほぼ万全の体制作りをしている。

また武士出身者らしく、武家の棟梁《とうりょう》としての地位を築こうとしてもいた。そのために、全国の半数近い国の知行国主《ちぎょうこくしゅ》となった。知行国主は、だれを国司《こくし》に推薦するかの権利を独占的に保有する。もちろんそうなると、国司となりたい人・なった人は知行国主に利益を配分するわけで、平《ひら》たくいえば受領《ずりょう》国司の上前《うわまえ》をはねる地位である。その任免を通じて、平氏一門や関連の人たちを国守として送り込み、国衙《こくが》機関を通じた命令系統で武士団を平家の支配下に組み入れていった。

平氏政権は、従来の公家政権と発想が異なり、ある意味で大胆だった。大宰府《だざいふ》で行なっていた日宋《にっそう》間の貿易船を、兵庫の大輪田泊《おおわだのとまり》に呼び込んだ。重要な平安京防衛線となる瀬戸内海に、南宋《なんそう》や新羅《しらぎ》などの外国商船を進入させるなどという危険な行為は、公家《くげ》には決断できない。武家の実力が背景にあってこそだろう。かつて大宰府貿易では摂関家が高価な唐物《からもの》をいち早く入手し、利益を独占していた。清盛はそれを奪い取って、日宋貿易の利を自分のもとに押さえ込もうとしているのである。そのために音戸ノ瀬戸《おんどのせと》を開削《かいさく》し、瀬戸内海航行がしやすいよう整えたらしい。

では清盛政権が武家政権の嚆矢《こうし》なのかといえば、そうは思われてない。最大の問題は、武士との間の関係の作り方だ。国衙機構つまり政府機関を通じて上下関係を作り出し、その命令で動かすのでは、公家政権とかわりない。政務担当を外《はず》れたら、誰も動かせない。武家の棟梁というなら、私的関係をどれだけ作り、御恩《ごおん》・奉公の関係を結びあうか。彼らをどのように直接、私的に保護してやれるか、だ。西国の一部には平家からの私的御恩で、摂関家領荘園や公領の徴税業務などにあたる公職の地頭《じとう》に任命されている例があり、家人《けにん》（郎等《ろうとう》）との御恩・奉公の私的関係作りをしてもいる。それが鎌倉幕府の地頭制の基になったのだから、祖型《そけい》を創出したとはいえる。だが私的主従制の全国的広がりの上に政権の座を保持しているのでなければ、武家が樹立した政権とまではいえまい。

# 第四章
# 鎌倉時代

## 45 鎌倉時代のはじまりは、イイクニ（一一九二）年じゃないってどういうことなの

鎌倉時代のはじまりといえば、「『イイクニつくろう鎌倉幕府』だから、一一九二年（建久《けんきゅう》三）でしょ。そのくらい、誰だって知ってるよ」とすぐに答えが返ってきそうだ。

これは、源頼朝が征夷《せいい》大将軍《たいしょうぐん》に就任した年である。だが幕府というのは、中国では出征中の将軍たちが造った仮設の幕営《ばくえい》のこと。日本では近衛府《このえふ》のことを中国風に幕府と呼んでおり、転じて近衛大将の居館《きょかん》もそう呼ぶようになった。もし開府《かいふ》を規準とするなら、権大納言《ごんだいなごん》・右近衛大将となった建久元年こそが幕府成立の年となってしまう。征夷大将軍への就任を待つまでもなく開府しているし、しかも建久三年七月に就任したのに、二年後には征夷大将軍の辞職を申し出ている。つまり「征夷大将軍になったので、鎌倉幕府が開かれた」という考えは成り立たない。征夷大将軍といえば坂上田村《さかのうえのたむら》麻呂《まろ》が著名で、これに就くことが武門の棟梁の夢だった。また戦いはすでに終わっているが、奥州《おうしゅう》藤原氏を征伐するだけの大義《たいぎ》を得たかったこともある。ともあれ頼朝からすればなりさえすればよく、続ける必要がない。ところが江戸時代は征夷大将軍就任からはじまるので、それを規準に溯らせた。頼朝が征夷大将軍になった年が鎌倉幕府の成立となったのだ。まったく中身のない開幕《かいばく》の規準だった。

さぁそれでは、ほんとうの鎌倉時代の成立はいつか。

建久三年説にかわって学界の通説となっているのが文治《ぶんじ》元年（一一八五）十一月説で、全国に守《しゅ》護《ご》・地頭《じとう》を置いたのがその根拠である。頼朝は、反旗を翻《ひるがえ》した弟の源義経や叔父の源行家《ゆきいえ》らの追跡・

逮捕などを目的として、日本国惣追捕使《そうついぶし》・日本国総地頭《そうじとう》に就任した。頼朝が国々の追捕使・地頭の任免権を掌握し、具体的には彼の部下が守護・地頭として国ごとに配置されていった。これにより頼朝の軍事支配権は全国津々浦々《つつうらうら》にまで及んだ。しかもその年には平宗盛《むねもり》を統帥《そうすい》とする平氏政権の担《にな》い手を壇ノ浦《だんのうら》の戦いで葬っているから、頼朝政権と対等に抗争できる勢力はもはや国内にいなくなった。この時点で、事実上全国政権が誕生しているとみておかしくない。学界では、これが半世紀も前から通説とみなされている。

だが問題もある。文治元年に置かれたのは、国単位の守護と地頭（国地頭《くにじとう》）だった。強い反発をうけて翌年には国地頭が撤回させられ、すでに実効支配していた荘園・郷単位の荘郷地頭《しょうごうじとう》のみに変えさせられた。それだと設置場所は、東国は全域だが、西国《さいごく》は平氏から没収した約五〇〇箇所の平家没官領《もっかんりょう》と謀反人《むほんにん》の跡地《あとち》に限られる。つまり文治二年には全国支配権を失い、東国政権に後退していた。

もともと頼朝の政権は労働組合のような機構で、受益《じゅえき》すると思う者たちが任意で加入して作り上げた組織だった。荘官たちに何かと難癖《なんくせ》をつけて解任しようとする荘園領主に対して、地頭（荘官職を代表させた表現。じっさいには庄司・下司《げし》など多様な職名が付いている）の任免権を鎌倉殿《かまくらどの》（頼朝）に集中させ、鎌倉殿が首肯《しゅこう》・許諾しなければ罷免されないようにした。労働組合との合意なしに、使用者の好き勝手に解雇されないようにしているのと同じ仕組みである。ということは鎌倉殿に守られたい人だけが加入すればよく、東国の地頭つまり鎌倉殿の御家人《ごけにん》となった人たちには西国の荘官たちの身の振り方や利害など関心にない。自分たちに脅威を与えないのならばそのほかの地域の去就《きょしゅう》・動向に興味がなく、彼らのために全国支配を達成してやる必要性など感じていなかった。それだから、頼朝が平氏を倒すために京都に赴こうとすると、不在になる鎌倉殿を立て替えるということも辞さなかった。頼朝が代官を派遣したのは、御家人《ごけにん》たちの希望のありように規制された結果である。

じっさい頼朝政権のもとでは、東国はほぼ完全に鎌倉幕府の全一支配下にあった。荘郷地頭は頼朝に任免権を持たれていたので、国司や貴族・寺社からの不当な罷免・解任の脅威がなくなった。国衙《こくが》領の支配者は国司で、国司の任免権はほんらい平安宮廷にある。しかし平安後期から知行国《ちぎょうこく》制度が施行され、知行国主《ちぎょうこくしゅ》に国司の任免権が委ねられていた。その知行国主に頼朝がなっていて、東国九ヶ国が関東御分国《ごぶんこく》（将軍家知行国）といわれた。また荘園の本家・領家《りょうけ》はそもそもより有力な者に寄進されていくので、この地域の最有力者である頼朝に本家職《ほんけしき》・領家職が集中した。その荘園群は関東御領といわれ、頼朝の支配下に入った。つまり荘郷地頭と対立すべき国司・荘園領主が、すべて頼朝側の手に収まった。しかも警察権は頼朝に任命された守護がどこでも行使している。これで東国に平安宮廷が容喙《ようかい》できる所はなくなった。東国は鎌倉幕府の完全支配下となり、事実上平安宮廷から独立した。東国の鎌倉時代は、このようにたしかにはじまっている。一方西国《さいごく》のほとんどは、平安時代のままだった。縄文社会と弥生社会が併存したように、鎌倉社会・平安社会も並び立っていたのである。

このままの状態こそ鎌倉時代の姿だとして、鎌倉時代のはじまりはこの仕組みができたときとするか、東国のみに偏《かたよ》った地方政権でなくなったときが時代を画するにふさわしいとするか。それが境《さかい》目《め》になって、ここから先の学説は意見が分かれている。

前者では、文治元年説以外に、武家政権としての主要な機能・機構が見られることを指標として三説がある。①鎌倉殿は、荘官たちの権益を守るために本領安堵《ほんりょうあんど》をし、功績があれば新恩給与《しんおんきゅうよ》を行なう。この御恩《ごおん》に対して、鎌倉殿の要請に応じて軍役《ぐんえき》などの役務を担う奉公をする。この封建的な主従関係が成立しはじめたのが治承《じしょう》四年（一一八〇）で、これが鎌倉政権の成立の指標だとする。②中央政府の承認がなければ、ただの不法・反乱勢力であるから、寿永《じゅえい》二年（一一八三）閏《うるう》十月に東国行政権を頼朝に付託《ふたく》する宣旨《せんじ》を受けて合法化されたときがふさわしい。③中央政府が承認したとしても、政権というからにはそれだけの機構が必要である。侍所《さむらいどころ》・公文所《くもんじょ》・問注所《もんちゅうじょ》という武家政権の基本的な運営機構が揃った元暦《げんりゃく》元年（一一八四）十月が妥当だ、という異論がある。

　これに対して後者の立場では、鎌倉幕府の権限が全国に及んだ時期を指標とする。そうなると、①建久九年（一一九八）の承久《じょうきゅう》の乱を画期と見る。後鳥羽院《ごとばいん》をはじめとする反幕府勢力は平安宮廷の政治主導権の回復を目指し、執権《しっけん》・北条氏への反発を利用して鎌倉幕府の内紛に付け込もうとした。しかし後鳥羽院の突き付けた地頭職停廃の要求は、鎌倉幕府設立の本質を否定するものと受け取られ、鎌倉御家人を結束させた。乱後には宮廷側に荷担した武士が追放され、そこに替わって鎌倉御家人が新補地頭《しんぽじとう》として入った。これによって、鎌倉幕府の支配力は西国にまで広く及ぶようになった。

　とはいえ新補地頭が派遣されたのは反幕に呼応した所だけで、西国全域ではない。そこで②蒙古襲来《もうこしゅうらい》（元寇《げんこう》）が注目される。中国・元は世界制覇《せいは》を目指して日本に侵攻し、文永十一年（一二七四）には兵二万五〇〇〇、弘安四年（一二八一）には兵一四万が押し寄せた。文永の役さなかの十一月一日に幕府は宮廷の許可を得て、本所領家一円地《いちえんち》の住人つまり非御家人の武士たちを幕府指揮下に収めた。ここで幕府は全国の武士を統一支配したわけで、ここから鎌倉時代がはじまったという。でも、これでは鎌倉時代は六十年弱しかなくなってしまう。時代区分を論ずる意味そのものが問われそうだ。

## 46 なんで鎌倉幕府なんていう機関を作ろうと発想したのか

十世紀半ばに平将門《たいらのまさかど》が新皇《しんのう》政権を樹《た》てたが、本格的な武家政権といえばやはり鎌倉幕府である。ではその直前の平氏政権をどう評価するか。武士出身の平清盛が太政大臣《だいじょうだいじん》にまで上《のぼ》り詰め、一門の武士を多く公卿《くぎょう》にし、日本の半分を一門の知行国《ちぎょうこく》（国司の任免権を保持する国）とするなど、政権中枢を完全に押さえた。公認された国家権力の内側を合法的に占拠したのだから、りっぱな武家による政権といえそうだ。

だが武士出身者の政権なら武家政権なのか。「土建屋《どけんや》出身なら土建屋政権」で「小説家出身なら小説家政権」とは、ただちにいえまい。「政権担当者がどの階層から出身したか」と「出身はどうあれ、どの階層のために奉仕した政権か」とでは、答えが異なる。

平氏政権では、清盛たちの貴族的な側面は目立つものの、武家的部分の評価は低い。清盛は、妻・時子の妹・滋子《しげこ》（建春門院《けんしゅんもんいん》）を後白河院《ごしらかわいん》の愛妾《あいしょう》として、院との結びつきを図った。娘・徳子《とくこ》（建礼門院《けんれいもんいん》）を高倉天皇に嫁がせ、その間に生まれた孫・安徳《あんとく》天皇を即位させて外戚《がいせき》関係を確立した。さらに摂関家《せっかんけ》に対しても、藤原忠通《ただみち》の子・基実《もとざね》に九歳の娘・盛子《もりこ》（白川殿《しらかわどの》）を送り込み、その継子《ままこ》にあたる基通《もとみち》を関白《かんぱく》とさせる。こうした従来型の貴族的な婚姻政策で政権中枢に君臨したのであって、およそ武家的でない。武家政権的なのは、一部の家人《けにん》（家来）を地頭《じとう》に任命したことで、この地頭の名が鎌倉政権に引き継がれていったことくらい。こういう見方が、おおよその平氏政権の歴史的評価となっている。つまりは平氏政権は鎌倉幕府の先駆《さきがけ》けであり、使えるところも少しはあるが、貴族的色合いが濃い。天皇や貴族の「さぶらい」びとという劣等感を払拭《ふっしょく》し、社会的勢力として自覚させるきっかけになった。でも武家時代を開いたのは、時代の流れを読む源頼朝のたしかな目のおかげ。鎌倉幕府を開いたのはなにより頼朝の天才的発想だった、と。

たしかに鎌倉幕府の開府《かいふ》は、歴史の画期をなしている。

当時の日本国内は、「太政官《だいじょうかん》（貴族）→国司（貴族）→郡司（郷司《ごうじ》）」という国衙《こくが》領と「荘園領主・本家《ほんけ》（貴族・寺社）→荘園領主・領家《りょうけ》（貴族・寺社）→荘司《しょうじ》」という荘園領の二つの支配系統に分かれていた。そのなかで、郡司・郷司や荘司が武士たちの位置するところである。この武士たちを荘園・公領を問わず横断的に組織したのが、鎌倉幕府である。いまなら労働組合である。企業の経営者・雇用主は違っていても、労働者という立場は同じ。だから同じ立場の者たちで団結し、使用者に立ち向かっていこう。一人一人では国司や荘園領主に強く出られない荘司・郡司・郷司たちを組織し、組織された軍事力を背景に鎌倉幕府が交渉役となって譲歩を引き出し、不当な要求には強靭《きょうじん》な壁となって彼らを守り抜く。それが鎌倉幕府の基本的性格であり、歴史的役割である。

でもこんなこと、どうやって発想しえたのか。労働組合は明治時代になって西洋諸国から伝授されたものだろうし、それよりはるかにずっと前の出来事でもある。

時代の先を読んで何もないところから発想できたのなら、それは凄《すご》い才能だ。そこが偉《えら》い人は違うんだよ、といってもいい。しかしそんなに熟慮したというほどのものではなく、鎌倉政権が幕府という武家の統治組織を樹立しえたのは、ある偶然の環境の所産だった。

それは、この政権を興《おこ》した頼朝《よりとも》が配流《はいる》中の罪人つまり反政府的存在だったからだ。罪人のままで挙兵したから、政府を援ける義勇軍と名乗れず、もともと反政府勢力と目されたまま抵抗組織を作らざるをえなかった。頼朝は自分を支持してくれる武士（御家人《ごけにん》）と私的主従関係を築き上げ、それらを管理・統括するために侍所《さむらいどころ》を置き、公文所《くもんじょ》（のち政所《まんどころ》）・問注所《もんちゅうじょ》を置いた。幕府組織は、公的な承認を得られない頼朝グループが私的抵抗組織を切り崩されないよう運営するために作り上げた、非公認の政治機構である。例えていうならば、社会的に認められていないヤクザたちの管理組織である。盃《さかずき》の授受などを通して親分・子分・義兄弟などの関係を造りあげていく。その関係の維持管理のために、組という組織が必要になる。そのヤクザのトップを公認して十手《じゅって》を預け、たとえば天領《てんりょう》の公安管理に使うこともある。そうなれば、親分のもとにある組のシステムはそのまま公的なシステムに包み込まれる。それが鎌倉幕府なのである。頼朝は反政府組織を作っていた。そのトップが公認されたために、その抵抗組織が鎌倉幕府として温存され、公的機関となってしまった。そういういわれである。

これに対して清盛はもともと公認組織のなかに身を置き、戦うときには宮廷からつねに追捕使《ついぶし》など公的な地位を付与されてきた。このために彼の戦闘組織は宮廷からの委任をうけたものと見なされ、清盛だけの私的組織を構築できなかった。任務を解かれれば、一時的にできた配下との組織関係も解散されてしまう。清盛は公的な身分を負う宮廷人の一員として行動したために、公的立場の組織しか作れなかった。平氏政権は公的政権として時代を負っていたので、時代社会を覆《くつがえ》す発想をしようとしない。時代を覆《くつがえ》すことになる武家政権は、反政府活動のなかからしか作れない。頼朝の才能のせいではなく、頼朝の挙兵時の環境が、幕府という機構を生じさせたのである。

鎌倉幕府を守護する鶴岡八幡宮

## 47 神護寺蔵の頼朝像・重盛像は、どうして彼らのじゃないといわれるのか

神護寺《じんごじ》蔵の源頼朝《よりとも》像・平重盛《しげもり》像・藤原光能《みつよし》像といえば日本の似絵《にせえ》（肖像画）の代表作であり、絵師は似絵の大家・藤原隆信筆といわれてきた。とくに頼朝像は教科書にもたびたび使われ、その優雅な風貌はさすが軍事貴族のお坊っちゃんといわれたものだった。

ところがこの肖像は、どうも頼朝でなさそうなのである。黒田日出男《ひでお》氏著『増補　絵画史料で歴史を読む』（ちくま学芸文庫）を頼りに、その経緯のあらましを追ってみよう。

もともとこの三像の像主は、名前がわかっていなかった。それなのにその主が源頼朝像・平重盛像・藤原光能に比定されてきたのは、『神護寺略記《りゃっき》』という室町初期の書籍のつぎのような記述が根拠になっている。

> 一つ　仙洞院《せんとういん》　安置し奉《たてま》つる後白《ごしら》（河《かわ》）院《いん》法皇の御影《みえい》一鋪《ほ》
> 又、内大臣重盛卿、右大将頼朝卿、参議《さんぎ》右兵衛督《うひょうえのかみ》光能卿、左衛門佐《さえもんのすけ》業房《なりふさ》朝臣の影等、在之《あり》。右京権大夫《うきょうごんのたいふ》隆信朝臣、一筆に図《ず》し奉《たてま》つる者也。（原漢文）

とあり、この記述をそのまま三つの肖像画の説明と見なしたのである。そう書かれているのなら、それで決まりじゃないかなのだが、この記事と眼前の絵は結び付けられる必然性がない。事実として三者の像はあるが、『神護寺略記』の記事がそれらの絵の説明であるとは考えられないのだ。

たとえば三者の像は、略記ならば藤原隆信一人の筆となるが、この絵は別々の絵師の作品である。

それだけでも、仙洞院についての注記《ちゅうき》とは別物《べつもの》といえる。隆信筆としているのはつまり似絵だったのだろうが、それならばこの絵は本人を目の前にしての似絵でない。というのは、たとえば藤原光能の束帯姿《そくたいすがた》は四位以上の身なりであり、どうみても二十歳代と推定される。しかし光能が従四位下になったのは仁安《にんあん》二年（一一六七）三十六歳、参議になったのは治承《じしょう》三年（一一七九）四十八歳である。四位になったからといってとくにめでたくもなく、描かれるはずもない。似絵を描かせるとすれば参議就任以降であろう。しかしその当該年齢と肖像は懸隔《けんかく》している。これでは頂相《ちんそう》のように本人の姿を写し取ったものとは、とてもいえない。さらにこまかく画中を見れば、冠の垂纓《すいえい》は十四世紀に一般化するもので、この鎌倉前期にふさわしくない。冠を貫く直線的で長い笄《こうがい》（簪《かんざし》）も十四〜五世紀にならないと見られないもの、とされる。また絵の画材となっている絵絹は一枚の広絹を用いており、十三世紀末のものとするのが穏当である。鎌倉初期ならば、二枚か三枚の絹を継いだものとなるはずだという。すなわち多角的にみて、この絵は略記記載のものとは合致せず、鎌倉末期以降のものと見なすのが妥当という。それなのにこれら所蔵の肖像画と略記の記事とを結びつけてしまったのは、江戸時代人の無理強《むりじ》いな当《あ》て推量である。さらに近現代でも寺の所伝によって平安末期から鎌倉初期の作品と思い込んでしまったため、江戸時代の臆測のまま承認されて流布《るふ》してしまった。

なお黒田氏は、康永《こうえい》四年（一三四五）四月二十三日付の「足利直義《ただよし》の願文《がんもん》」を根拠として、頼朝像が足利直義像とし、一緒に奉納された尊氏像（重盛像）はのち畳まれた。その代わりに光能像とされる足利義詮《よしあきら》像が納入されたと主張されている。この説の是非はともかく、なにしろ事物の由緒はこのようになかなか特定がむずかしい。実物を通してそれを感じることができる、貴重な話ではある。

# 48 源義経は、なにを勘違いして追われる身になったのか

源義経は国民的な人気者である。彼の活躍はめざましく、その華《はな》やかな活躍のあとの一転した凋《ちょう》落《らく》ぶりはあまりにかわいそうである。同情もいいが、どうしてこんなことになってしまったのかを、その時代社会にあわせて理解しておく必要もあろう。

文治《ぶんじ》元年（一一八五）五月、壇ノ浦《だんのうら》合戦に勝利した義経は、捕虜にした平氏の総帥《そうすい》・宗盛《むねもり》らを護送して鎌倉に入ろうとした。「よく戦ったな。頑張ってくれた。この功績は輝かしく、兄として誇りに思うぞ」とかいって誉めてくれる、と期待していた。ところが、そういう雰囲気ではない。酒匂《さかわ》・腰《こし》越《ごえ》あたりの宿駅《しゅくえき》に留め置かれ、鎌倉への凱旋《がいせん》をいつまでたっても許可されない。誉め言葉も慰労の言葉もなく、鎌倉にあったはずの家に戻ることすら、認めて貰えない。犯罪者もどきの処遇をうけて、五月二十四日、義経は腰越駅から兄・源頼朝の側近である大江広元《おおえのひろもと》に宛てた書簡を出した。それが『吾妻鏡《あづまかがみ》』に載《の》る腰越状《こしごえじょう》である。

天皇の使者として朝敵を倒し、累代《るいだい》の弓矢の芸を示していわゆる会稽《かいけい》の恥辱を雪《すす》いだ。抽《ぬき》んでた賞を貰ってよいのに、思いがけず讒言《ざんげん》を受けて莫大な勲功を止められている。義経は犯していないのに咎《とが》を被《こうむ》っている。功績があるのに機嫌を損ねているので、虚《むな》しく紅涙《こうるい》に沈んでいる、と。

たしかに、義経の思いは分かる。

治《じ》承《しょう》四年（一一八〇）五月に信濃《しなの》にいた木曾《きそ》義仲《よしなか》（頼朝の叔父の子。従兄弟）が挙兵《きょへい》し、寿永《じゅえい》二年

（一一八三）五月には北陸道《ほくろくどう》の倶利伽羅峠《くりからとうげ》で平維盛《これもり》軍を撃破して、京都に入った。これにより、同年七月には安徳《あんとく》天皇を擁《よう》した平氏一門が都落ちし、西海《さいかい》へと逃げ去った。ところが掠奪《りゃくだつ》を繰り返す義仲軍を持てあまし、後白河《ごしらかわ》院は頼朝にこの討伐を依頼する。そしてじっさいにその任に当たったのが、義経と源範頼《のりより》であった。

元暦《げんりゃく》元年（一一八四）一月に義仲を粟津《あわづ》で討ち取り、ついで平氏一門の追討に乗り出す。平家軍は備中《びっちゅう》水島《みずしま》で義仲軍を破って以来体勢を挽回《ばんかい》しており、一ノ谷《いちのたに》に迫ってきた。海戦に備え、海に面して布陣していた。そこで、義経は一ノ谷の陣の背後にある鵯越《ひよどりごえ》という難所から急襲し、激戦に終止符を打った。駆《か》け下りられる勾配《こうばい》に見えなかったが、試《ため》しの馬が降りたのを見届けるや、「義経を手本にせよ」といって駆け下りていった、という。ここで平通盛《みちもり》・忠度《ただのり》・敦盛《あつもり》を戦死させ、重衡《しげひら》を捕虜にした。

範頼軍が周防《すおう》・長門《ながと》で停頓《ていとん》するなか、屋島《やしま》に落ち延びた平氏を追って、文治元年二月に風雨をおして四国に上陸し、昼夜兼行《ちゅうやけんこう》で駆けつけかつ陸上から攻撃するという奇襲で平家を屋島から逐《お》った。さらに三月、壇ノ浦に追い詰めて安徳天皇や平家一門をこの世から消滅させた。義経八艘跳《はっそうと》びとかいうが、輻輳《ふくそう》する船を飛び移りながら、敵を追い詰めていくさまは、耳で聞くかぎりでは痛快そのもの。潮の流れを読み取り、しばらく持ちこたえれば自軍が有利になることも計算していて、勇猛さと知略とを兼ね備えた武人の鑑《かがみ》のように思える。こんなにも輝かしい功績を上げた義経が、労《ねぎら》われるどころか、評価されもしないで罪人扱いをされるとは、たしかに私たちにもただちには諒解しがたい。冷酷な頼朝の処遇と悲劇の武将・義経という構図がここに浮かび上がり、滅びていく義経に人々の同情が集まる。実力がありながら潰されていく政治的弱者への共感と同情。それが判官贔屓《はんがんびいき》である。

ただ、たしかに獅子奮迅《ししふんじん》の働きとは思うが、数万の軍を率いる大将としてふさわしい行動かどうか。それには疑問もある。これが配下の一武人の働きなら誉められるが、大将が怪我《けが》したり戦死して指揮が執《と》れなくなったら、全軍に与える打撃は大きい。大会社の社長が毎日特売コーナーの陣頭指揮をして売上増を果たしたところで、ほかにすべきことがあるはずだ。「大将としては軽率」という謗《そし》りは、甘受《かんじゅ》すべきでもある。

とはいえ最大のポイントは、義経が京都で後白河院からの叙位《じょい》・任官を受けたことである。これを是《ぜ》とするか、非とみるか、だ。

関幸彦《ゆきひこ》氏著『源頼朝―鎌倉殿《かまくらどの》誕生』（PHP新書）は、以下のように解く。この叙位・任官は、後白河院の優遇策であって、一ノ谷合戦への褒賞である。元暦《げんりゃく》元年（一一八四）八月、義経は頼朝の推薦がないまま左衛門《さえもんのしょうじょう》少尉・検非違使《けびいし》に任官。九月には従五位下に叙せられ、翌月に院への昇殿を許された。頼朝の推薦を受けていないこともあるが、この地位は鎌倉殿である頼朝が寿永二年（一一八三）に賊徒から復位・復官したときと同じ従五位下であり、この位階の高さが問題なのだ、とされる。

頼朝は朝廷の官位は、自分の斡旋《あっせん》を受けよとかねて命令してきた。自分の家人《けにん》ならば、そうすべきだ。もしそうでないと、後白河院の思う壺になりかねない。後白河院は、鎌倉殿を頂点として作り上げられたピラミッド状の組織を、容易に掻《か》き乱すことができる。たとえば頼朝が正四位下のときに、義経が正四位上にされたらどうなるか。重臣としていた格上《かくうえ》の家人に従六位上を斡旋したのに、格下の家人が朝廷から正六位下を与えられたらどうなるか。家人たちは頼朝より、義経を擁立するかもしれないし、格下の家人が幕府内でより高位の席次《せきじ》を要求するかもしれない。江戸幕府の頂点に立つ徳川慶喜《よしのぶ》が内大臣なのに、薩摩《さつま》藩主・島津忠義を左大臣にし、長州藩主・毛利《もうり》敬親《たかちか》を右大臣にしたらどうか。左大臣・右大臣として、主人の慶喜に命令しかねないだろう。それはともかく、これでは鎌倉殿の命令が聞かれなくなる。だから、頼朝が統御《とうぎょ》できるように、組織を崩されないように、勝手な任官を禁じていたのである。

それなのに後白河院から叙位任官を受けるのは、頼朝の配下に入らないという意思表明ではないか。頼朝の家人だという自覚を持っていない。義経は「義経五位尉に補任《ぶにん》の条、当家の面目希代《めんもくきだい》の重職、何事か之《これ》に加へんや」といって当家の面目を施したとしか捉えていないし、「故亡父の尊霊再誕《そんれいさいたん》し給はずんば、誰人か愚《ぐ》意の悲歎《ひたん》を申 披《もうしひら》かん」と父・義朝を意識させ、兄弟の仲をちらつかせるが、鎌倉政権のなかでの義経はあくまでも頼朝の一家人である。

『吾妻鏡』によると、養和《ようわ》元年（一一八一）七月の鶴 岡八幡宮若宮《つるがおかはちまんぐうわかみや》の宝殿上 棟《じょうとう》のとき、頼朝は工匠たちに馬を与えて労《ねぎら》った。ほかの御家人と同じく、その馬を義経に引かせようとしたが、彼には屈辱に思えて一度拒《こば》んだ。頼朝はこれを許さなかったが、義経は不満に思った、とある。自分は身内《みうち》であって、ただの家人じゃないという意識だ。だが頼朝からすれば、主人たる鎌倉殿は自分一人で、その前にはみなひとしく従者であり、家人である。この両者の意識の隙間が、頼朝と義経の訣別《けつべつ》をもたらした。この対立・確執《かくしつ》は必然的な推移であって、どのみち誰にも止められなかった。そう、いえそうである。

しかし義経は一門としての別格扱いでの処遇を望んでおり、それは紛争の火種《ひだね》となりかねない。この手の食い違いは、どこの同族会社でも起こりそうであるが。

# 49 承久の乱で、なぜ天皇家は廃絶しなかったのか

承久《じょうきゅう》三年（一二二一）五月、後鳥羽院《ごとばいん》を治天《ちてん》の君《きみ》とする宮廷は、「近曽《さいつころ》、関東の御成敗《ごせいばい》と称して天下の政務を乱る。纔《わずか》に将軍の名を帯《お》ぶると雖《いえど》も、猶以《なおもっ》て幼稚の齢《よわい》に在り。然《しか》るの間《あいだ》かの義時朝臣、偏《ひとえ》に言詞を教命に仮《か》り、恣《ほしいまま》に裁断を都鄙《とひ》に致す。己《おの》が威を耀《かがやか》し、皇憲を忘るるが如《ごと》し。之《これ》を政道に論ずるに謀反《むほん》と謂《いい》つべし」（「小松美一郎所蔵文書」）といい、北条義時の追討を命じた。将軍・実朝暗殺のあと、九条兼実《かねざね》の孫・頼経《よりつね》を鎌倉殿《かまくらどの》にすえたが、実権は義時が握っている。この状況で、幕府内では源家将軍という纏《まと》まりの核を失い、北条氏の専横を嫌った御家人《ごけにん》たちが動揺している。仲間割れの状況を衝《つ》いて、幕府という目障《めざわ》りな圧力団体を解体してしまおうというのが、後鳥羽院の狙いだった。

そう狙ったのだが、後鳥羽院の思惑《おもわく》は外《はず》れて、御家人たちは割れなかった。後鳥羽院は流鏑馬汰《やぶさめぞろ》えと称して美濃《みの》から但馬《たじま》まで十四ヶ国で一七〇〇余騎を集め、京都守護の伊賀光季《いがみつすえ》を血祭《ちまつ》りに挙げた。これを知った鎌倉では、『吾妻鏡《あずまかがみ》』によれば、源頼朝の妻・北条政子《まさこ》がかつて武士たちの置かれていた惨状《さんじょう》を再確認し、幕府創設でどれほど安定した生活が保障されたかその意義を思い起こさせた、という。その話がどれほど奏効《そうこう》したか不明だが、信濃《しなの》・遠江《とおとうみ》以東十五ヶ国の軍一九万余騎が京都に攻め上《のぼ》った。後鳥羽院方はわずかに二万数千余騎で、勝敗は呆気《あっけ》なくついた。承久の乱である。

敗戦が決定的となって、後鳥羽院は追討の院宣《いんぜん》を取り消して謀臣《ぼうしん》の責任に転嫁《てんか》した。だが幕府は承引せず、後鳥羽院・土御門《つちみかど》上皇・順徳《じゅんとく》上皇・六条宮・冷泉宮《れいぜいのみや》を隠岐《おき》・土佐・佐渡・但馬・備前《びぜん》に流し

た。仲恭《ちゅうきょう》天皇に替えて後堀河《ごほりかわ》天皇を即位させ、その父で皇位経験のない後高倉院《ごたかくらいん》を治天《ちてん》の君《きみ》に据えた。

顚末《てんまつ》はそうなのだが、幕府がここまでしたのなら、なぜ天皇家の廃絶を考えなかったのだろうか。

考えて見れば、この事件は天皇家にとって空前絶後とはいわないが、空前の危機を将来《しょうらい》したはずだ。継体《けいたい》朝以来一五〇〇年の間、天皇家が先頭に立った状態で、異質の政治勢力と戦って負けたことは二度しかない。一度がこの承久の乱で、いま一度は近時の太平洋戦争である。蘇《そ》我馬子《がのうまこ》が物部守《もののべのもり》屋《や》を滅ぼしても、守屋も穴穂部《あなほべ》皇子を擁《よう》していた（丁未《ていび》の変）。壬申《じんしん》の乱で大海《おおあ》人《ま》皇子が近江《おうみ》朝の大友皇子を滅ぼしたあとは、大海人皇子が天武《てんむ》天皇になった。南北朝でも、後醍醐《ごだいご》天皇に対して、足利《あしかが》尊氏《たかうじ》も北朝の天皇を擁したから、どちらでも天皇家は存続した。織田信長・羽《は》柴《しば》秀吉《ひでよし》は、足利将軍家とは戦うが、天皇家を敵にしていない。徳川家康《とくがわいえやす》も、豊臣家は滅ぼすが、天皇家は敵じゃない。江戸幕末時の徳川将軍家は、薩長軍を敵とみなしたが、天皇家を標的にしていない。天皇家が存続してきたのは、敗戦側の先頭に立っていないからである。中国では、先頭に立った皇帝が侵略してくる異質の政治勢力と戦って負ける。そうすると王朝交替になる。皇帝に敗戦の責任を問うから、前皇帝が処罰されて消滅してしまう。あたらしい皇帝は勝った側から選ばれ、前代とまったく血縁関係のない王朝が成立していく。しかし日本ではこういう危機が、承久の乱と太平洋戦争以外になかった。

ではなぜ、幕府は天皇家を処分するなかで廃絶させえたのに、存続させたのか。それは幕府が全国政権でなかったためだろう。御家人の権益を守るべく成立したために東日本に極度に偏《かたよ》り、範囲外の支配権に興味も意欲もない。だから敵対勢力の責任者を交替させ、外から監督すれば事足《ことた》りると考えた。天皇家断絶の危機は、鎌倉御家人たちの全国支配権への無欲さに救われた、といってよかろう。

## 50 承久の乱は「乱」なのか「変」なのか

承久《じょうきゅう》三年（一二二一）五月、承久の乱が起きた。首謀者は、後鳥羽《ごとば》上皇である。当時は仲恭《ちゅうきょう》天皇が在位していたが、実権は父・順徳《じゅんとく》上皇にもなく、順徳上皇に対して父権を行使している祖父・後鳥羽上皇が完全に握っていた。

そのころ鎌倉幕府側では、内輪《うちわ》揉《も》めが続いていた。二代目鎌倉殿《かまくらどの》（将軍）となった源頼家《よりいえ》は御家人《ごけにん》の宿老《しゅくろう》たちと対立していたが、建仁《けんにん》三年（一二〇三）比企《ひき》氏の乱がきっかけとなって退《しりぞ》けられ、やがて幽閉《ゆうへい》されて暗殺された。あとを継いだ三代目の実朝《さねとも》には実権がなく、外祖父《がいそふ》の北条時政《ときまさ》が執権《しっけん》として実権を握った。ところが時政は子・義時《よしとき》によって排除され、御家人同士の権力争いのなかで、承久元年に実朝が頼家の遺児・公暁《くぎょう》によって暗殺される。幕府は朝廷に後継の鎌倉殿の下向《げこう》を奏請《そうせい》する始末で、まさに幕府政権が急速に瓦解《がかい》しているように見えた。後鳥羽上皇も、鎌倉幕府が目の上のたん瘤《こぶ》に思えて、この組織の解体を望んだ。後鳥羽上皇は、皇族を鎌倉殿として下向させる話を保留しつつ、試しに寵姫《ちょうき》・伊賀局《いがのつぼねかめぎく》亀菊の所領の地頭《じとう》を更迭《こうてつ》するよう要求した。しかし幕府はこれを組織存続の根幹を否定するものとして拒絶し、皇族将軍を諦《あきら》めて、摂家《せっけ》将軍で置き換えることとした。

この流れのなかで、後鳥羽上皇は鎌倉幕府の武力討滅を決意。流鏑馬《やぶさめ》汰《そろ》えと称して、美濃《みの》から但馬《たじま》に至る十四ヶ国の兵一七〇〇騎を集め、僧兵にも召集をかけてから決起した。守護《しゅご》・地頭はすべて院《いんの》庁《ちょう》の統制下に置くという命令も同時に発した。しかし、後鳥羽上皇のもとに集まったのは二万数千にすぎず、一九万という幕府の大軍の前になすすべなく惨敗した。これが承久の乱であり、後鳥羽上皇は隠岐《おき》に流され、土御門《つちみかど》・順徳の二上皇も配流《はいる》となった。

この事件を、筆者が生徒・学生のときは「承久の変」という名で習った。第二次世界大戦中には承久の変にほぼ統一されていたというから、無理もないのだろう。これは天皇を主権者とした場合、臣下である幕府に対して起こした行動ならば誅伐《ちゅうばつ》・誅滅《ちゅうめつ》とはいうが、乱とされるはずがないからである。乱と呼ばれるとなれば鎌倉幕府を主権者と見なすことになり、それに対する乱になる。上に立つ天皇が、下にいる臣下に対して乱を起こすという呼称はおかしい、というわけである。

こういう論議を大義名分論《たいぎめいぶんろん》とか順逆論とかいうが、じっさいの権力のありかがどこにあるかではなく、一定の政治的基準を設定して、それで話の筋目《すじめ》を通すとどうなるかと考えたものである。拠《よ》り所を揺るがせず説明できるので、天皇を唯一の主権者と見なしてすべてを統一的に記していくというのは容易である。しかしそう決めてしまうと、たとえば今日でも、日本の国制は君主国なのか共和国なのか、天皇主権なのか国民主権なのか、どちらにもいわれてしまう。というのは、内閣総理大臣は天皇が任命しているし、国会は天皇が招集している。とすれば、天皇が任命権者であり、天皇が統治《とうち》している君主国と考えられる。しかし国民の多くは、国民主権の共和国だと思っている。

こうしたことが、天皇にどう関わったかで評価が決まる社会のなかでは、大きな意味を持った。第二次世界大戦中に承久の変で統一されたのも、皇国史観《こうこくしかん》が支配していた時代風潮との関係が深い。

ほかにも、歴史的事件のなかには、こうした配慮がなされているものが多々ある。

たとえば、天平宝字《てんぴょうほうじ》八年（七六四）藤原仲麻呂《なかまろ》（恵美押勝《えみのおしかつ》）の乱といわれる事件が起きた。

淳仁《じゅんにん》天皇を擁立し、大師《たいし》となって専権をふるっていた仲麻呂が、道鏡《どうきょう》を寵愛する孝謙《こうけん》上皇に反乱を起こした。しかし吉備真備《きびのまきび》の早手回《はやてまわ》しの用兵によって、琵琶湖西岸の三尾埼《みおのさき》に追い詰められて斬《き》られてしまう。この事件を仲麻呂の乱と名付けているが、じつは孝謙上皇の乱である。

孝謙上皇は、天平宝字八年九月十一日に淳仁天皇のいる中宮院《ちゅうぐういん》に、駅鈴《えきれい》と内印（天皇御璽《てんのうぎょじ》）とを取りに行かせた。天皇が内印を持っているのは当然だから、それを天皇の許可をえずに勝手に取りに行かせるのは孝謙上皇が決起したことを意味し、つまり彼女の反乱なのである。この事件をめぐって戦闘がはじまり、仲麻呂側が子・訓儒麻呂《くずまろ》を派遣して取り返した。孝謙上皇側が授刀衛《じゅとうえ》を出動させて奪い返したので、仲麻呂側も配下の中衛府《ちゅうえふ》の軍を送った。しかし行く手を阻《はば》まれ、結局鈴印は上皇のもとに収められた。この経緯は、どうみても孝謙上皇が計画して仕掛けた反乱であろう。

大同四年（八〇九）の薬子《くすこ》の変と呼んでいる事件も、平城《へいぜい》上皇の乱である。

平城上皇は、「風病《ふうびょう》」（精神的な病気）のために嵯峨《さが》天皇に譲位したが、転地療養などのかいあって、回復してきた。そこで藤原薬子・仲成と謀って、重祚《ちょうそ》を策動した。宮廷の高官たちを二分し、上皇の権限で平城宮への還都《かんと》を指令して、事実上の嵯峨天皇降《お》ろしを謀《はか》ったのである。しかし嵯峨天皇は藤原冬嗣《ふゆつぐ》を造平城宮使《ぞうへいじょうぐうし》として派遣し、仲成を逮捕・射殺し、薬子を自殺させ、上皇を幽閉《ゆうへい》した。これは上皇の意思であるのに、薬子が唆《そそのか》したものとして、薬子の変という政変名が冠せられている。

このように、天皇は主権者であるから反乱しない。上皇も天皇権限の一端《いったん》を担《にな》う存在なので、反乱という言葉は付けないという規準が、すでに設定されている。事件という言い方ならまだしも、乱・変・征伐・役などという件名呼称は、使う前によくよくその意味を弁《わきま》えておく必要がある。

# 51 裁判所で勝訴すれば一件落着だと思っていないか

現代では、たとえば所有権を侵害される違法行為にあえば、被害者は警察か裁判所に訴える。自分が所有する証拠を示し、侵害している相手と争う。最終場面は裁判所で、そこで勝訴の判決を貰えば、相手方は争っていた所有物を手放すだろう。もしもそれでも手放さなければ、所有権侵害で警察に逮捕され、なにがしかの刑事罰を科《か》されるからだ。つまり原告ではなく、国家機構が代わってその相手を成敗《せいばい》してくれる。

これは、現代に生きる私たちの常識である。だからこそ、とりあえず自分が相手と話して説得するにしても、武装までしてはいかない。自分の権利を押し通すために、実力で排除できる暴力的な装置を自分で維持しようなどとは思わない。そうしたことは、警察などに委《ゆだ》ねればいいし、国家権力が判決に即した状態にしてくれると思っている。

しかしこの能天気《のうてんき》な考えはたかがこの百数十年の常識であり、前近代の二〇〇〇年ほどの社会をこうした感覚で見てはいけない。

『十六夜日記《いざよいにっき》』という鎌倉時代の日記がある。これは弘安《こうあん》二年（一二七九）に阿仏尼《あぶつに》が京都から鎌倉に向かったときの記録で、鎌倉時代を代表する紀行文学ともなっている。このとき彼女は、なぜ鎌倉に向かっていたのか。それは、決して観光のためじゃなかった。幕府の問注所《もんちゅうじょ》に訴えて、裁いて貰いたいことがあったのだ。じつは、彼女の夫・藤原為家《ためいえ》は播磨《はりま》国細河荘《ほそかわのしょう》を、はじめは異腹《いふく》の長男・為氏《ためうじ》に譲ったが、のち彼を義絶《ぎぜつ》した。生前の贈与である譲状《ゆずりじょう》での相続では、親はいつでも悔《く》い返《かえ》しができた。つまり考えを変えて、内容を変更する。義絶するくらいだから、悔い返して、為相《ためすけ》に譲ることに改めたのである。ところが為氏はこの相続分をどうしても返上しなかったので、為相の母・阿仏尼は、細河荘の領家職《りょうけしき》については朝廷に訴え、地頭進止権《じとうしんしけん》については幕府に訴えを起こした。この裁決は阿仏尼の勝訴となったが、そう決したのは彼女の没後だった。

というのも、この当時の裁判はすごく時間がかかった。裁判は原告（訴人《そにん》）が証拠の書類を示した訴状を書き、問注所はそれを書き写して被告（論人《ろんにん》）に送る。論人がその答え（陳状《ちんじょう》）を出し、それに訴人が反論する。そうした往《ゆ》き来《き》がふつう三度行われ、それが終われば結審となって判決が出る。そうはいっても、まず問注所に申し込んでも、自分の裁判の順になるまでにそうとう待たされる。さらに訴状・陳状のやりとりも、すぐに往復するわけじゃない。訴えられている論人が、待ってましたとばかりに即座《そくざ》に返事をくれるはずがない。だから解決までには、桁外《けたはず》れの時間がかかった。

それでも判決が示されてすべてが解決するのなら、それなりに待った甲斐《かい》がある。だが、そうではなかった。判決は訴人のみに渡され、論人はその結果を知らない。訴人は判決文を持っていって、相手に示して従うよう求める。そのさい相手側がその判決になお不服なら、どうなる。判決は幕府として判断したものだが、幕府がそれを強制執行してくれるわけではない。幕府は訴訟内容の是非を判断しただけで、現地でそれが実現できるかどうかの責任は持たない。だからその判決内容が現実のものになるかどうかは、判決文を持っている本人しだいなのだ。つまり、当事者間の力関係なのである。

このことは、近世近くになっても同じだった。宮崎克則《かつのり》氏著『逃げる百姓、追う大名』（中公新書）

によれば、豊後国《ぶんご》の逃亡百姓のことでもそうした事例が見られる。豊臣《とよとみ》秀吉は、文禄《ぶんろく》二年（一五九三）に大友氏を改易《かいえき》した跡地の豊後国直入《なおいり》郡・大野郡に、朝鮮出兵で不始末のあった中川秀成を転封《てんぽう》して入部《にゅうぶ》させることにした。転封命令は十一月だが、それに先だって七月に朱印状《しゅいんじょう》が中川家に渡された。その内容は、肥後《ひご》国北部を領する加藤清正《きよまさ》と南部を領する小西行長《ゆきなが》に対し、豊後領内から肥後に逃亡していた百姓を返すように命じたものである。宛先は加藤清正・小西行長だから、秀吉から二人にじかに渡して命令してくれればいいようだが、これが中川秀成に渡されている。それはこの朱印状を示し、あとは自分で交渉して、百姓の引き渡しを実現しろ、という訴訟原則があったからだ。どんな判決を下してもその趣旨をもとに実行しないのなら、それは実行しなかった、実行できなかった側《がわ》が悪い。そういう感覚である。勝訴の判決文は、実現までの道程《どうてい》のせいぜい半分かその手前にすぎない。力がなければ、泣き寝入りとならざるをえないのだ。

　こうして判決内容の実現は当人の実力しだいなら、実力があるんだったら最初から力で決着させてしまえばよい。ここに住民の武装とか必要悪としての武装集団の存在という問題が生じるのである。

　ところで「こんな話は、前近代だからでしょ」と思うかもしれないが、現に今でも続いている。それは競売《けいばい》だ。競売物件は破格の低価格だが、係争《けいそう》中の相手方が住んでいたり、アパートにまだ多数の住民が生活していたりする。所有権こそは競売で落札《らくさつ》した人のものとなるが、そこの住民を立《た》ち退《の》かせなければ、所有者は住めないし活用もできない。力づくか金銭補償《ほしょう》か、その始末は競売で買った人の才覚である。何にせよ居住者をどかすことについては、警察も裁判所もだれも協力してくれない。

　近代的な合理精神のもとでも、こうした歴史はなお尾を引いているのである。

## 52 蒙古襲来のとき、神風は二度も吹いたのか

十三世紀後半、日本は中国・韓国から二度の襲撃を受けた。文永《ぶんえい》十一年（一二七四）の文永の役《えき》、弘安《こうあん》四年（一二八一）の弘安の役である。

至元《しげん》四年（一二六七、日本の文永四年）、蒙古《もうこ》（のち元《げん》）のフビライ帝は実質的に服属していた高麗《こうらい》を通じ、日本に朝貢《ちょうこう》・臣属《しんぞく》を促した。はじめから戦争ありきという姿勢ではなく、その書簡は冒頭に「奉書」、末尾に「不宣」としており、客人や仲間に語りかけるような書きぶりだった。過酷《かこく》な臣属や法外な朝貢品を要求したり、居丈高《いたけだか》に振る舞ったわけではなかった。むしろ当時の日本の方が問題で、東アジア外交から数百年も離れ、京都の宮廷も武力担当の鎌倉幕府も国際感覚が鈍《にぶ》っていた。元側の配慮は、どれほども通じなかった。石井正敏氏著『「武家外交」の誕生』（NHK出版）によれば、中国情報は朝鮮の高麗経由ではなく、蒙古軍に圧迫・蹂躙《じゅうりん》されていた南宋《なんそう》からもたらされており、とくに幕府幹部の執権《しっけん》・北条氏たちは南宋から逃れてきた僧侶たちから情勢を聞き取っていたので、蒙古は邪悪・凶暴な侵略者だという先入観を懐《いだ》いていた。そこで、以降の四回の遺使についてもこれを斬首《ざんしゅ》したり、返牒《へんちょう》もせずに無視する方針を採《と》り続けてしまった。そういうことであるらしい。

さて、南宋の攻略と平定に目途《めど》がついた至元十一年、元は高麗に船九〇〇艘をあたらしく造らせ、十月に忻都《きんと》を都《と》元帥《げんすい》とする蒙古軍二万人、金方慶《きんほうけい》が指揮する高麗軍六〇〇〇人で日本を襲撃させた。対馬《つしま》は全滅、さらに十四日には壱岐《いき》が壊滅した。二十日には博多湾西部で対上陸戦となり、この一日

で唐坊《とうぼう》（宋人の中国町）がすべて焼き払われるなど、日本軍はどこでも終始押され気味だった。ところが翌二十一日の朝、中国・高麗軍が乗り込んでいたはずの船影《せんえい》は視界からまったく消えてしまった。

建治《けんじ》元年（一二七五）・弘安二年にも、あらためて服属を促《うなが》す元の使者が来たが、幕府はこれをあえて斬首した。使者を斬るのはそうとう挑戦的なことで、国際法などというものはなかったにしても、礼儀に反する。相手側を怒らせて開戦やむなしと決意させるには、十分な挑発行為である。この間、日本側も無策ではなく、防禦《ぼうぎょ》施設として高さ二メートルをこす石築地《いしついじ》（石塁《せきるい》）を北九州沿岸に築かせた。こんなていどで対策になるのかとも思われようが、下から登る相手の頭を攻撃する位置に立てるので、短期的ならばそれなりに効果のある施設であった。

フビライ帝は至元十六年（日本の弘安二年）に南宋を滅ぼしたあと、弘安四年五月に元・高麗軍（東路《とうろ》軍）九〇〇艘・四万人、旧南宋軍（江南《こうなん》軍）三五〇〇艘・一〇万人をもって二回目の遠征を行わせた。六月初めに東路軍は博多湾に着いたが石築地の防禦線に悩まされ、突破できなかった。そこで江南軍との合流を待ち、作戦を練り直そうと退《しりぞ》いた。その七月三十日から翌日にかけての暴風で、船団の多くが大破・沈没。帰還者は三万数千にすぎなかったという。その後も高麗国王を長とする征東《せいとう》行中書省《こうちゅうしょしょう》では遠征が企画され、日本招諭使《しょうゆし》も遣わされた。しかし至元二十四年に元国での内紛が叛乱に拡大して時機を失い、また至元三十一年にフビライが死没し、発令していた第三回遠征計画は頓挫《とんざ》した。

この蒙古襲来の顚末《てんまつ》については、日本の武士がいかに奮戦したと語っていたとしても、元・高麗軍を撃退した原動力にはなっていない。弘安の役もおもに大風によるものだった。そこで貴族や寺社は

「この風は神が吹かせてくれた」として神仏に祈ったことへの恩賞を求め、一方で「神の加護《かご》をうける神国《しんこく》」との思想が民間に生じた。

そうはいわれているが、二度の排撃《はいげき》のうち文永度のを台風のせいとするのは、思い込みのようだ。荒川秀俊氏は「文永の役の終りを告げたのは台風ではない」(『日本歴史』一二〇号)・「文永の役の終末について諸家の批判に答う」(同上一三五号)で、以下のように論じた。

すなわち、文永の役の最後の戦いは旧暦の十月二十日だが、現行暦では十一月二十六日にあたる。台風は六月から十月までならくるが、十一月末に北九州を襲うことはまずない。過去五十年間では、来たとしても紀伊半島以東を掠《かす》めるていど。現代の気象統計からは、そういえる。ついでとうじの文献資料で見ると、日本側の『八幡愚童訓《はちまんぐどうくん》』(十四世紀初頭ころ成立)には「をりふしふる雨に涙おちそひて、いとど袂《たもと》ぞぬらしける」という心情が書かれているのみで、前日に暴風が吹き荒れたとは記されていない。そして激戦の翌朝には「さばかり屯《たむろ》せし敵もをらず、海のおもて見わたすに、きのふの夕べまで所せきし賊船一艘もなし」という、ぽか〜んとしたのどかな風景になっていた。風のせいだという因果関係は、その日その場所にいた彼らの念頭になかったと見られる。

また韓国側の『東国通鑑《とうごくつがん》』(文明十六年[一四八四]成立)には「遂に兵を引き還《かえ》る。夜に会《いた》り、大風雨。戦艦、巌崖《がんがい》に触れ、多く敗《やぶ》れ」とはあるが、その前に「小敵の堅、大敵の擒《とりこ》、瘦兵《そうへい》に策《むちう》ち、大敵と戦ふは完計に非ず。軍を回すに若《し》かず。復亨《またう》けて流れ矢に中《あた》り、先に舟に登る」とあって、軍兵を本国に帰す予定だった。その退却の乗船作業を夜陰《やいん》に紛れてやろうとしたために、途中で事故が発生したのではないか。博多湾には巌崖などないし、夜にどこで遭難したかまで書かれてない。同書には「軍の還らざる者無慮《むりょ》万三千五百人」ともあるが、溺死者《できし》とはされず、疫病《えきびょう》死かもしれない。

それにもしも博多湾内で難破して溺死していたのなら、沿岸には所狭《ところせま》しと船の残骸や死体が見られたはず。ところが『八幡愚童訓』には「蒙古の船皆々馳戻《はせもど》りけり」とあり、「異賊の船一艘、鹿《しか》の嶋に懸《かか》りて、逃やらで」としかない。なお『勘仲記《かんちゅうき》』（広橋兼仲《ひろはしかねなか》の日記）にある「或人云《あるひといわ》く」の「俄《にわか》かに逆風吹き来たり、本国に吹き帰す」とある逆風を台風とみる説もあるが、無理がある。この時期は偏西風《へんせいふう》が強くなり、西から東に風が吹くから、遣唐使船《けんとうしせん》ですら中国に行きづらい。中国など本国に戻るのが難しくなってきてしまう。そういう季節なのに、めずらしく都合のよい東風《こち》が吹いた。だから帰国しようとしていたのではないか、とされた。

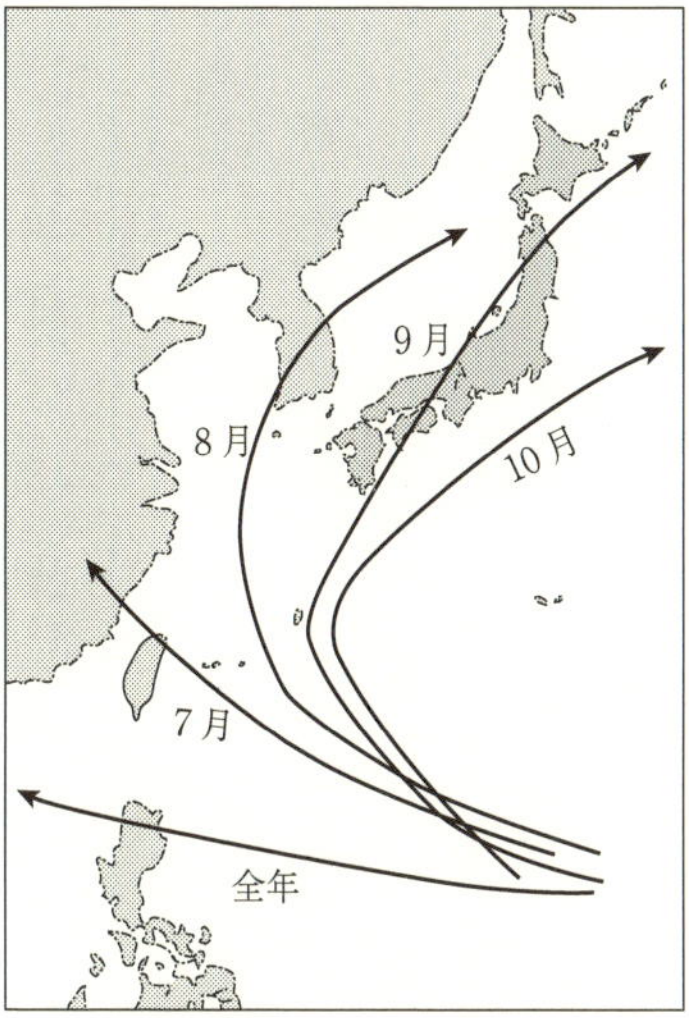

台風の進路図（荒川秀俊氏作成）

たしかに、そんなものだろう。元寇《げんこう》を前にした貴族たちは、神仏に祈るほかには何もしていなかった。だから神が風を吹かせたと「思い当たり」、恩賞にあずかりたいがために私たちが吹かせた神風だったと喧伝《けんでん》したのだ。私たちも取り立てて何もしていないのにいい話が舞い込んだら、きっと昨日神社にお賽銭《さいせん》を奮発したからだ、と思ってしまう。そのていどのから騒ぎだったようだ。

## 53 蒙古襲来は、中国の人たちの目をどう変えたか

蒙古《もうこ》からの国書には、冒頭に「大蒙古皇帝奉書《だいもうここうていほうしょ》」や「大元皇帝致書《ちしょ》」とあって中国の皇帝が日本国王に書を奉《たてまつ》る・致《いた》すという謙虚すぎる書き出しであり、末尾にも「不宣白《ふせんぱく》」としてまるで仲間同士のように親しげで厚礼《こうれい》な書きぶりだった。もちろん文末には「兵を用うるが若《ごと》きに至りては、夫《そ》れ誰か好む所ならん」とあって、冊封《さくほう》を受け容れて朝貢《ちょうこう》の使者を派遣しなければ軍事力を行使するぞとの脅《おど》し文句はある。それでも、かなり下手《したて》に出た物言《ものい》いである。

王勇《おうゆう》氏（『中国史のなかの日本像』農山漁村文化協会）は、元《げん》・明《みん》までの中国はいま感じられないようなある特別な日本観を懐《いだ》いていたといわれる。

『奥の細道』には「松嶋は扶桑《ふとう》第一の好風《こうふう》にして」とあり、日本は扶桑と言い換えられている。書籍にも『扶桑略記《りゃっき》』という仏教史がある。その扶桑というのは太陽が昇り降りするときに拠《よ》り所とする神木の名であり、この木の下に太陽があれば杳《よう》（くらい）、上に出ていれば杲《こう》（あかるい）、出ようとする姿が東という字になる。つまり日本は日が昇る場所に位置し、その扶桑の木が生《は》えている国なのである。

中国の民間宗教として大きな影響力を持っている道教《どうきょう》では、長江《ちょうこう》・黄河の源には崑崙山《こんろんさん》があり、東の海洋の果てには三神山《さんしんざん》がある。男神の東王父《とうおうふ》は三神山に、女神の西王母《せいおうぼ》は崑崙山に、不老不死の仙薬を握って住んでいた、と信じられていた。

中国には古くから華夷《かい》思想があり、文明に恵まれた中華に対し、四周には未開の蛮族《ばんぞく》が住むとしていた。しかし四周のうちの夷は蛮《ばん》・閩《びん》・狄《てき》・貉《ばく》・羌《きょう》に比べて好字で、犬・虫・羊などを根元とせず、大という人の意味の字根《じこん》をふくんでいる。『説文解字註《せつもんかいじちゅう》』によれば「大は人の形に象《かたど》る。……すなわち夏《か》と殊《こと》ならない。夏は中国の人である」とされ、漢民族と同じく人間と見なされていた、という。

こうした東方意識の上に、「東方のユートピア」観が描かれる。『論語』公冶長《こうやちょう》第五に「道が行われなければ、桴《いかだ》に乗って海に浮かぼう」という一節があり、同じく子罕《しかん》第九に「子、九夷《きゅうい》に居《お》らんと欲す」ともある。九夷という場所は具体的でないが、もともとは淮河《わいが》流域の異民族のことだったらしい。しかし版図《はんと》の拡大とともに海外の民族と見なされ、漢代の『爾雅《じが》』では「一に玄菟《げんと》、二に楽浪《らくろう》、三に高麗《こま》、……八に倭人、九に天鄙《てんぴ》」とされて、日本もそのなかに入れられたのである。つまり『論語』では、戦乱に明け暮れて道徳的に衰微した春秋戦国の世よりも、桴に乗って東海の九夷国に住むのが理想とした。東海は君子の住むにふさわしい憧《あこが》れの場所となった。そしてそこは君子不死の国と見なされ、やがて倭の国のことだと特定されるようになる。

『漢書《かんじょ》』地理志には東夷諸国の記事があるが、歳時貢献《さいじこうけん》が記されているのは倭人条だけ。ほかの国々も貢献していないはずがないが、九夷のなかで倭人がもっとも柔順で仁

元のフビライ帝の像

義を重んじ、中華の文明に近い存在だと思っていたという特殊な意識から特記しているのだろう。しかも『後漢書《ごかんじょ》』には「女人淫《いん》せず妒《と》せず、又俗《くにぶり》盗窃せず、争訟少《すくな》し」「人性酒を嗜《たしな》む。多くは寿考、百余歳に至る者甚《はなは》だ衆《おお》し」とあり、礼節のある理想郷でかつ長寿・不死の国というイメージがもはや定着している。

だからこそ、秦《しん》の始皇帝が不老不死・長寿延年の仙薬を探させに、方士《ほうし》の徐福《じょふく》に数千人の童子女と五穀の種や農具を付《さず》けて、東海の蓬莱島《ほうらいじま》へと送り込んだのである。徐福の到着地点は『史記《しき》』淮南衡山《わいなんこうざん》列伝では平原広沢《へいげんこうたく》だったのに、『釈子《しゃくし》六帖《ろくじょう》』（義楚《ぎそ》著。五代ころ成立）では日本と特定されている。『魏志』に見られる倭錦《わきん》・異文雑錦《いもんざつきん》も未開国の粗末な貢納物の意味ではなく、中国とは異なった図《ず》抜《ぬ》けて傑出した文様《もんよう》の錦という評価だった。『隋書《ずいしょ》』に「如意《にょい》宝珠あり。その色青く、大《おお》きさは鶏卵《けいらん》の如《ごと》く、夜は則《すなわ》ち光あり。いう魚眼睛《ぎょがんせい》なりと」とあるのも、日本の勾玉《まがたま》のことを表現しているらしい。また永徽《えいき》五年（六五四）遣唐使《けんとうし》は唐帝に一斗にもなろうという琥珀《こはく》と五升という巨大な瑪瑙《めのう》の器物《きぶつ》を献じたとあるし、『唐会要《とうかいよう》』巻九十九・倭国条にも「瑪瑙を産出して、黄白の二色がある。その琥珀の好《よ》きものは、海中より湧き出る」と書かれている。琥珀は地質時代の樹脂などが地中に埋没して化石化したものであって、ふつう海で採れるものでない。だが、もはや想像を絶する巨大な宝物やそして数々の珍異の品を産する国として、すっかり伝説の宝の島となっていたのである。

以上のように、東夷として蔑視《べっし》されていたのではなく、倭国・日本は君子の住むにふさわしい礼節を弁《わきま》えた国で、数々の伝説に彩《いろど》られた土地と見ていた。だから大宝二年（七〇二）に渡唐した遣唐大使・粟田真人《あわたのまひと》が「経史《けいし》を読むことを好み、文を属《つら》ぬることを解し、容止《ようし》は温雅《おんが》なり」（『旧唐書《くとうじょ》』）と描かれ、玄宗皇帝も遣唐使・中臣名代《なかとみのなしろ》に「彼の礼儀の国、神霊の扶《たす》くる所、滄溟《そうめい》の往来、未《いま》だ嘗《かつ》て患《わずら》ひと為《な》さず」（『文苑英華』）と激賞している。君子国とか仙人の住む所とか珍異産出国は中国側の勝手に作り上げたイメージだが、それでも日本を見る眼には敬意と温かさが込められていた。

この好意が、蒙古・元の国書の書き方を侮蔑《ぶべつ》的でなくさせた理由だったろう。しかしその思いは、使者を斬られたことで損なわれ、戦うなかで消滅した。そして何よりも大きく倭人観を変えたのは倭《わ》寇《こう》で、脅威と憎悪の対象に転じた。そしてもちろん、近時の日中戦争も長く影を落とすことだろう。

## 54 蒙古軍は、結局、鎌倉幕府を倒したんじゃないの

一生懸命《いっしょけんめい》という言葉があるが、一生に命を懸けるなら当たり前の話。ただしくは一所懸命《いっしょけんめい》つまり「一つ所に命を懸《か》けて守り通す」という意味で、武士の所領に関する意識を表現したものだ。

武士の社会的な地位は、荘園の荘官などである。荘園はもともと野原であったところを、溜池や溝《こう》堰《えん》などを作って、開発・開墾していった場所である。その墾田（荘地）を作り出した人なので、彼らの地位を荘園領主に対して開発《かいほつ》領主とか根本《こんぽん》領主とか表現した。父祖が開発し、代々引き継いで伝来してきたこの土地を、どんな艱難辛苦《かんなんしんく》にあおうとも、侵害する者から守り通す。武士たちの決意は固いものがあった。そしてもう一つ、彼らには契約の意識が強かった。主人や上司に対しては絶対服従でなく、自分のした功績にはそれに応じた見返りを求める。見返りが得られると思うから、戦いに参加してめざましい活躍をし、勲功をあげようとする。自分の手柄《てがら》であることを示すためにまずは名乗《なの》りを上げ、自分の功績だと証言してくれる人や物語る証拠品を確保し、軍忠状《ぐんちゅうじょう》に一見了《いっけんしおわんぬ》の文言《もんごん》と花押《かおう》を貰うべく報告にいく。もしも見返りがなければ、主を見限っても当然で、非難などされない。

そう考えると、蒙古襲来は「降《ふ》りかかる火の粉《こ》を払った」では済まない大きな問題を残した。

前項に見たように、蒙古《もうこ》・高麗《こうらい》・旧南宋《なんそう》の連合軍が北九州を襲った。日本側は迎撃して、追い返した。どう見ても負《ま》け戦《いくさ》だが、だから恩賞もなしでは済まない。戦ったのは事実だからだ。指揮・統率して戦わせたのは鎌倉幕府であり、命令権者として功績があった武士には恩賞をやらねばならない。

だが、国内戦争なら敵対者側からの没収地や戦利品があろうが、今回は何一つ得ていない。鎌倉幕府の恩沢《おんたく》奉行・安達泰盛《あだちやすもり》は、そのなかでも工面《くめん》に努力した。建治《けんじ》元年（一二七五）一二〇名に文永《ぶんえい》の役《えき》の恩賞として土地や屋敷を分与した。著名な「蒙古《もうこ》襲来絵詞《しゅうらいえことば》」は、肥後《ひご》国御家人《ごけにん》・竹崎季長《たけざきすえなが》が泰盛の甘縄《あまなわ》邸にまで押しかけて恩賞を獲得し、「これぞ甲佐《こうさ》大明神のご加護《かご》」と感謝の気持ちで作成・奉納したものだ。しかし九州に所領を持つ武士たちは、次の蒙古襲来に備え、自己負担で異国警固番《いこくけいごばん》役《やく》・石築地役《いしついじやく》を務《つと》めていた。貰った恩賞に比《ひ》して、自己負担の防衛関係費はあまりにも重い。

弘安《こうあん》の役の恩賞の捻出に苦慮しているさなかの弘安八年（一二八五）、安達泰盛は平頼綱《よりつな》（禅門《ぜんもん》）ら得宗家《とくそうけ》御内人《みうちびと》の幕政介入を抑えようと策して、かえって敗れ去った（霜月《しもつき》騒動）。偶然か意図的かは不明だがこの騒動に関連して九州にも没収地が生じた。ほかにも闕所《けっしょ》の地を探し、将軍家御料所《ごりょうしょ》（直轄領）まで削って、七度にわたって弘安の役の恩賞も行なった。しかしその間には二十二年を要していたし、なにしろ功労に対してあまりに過小な恩賞でしかなかった。

この過程で、鎌倉殿《かまくらどの》・御家人間の御恩《ごおん》・奉公の信頼関係は損なわれた。鎌倉幕府が、武士たちの期待と信頼を失っているなかで、後醍醐《ごだいご》天皇が反幕府を掲げて決起した。幕府は、御家人たちに見限られて崩壊した。北条得宗家へのあまりに偏《かたよ》った権力集中や権力の私物化に愛想《あいそ》を尽かされたとか、北条高時《たかとき》の驕《おご》り高ぶりや放蕩三昧《ほうとうざんまい》があったにしても、それはさしたる問題でない。幕府の土台が崩されたのは、恩賞への不満とそうでしかない主《あるじ》への不信である。「風が吹けば桶屋が儲《もう》かる」的因果関係ともいわれようが、フビライや蒙古・高麗軍が、数十年を経てだが、結局恨《うら》み骨髄の北条政権・鎌倉幕府を押し潰したのだ、とみなしてもよいのではなかろうか。

## 55 「歴史は時間とともに発展する」なんて、信じてていいのか

日本にかぎらず、人類の歴史は日々発展している。過ぎ去った時代の、発展していない社会のなかにいた愚かな人々の足跡をいまさら辿《たど》って、それが何になるのか。そういう見方がある。歴史に無縁な人の意見ではなく、かつて私の同僚だった社会科教員の言葉である。

「社会は発展し続けている」というこのつよい思い込みは、近時のマルクス主義的な歴史観のもたらしたものである。いわゆる唯物史観《ゆいぶつしかん》で、物質の属性は時間。時間とともに物質は発展する。発展の赴くところ、必然的に資本主義時代から共産主義時代に進み、人智でその進行を妨げることはできない、という先見的に与えられた理論であった。歴史法則に抗《あらが》おうなんて、風車に立ち向かうドン・キホーテのようなお笑いぐさ。法則を担《にな》う労働者の前に立ちはだかる者は押し潰される、と勇ましい。

ところがじっさいの歴史社会を生きた人たちの目からすれば、国家社会は成立・成熟・頽廃《たいはい》を繰り返すという歴史観が多く、時間の推移とともに衰えるとする歴史観も珍しくない。

たとえば仏教では、十一世紀に末法《まつぽう》思想が広く信じられた。これは釈迦《しゃか》が入滅《にゅうめつ》（死没）した紀元前九四九年から数えて一〇〇〇年は正法《しょうほう》の時代で、釈迦の教説が守られ、正しい教えが実践され、修行者も悟《さと》りを得られる。次の一〇〇〇年は像法《ぞうほう》といわれて形だけが似て見える時代で、造寺造仏も坐禅・瞑想《めいそう》も行われ、経典も重視される。だが、悟りを得られる者はいなくなる。そして末法の時代になると、世の中は乱れて教えも行われず、修行者同士の争いが絶えない。これが一〇〇〇〇年続いた

上で仏教は滅びる、と見通す。釈迦のいた時代が頂点で、時間とともに衰えるという先ぼそり史観である。この末法の世が永承《えいしょう》七年（一〇五二）にはじまるといわれていたので、平安貴族は永承六年から康平五年（一〇六二）に東北地方で起きた前九年《ぜんくねん》の役《えき》を、末法到来の兆《きざ》しとして恐れ戦《おのの》いたのである。

また鎌倉初期の慈円《じえん》は『愚管抄《ぐかんしょう》』で、百王思想という衰亡史観を念頭に置いていた。これは中国南朝の僧・宝志《ほうし》作に仮託《かたく》された「野馬台詩《やまたいし》」という詩に「百王流れて畢《おわ》り竭《つ》き　猿犬が英雄を称す」とあるのを根拠とする予言説で、平安前期の廷内ですでに知られていた。慈円は「唐土・天竺《てんじく》・日本など人間の住む世界では、衰えては興《おこ》り興っては衰える。そのなかで人の寿命は十歳までに減るが、劫《ごう》末《まつ》になると八万歳までに高まる。百王の間の盛衰も、その志す道理はこの定めにある」と記し、一〇〇代続けばどんな王朝でも滅びるとする説に惹《ひ》かれていた。彼は天皇家も残りわずかで滅びるとの終末観を懐《いだ》き、その趨勢を道理・運命として受け入れようとしていた。百王説は室町前期の北畠《きたばたけ》親房《ちかふさ》も知っていて、「百王とはいうが、それは十掛ける十の百ではなかろう。きわまりないことを百ともいうし、百官・百姓ということでもわかる」と否定するものの、一〇〇代に近づいていることをつよく意識していた。この説には将軍・足利義満《よしみつ》も興味を懐き、前大納言《さきのだいなごん》・坊城俊任《ぼうじょうとしとう》が「北山第《きたやまのてい》で御所殿《ごしょどの》（義満）から百王について不審のことを問われた」という。また知足院《ちそくいん》・東岳澄昕《とうがくちょうきん》は「猿犬が英雄を称す」の申《さる》とは足利氏満《うじみつ》で、義満が戌《いぬ》にあたる。つまり義満は百代を過ぎた天皇のあとの王になると予測している、という。こうした解釈を義満本人が知っていたかどうか不明だが、右のような衰退史観のなかで、時代とともに発展するという楽観的な見通しは近代に発生したあだ花的な珍説だったろう。

もともとこの発展とか衰亡とかいうとき、何を発展の指標とするのかが問題である。

ある物を短期間に大量に作り出せるようになること、多くの人の手に渡るようになること。それが進歩・発展というのならば、たしかに近代以降の工業的発展はめざましい。しかし、大量に生産され容易に手に入るようになった即席ラーメンは、食生活の発展の証《あかし》といえるのか。高級食材の蟹《かに》ではなく、蟹の風味を人工的に合成して多くの人の口に入れてやったことが、輝かしい発展なのか。味はどう発展したというのか。多くの人たちが利用しているファスト・フードの盛行は、人類発展の指標にふさわしい事象なのか。

デザインの分野で見れば、東大寺正倉院《しょうそういん》に遺《のこ》された天平《てんぴょう》時代の工芸品の意匠は、ほぼ現代に通用する。これらに用いられている意匠のどれを、現代の工芸品にどう応用するか。意匠としては出きってしまっており、発展しきっている。そういっていいすぎでない。詩歌《しか》の世界もそうだ。作歌の内容と技巧で見れば、和歌の世界で『古今和歌集《こきんわかしゅう》』を超えることは難しい。詠《よ》む対象の物名を換え、表現を今様《いまよう》になおすことはできる。しかし、詠まれる情緒内容は、ほぼ尽くされてしまっている。

これらの私見には異論があるかもしれないが、個々の文化は、発展するだけ発展してしまう。そういう宿命にある。後年の人たちの方がつねに賢く、ひたすら発展していくものではない。そういうことに、思い当たったことはないだろうか。

それになによりも、人間の心がすこしも発展していない。いや退化《たいか》しているかも。物の発展は、心を豊かにするためのものでなかったか。ところが自分がある物を作り出すことで、他国民を不幸にし、廻《めぐ》り廻って自分や家族の心を傷《きず》つける。そんな心を懐《いだ》いている現代人をみて、前時代より人間として豊かになり、ときとともに発展してきた姿だとほんとうに思っているのだろうか。

# 第五章
# 室町・戦国時代

# 56 楠木正成はどうして幕府軍を翻弄し神出鬼没でいられたか

元弘《げんこう》元年（一三三一）八月、後醍醐《ごだいご》天皇が鎌倉幕府打倒を呼びかけると、河内《かわち》の悪党《あくとう》・楠木正成《くすのきまさしげ》は天皇の立て籠もった笠置《かさぎ》山に入った。しかし幕府軍に囲まれて落城する直前、正成は山を脱出して本拠地の赤坂城（南河内郡千早赤坂村）に戻った。そこから、正成の独擅場《どくせんじょう》の活躍がはじまる。

『太平記《たいへいき》』によれば、赤坂城は豪族居館に毛が生えたていどの備えで、これに幕府軍三〇万が襲いかかった。寄せ手の幕府軍側から、「一日でも持ち堪《こた》えてもらえないと、手柄《てがら》を立てて恩賞《おんしょう》に預《あず》かれない」と心配されるほどだった。幕府軍は四方の崖下《がけした》に攻め寄せたが、櫓《やぐら》の上などから矢を連射されて一〇〇〇人余が死傷。ゆっくり攻めようと後退して休息をとった途端《とたん》、二手に分かれた三〇〇余騎が三〇万が密集する陣内を東西南北縦横に斬り込んでいった。呆然《ぼうぜん》としているところに、さらに城門が開いて二〇〇人が雨霰《あめあられ》と矢を射かけた。それでもと体勢を立て直した幕府軍が一重の堀と塀しかないと思ってよじ登ったら切り落とされ、取り付いていた一〇〇〇余人が石などの下敷きになった。じつは二重の堀・塀になっていて、欺《あざむ》かれたのである。さらに注意して塀に熊手《くまで》をかけて倒しにかかったが、今度は大柄杓《おおびしゃく》で熱湯を浴びせられた。ついに幕府軍は遠巻《とおま》きにする戦法に切り替えた。それでは持ちこたえられないので、正成らは自害《じがい》したかのように装《よそお》って城を脱出した。翌年四月、正成は奪われた赤坂城に入っていた湯浅孫六《ゆあさまごろく》を攻略した。湯浅方の味方が兵糧《ひょうろう》を運んできたところを正成側に襲われたかのように装い、城に入ってやすやすと占拠した。そして五月、正成はとつぜん天王寺《てんのうじ》に現れる。攻め下る六波羅《ろくはら》勢七〇〇〇余騎を天王寺におびき寄せるため、三〇〇騎を囮《おとり》にして、それを追撃させた。長駆《ちょうく》して疲れきった六波羅勢に、二〇〇〇騎の正成軍が魚鱗《ぎょりん》の陣形・鶴翼《かくよく》の陣形を駆使《くし》して襲いかかり、散々に打ち破った。元弘三年、千早《ちはや》城に姿を現した正成は二〇〇万という幕府軍に囲まれていた。しかし木戸口《きどぐち》にきた敵兵には櫓から大石や大木を落とし、谷底から梯子《はしご》を掛けてよじ登る兵には油を注《そそ》ぎ火をかけて抵抗した。ほかにも小根田《こねだ》（桐山）・烏帽子形《えぼしがた》・金胎寺《こんたいじ》など多数の出《で》城《じろ》があったというが、小勢相手に翻弄《ほんろう》される醜態《しゅうたい》を見て、武士たちは幕府を見限りはじめたのである。

しかしいったいこの機動力は、どこから出てくるのか。だれが支えているのか。囲まれていたのにどうやってあちこちに出没し、軍事物資を調えたり麾下《きか》の兵の食糧が用意できるのか。

それは、彼が悪党だったからだ。悪党とはいうが、悪いというより強い意味にとった方がよい。彼らはもともと歴《れっき》とした武士で、ほんらい分割相続によって所領を持つ自立した武士でありえた。しかし鎌倉中期以降は墾田開発もそうそうできなくなっていて、惣領《そうりょう》となる嫡子《ちゃくし》が単独ですべて相続する形にしないと所領がこまかくなりすぎ、結果として一族全員が立ちゆかなくなる。そこで分割を停止するのだが、そのさいに停止された庶子《しょし》が不満を懐《いだ》いて外部に出て、惣領との間に所領を巡る骨肉《こつにく》の争いをはじめた。庶子の彼らには所領がほとんどないので、経済基盤をそのころ盛んになりつつあった商品経済の流通機構に置くほかなかった。商品流通の妨害者かガードマンかになることで、収益を吸い上げた。田圃《たんぼ》を基盤とした生産のままならばその田圃の所在地に縛《しば》られ、そこを差し押さえられればお手上げである。しかし悪党たちは、どこにいても収益を上げられ、どこにでも自在に財物《ざいもつ》を動かせた。経済基盤の流動性が、悪党たちの変幻自在に神出鬼没するという離れ業《わざ》を支えたのである。

## 57 足利義満は天皇にかわる王を目指したのか

今谷《いまたに》明氏著『室町の王権』（中公新書）は、室町幕府第三代将軍・足利義満《よしみつ》が皇位の簒奪《さんだつ》を企てていたとする画期的な提案をした。

まずは叙位《じょい》任官権。応永《おうえい》三年（一三九六）、関白《かんぱく》・一条経嗣《つねつぐ》に対し「いっさいの人事は室町殿の計《はかり》沙汰《さた》、すなわち義満の指示で進めるように」と通告した。人事異動一覧の原案である「折紙《おりがみ》」も、義満の手で作成している。官位官職をすべて辞してただの准三后《じゅさんごう》待遇の身にすぎぬ者が、いやそうだからこそ超越した立場から天皇の口入《くちい》れも代理人の関白の干渉も封殺した。こうした雰囲気のなかで、参議を拝命した者は、治天《ちてん》の君《きみ》（院）でなく、任命の実権者である義満を拝賀《はいが》しに行った、という。

また応永四年に造営しはじめた北山第《きたやまてい》に度重《たびかさ》ねて高僧が招かれ、朝廷での祈禱に替わって、義満の膝下《しっか》で祈禱する体制に替えられた。同時に義満の子弟が六件もの門跡《もんぜき》になり、宗教界を傘下に収めはじめた。国内政治の全権を掌握した上で、応永八年に義満は「日本准三后道義《どうぎ》、書を大明皇帝陛下に奉《たてまつ》る」と上表し、翌年建文帝《けんぶんてい》より「茲《ここ》に爾《なんじ》日本国王源道義、心を王室に存《そん》し愛君の誠を懐《いだ》き、波濤《はとう》を踰越《ゆえつ》して、遣使朝来す」という返詔を受ける。これにより中国皇帝が承認する日本国王となり、対外的には天皇家を超越した。さらに子・義嗣《よしつぐ》の元服《げんぷく》を親王に準じて行わせ、事実上の皇太子の処遇とさせた。しかし皇位簒奪まであと一歩で、寿命がつきてしまった。あとを継いだ義持《よしもち》はこうした計画に批判的であったため、義満がせっかく積み上げた構想はついに実現しなかった、という。

この見解に対する批判は強く、学界の同意はそうそう得られる状態にない。

例えば小島毅《つよし》氏著『足利義満　消された日本国王』（光文社新書）では、天皇家の乗っ取りが義満にとって一生を費やしてするほど価値のある大冒険だったのかと問い、動機そのものに根本的な疑問を投げかけている。たしかに天皇家に準《なぞら》えて比肩《ひけん》しようとする姿勢は明瞭だが、実質的権力はとっくにこれを越えているのに、乗っ取ろうとまで努力するかどうか疑問ではある。また日本国王も、明国《みんこく》は「朝貢《ちょうこう》なければ貿易なし」であるから貿易には日本国王としての朝貢が必要である。だから貿易政策とはいえる。だが国王では、大明皇帝の臣下の日本国王と天皇の臣下の日本国王とはともに同様の地位であって、形式的には横滑《よこすべ》りしたに過ぎない、とも日本国内の見方においてはいえてしまう。

それでも、筆者にはちょっと気になることがある。今谷氏は、応永元号を三十五年間もの長きに亘《わた》って使い続けて改元しなかったことについて、義満が改元を政治的に利用するのを断念したためだとした。そしてむしろ改元《かいげん》をやらせないことが、幕府が朝廷を圧伏させる方策であった、とされた。またかねて、四代将軍・義持は、義満の行き過ぎを是正《ぜせい》する政策をとったと評価されてきた。

だが、そうか。応永十九年に称光《しょうこう》天皇が即位したのに、その代始《だいはじ》めに改元していない。大御所・義持が一月十八日に死没したあとの四月二十七日にはじめて正長《しょうちょう》と改元し、七月二十日の称光天皇の死没までは続いている。天皇が替わったのに改元されないのは新天皇としての治世《ちせい》が認められていない証拠で、義持の没後に替わったのはほかならぬ義持がそうした観点で改元を抑えていたからであろう。義満だけが抑圧的だったのなら、義満没後の応永十五年にただちに改元をしたはずだ。義満↓義持間の政策の不連続性だけでなく、意識の連続性について見直してみた方がよいのではなかろうか。

## 58 日本銭を作るべきなのか、渡来銭がほんらいなのか

金銭はふしぎなものである。卑しいとされる人たちが触れて汚れているかもしれなくても、貴族はこれを手に取り、愛翫《あいがん》し大切にする。衣服や食べ物だったら不浄《ふじょう》として、嫌うだろう。銭があれば欲しい物が手に入り、人を自在に動かすこともできる。ただの銅の薄い小型の円形板で、素材には、どうみてもそれほどの価値があるとは思えないのに。もっともそれは、今日もそうであるが。

鈴木公雄氏著『銭の考古学』（吉川弘文館）によれば、中世の土地売券での支払い手段で、銭の比重が高くなってくるのは十三世紀半ばからだとする。それまでは、前代からの商習慣にしたがって絹織物・麻布や米が用いられ、鎌倉初期には銭での支払いが十％ほどであった。ところが一二四〇年代には絹・布での支払いが消え、鎌倉中期からは銭での支払いが五割を越えてゆく。鎌倉末期には米での支払いが二割を切り、成約件数の大半が銭で決済《けっさい》される形となっていく。

このときに支払い手段として使われた銭は渡来銭《とらいせん》で、中心は日宋《にっそう》貿易・日明《にちみん》貿易（勘合《かんごう》貿易）などによってさかんにまた大量に輸入されてきた宋銭・明銭である。もとより日本国内では銭××文とは記されていても、じっさいに使用していた銭の種類が何であったかまでは知りようがない。だが、何らかの理由で埋蔵されたままになってしまった銭（備蓄銭）から、その当時の流通銭貨を垣間見《かいまみ》ることはできる。現在判明している出土備蓄銭三五二万枚強を銭種別にして統計を取ってみると、一位が皇宋通宝《こうそうつうほう》（約三九万枚・北宋）で、以下、元豊通宝《げんぽう》（約三八万枚・北宋）・熙寧元宝《きねいげんぽう》（約三〇万枚・北

宋）・元祐《げんゆう》通宝（約二八万枚・北宋）・開元《かいげん》通宝（開通元宝ともいう。約二五万枚・唐）・永楽《えいらく》通宝（約二一万枚・明）の順になる。王朝別で集計すると、宋銭の約二七八万枚（七十八・九％）、明銭の約三〇万枚強（八・七％）、唐銭の二七万枚弱（七・六％）の三種類でほぼ成り立っている。ほかに金・元《げん》・李《り》氏《し》朝鮮・安南《あんなん》（ベトナム）・琉球《りゅうきゅう》などの銭貨もあるが、さしたる比率ではない。つまり鎌倉時代・室町時代の日本の人々は、基本的に銭貨での換算・取引ならば、中国が発行した銅銭を用いてその経済活動を行なっていたのである。いまでいえば、アメリカドルを日本に輸入して使っているわけで、自国の貨幣を持たない。そのかわり為替《かわせ》差益《えき》も差損もないわけで、日本・中国間の商取引は同一の貨幣を用いての交換だから、円滑ではあったろう。

この状態は江戸幕府のもとで、いっきょに変化した。寛永《かんえい》十三年（一六三六）に古寛永通宝が出され、寛文《かんぶん》十年（一六七〇）にそれまで併用されてきた渡来銭は、通用を完全に禁止された。使ってはならないとしたのである。この転換は三十四年かけて徐々に行われたのではなく、鈴木氏の出土備蓄銭のセリエーション分析をみる限りでは短期間にかなり急速になされた。そして渡来銭を使用禁止にしたためにできた通貨供給量の穴を埋めるように、寛文八年に文字《ぶんじ》寛永通宝（文銭）、元禄《げんろく》十年（一六九七）に新寛永通宝とつぎつぎ大量に発行され、高額支払いは金貨・銀貨が担当し、寛永通宝は日常的な小銭《こぜに》の需要を賄《まかな》っていった、という。

たしかに大局的な推移はこのようであろうが、疑問もある。飛鳥《あすか》・奈良時代の富本銭《ふほんせん》や和同開珎《わどうかいちん》以降の皇朝十二銭の発行は、天皇が中国と比肩する帝国の皇帝を自負《じふ》したからである。中国に倣《なら》った元号・暦が作られ、帝国主義的な社会のありようの一環として貨幣を鋳造した。富本銭の直径が二・四センチメートル、重さが四・四グラムにされているのは、その当時の代表的な貨幣であった唐の開元通宝（六二一年に初鋳）を模《も》したからであろう。東アジアにしかれた冊封《さくほう》体制では、「正朔《せいさく》を奉ずる」という言葉が服属を意味するように、中国に任命された国王たちの治下《ちか》では中国の暦・元号が通用し、貨幣も文字ももちろん中国のものを用いる。もっとも安南の咸元《かんげん》通宝・大和《だいわ》通宝・延寧《えんねい》通宝・洪徳《こうとく》通宝・光順《こうじゅん》通宝・景統《けいとう》通宝・洪順《こうじゅん》通宝・大正《たいしょう》通宝や琉球の大世《だいせい》通宝・世高通宝・金円《きんえん》通宝、李氏朝鮮の朝鮮通宝などもあって、周縁諸国で鋳造《ちゅうぞう》しているが、認められてはいない。一臣下にすぎない国王には許されない越権《えっけん》で、咎《とが》められるべき行為である。

清《しん》王朝のとき、中国国内で見慣《みな》れない銭貨が見つかった。皇帝は私鋳銭《しちゅうせん》ではないか、と疑った。鋳造銭に限らないが、銭貨はその素材に比して通用価格が高い。つい最近でも、私鋳銭事件があった。昭和六十一年（一九八六）額面十万円で昭和天皇在位六十年記念硬貨として金貨を鋳造したところ、一一万枚弱の偽造貨幣が出回ってしまった。素材の金価格が三万八〇〇〇円なので、偽造しても五万円以上の儲《もう》けが出たらしい。その話の経緯はともあれ、調査させて分かったのは、これは日本という東海の一小国が発行する寛永通宝だった、という話である。つまりは貨幣鋳造は中国皇帝の専権事項であり、冊封体制下の王朝内では勝手に鋳造してはならない。したがって、日本が中国で鋳造された銭貨を受《う》け容《い》れて用いるのは、東アジア世界ではじつに当たり前の出来事である。日本の古代国家が東アジア世界ではまともに通用しない異常な自負心《じふしん》を持っていたのであって、中世日本の方がいささかまともであった、といえよう。

しかしそうなると、江戸幕府は、なぜ渡来銭を通用禁止にしてしまったのか。それが疑問である。

もちろん国内的には民間でたびたび紛争を生じてきた撰銭《えりぜに》を禁止し、銭貨の質を統一して金銀貨のもとでの小銭の流通を安定させたかったのであろう。撰銭というのは、長く流通して薄くなったり欠けたりした銭貨がその額面価値を落としているために受け取られず、損傷のない良い精銭《せいせん》だけを受け取ろうとする行為である。民間では銭を撰《よ》ろうとするが、為政者《いせいしゃ》としては撰ることを禁止したいのである。というのも撰銭をされると、通用する有効な銭貨の数が減り、米の換金をふくめて商売が滞《とどこお》ってしまうからだ。このために銭貨ごとに打歩《うちぶ》（割増量）が決められたり、悪貨の混合率が決められたりで、銭貨相場は非常に面倒になっていた。そういう状態の克服が課題となっていたのは事実だ。ただそれは、日本国内の事情だけで説明しようとすれば、そう説明できるということである。

江戸幕府は、東アジア世界でどういう外交政策を取ろうとしていたのか。キリスト教禁圧の姿勢はわかっているが、東アジア外交での日本の立場をどうするつもりであったのか。その思惑《おもわく》とこの銭貨政策はかかわりがあるだろう。

古寛永通宝を出したとき、江戸幕府はすでに渡来銭が入ってこなくなると見越《みこ》して、新銭貨を独自に供給しようと考えたのか。しかしそれなら、渡来銭のすべてを使用禁止にすることはなかろう。永楽通宝はとりわけて良質の銭貨であったから、これを通用禁止にしなければならない理由がない。となると、東アジアを支配している冊封《さくほう》体制に加わらないつまり明王朝・清王朝の冊封体制に入らないで、外交上は対等外交路線という復古《ふっこ》主義を取る。そういう意思を固めて、独自の貿易統制策（いわゆる鎖国《さこく》体制）をしくために、貨幣を独自に発行することとした。そうではないのか。この銭貨政策には、ただ見過ごしてしまえない、外交政策の深い意図が潜んでいると思うのだが。

# 59 倭寇は、ほんとうに日本人による海賊行為だったのか

倭寇《わこう》とは、十四世紀から十六世紀にかけて朝鮮半島沿岸と中国東岸・南岸などを荒らし回った海賊である。前期と後期に大別されるが、前期は、『高麗史《こうらいし》』によると忠定王《ちゅうていおう》二年（一三五〇）にはじまったという。二月に南部の固城・武林・巨済・合浦などに侵入したので、崔禅《さいぜん》らがこれを迎え撃って三〇〇余人を斬獲《ざんかく》したとあり、四月には倭船一〇〇余艘が順天府《じゅんてんふ》を襲い、南原・求礼・長興などの漕船《そうせん》つまり租税の米を運漕する船から掠奪《りゃくだつ》した。五月にも六十六艘が順天府をふたたび襲い、六月には合浦・固城・会原、さらに長興府・安壌郷を襲った。さらに十一月には東莱郡《とうらいぐん》が襲撃され、珍島の県令《けんれい》は内陸に退避した、という。これが倭寇《わこう》のはじまりと認識され、以降も「庚寅《こういん》以来の倭寇」と表現されている。倭寇は朝鮮半島南岸から黄海沿岸に多いが、日本海側もふくめてほぼ全域を襲っている。恭愍王《きょうびんおう》七年（一三五八）には倭寇のために財政が逼迫《ひっぱく》し、官吏の俸禄が払えなくなった、とある。掠奪《りゃくだつ》品の第一は生活物資で、おもに米穀などの交換価値を持つものが狙われた。ついで人民で、奴隷や買い戻しを期待しての人質であった。このために海上では漕船、陸上では沿岸部に建つ官庫や沿岸部の住民が集中的に襲われた。辛禑王《しんぐう》初年（十四世紀後半）に藤経光が入寇《にゅうこう》すると脅《おど》して、食糧を求めた。そのとき全羅道元帥《げんすい》・金先致《きんせんち》は酒食で誘って殺そうと計画したが、ばれた。この事件をきっかけに、婦女・幼児まで殺戮《さつりく》されることが多くなった、という。彼らは朝鮮半島の警備が厳しくなると、転じて中国沿岸部を襲いもした。しかし朝鮮半島に李氏朝鮮が成立して日朝貿易の体制を整え、

室町幕府の支配力が強まり、さらに日明《にちみん》が協力して倭寇対策を講じると、その勢いは急速に衰えた。

　後期倭寇は、十六世紀に集中して現れた。これは中国沿岸が舞台で、その原因は明王朝が海禁《かいきん》政策をとって貿易を全面的に禁止したことにあった。すなわち明は反明の抵抗勢力がおもに海中にいたため、その侵攻に対処するために沿岸部の人たちの航行を禁じた。一定の大きさ以上の船が海上に出ることすら許さなかったため、外国船との交易などの商業活動が非合法とされてしまった。郷紳《きょうしん》といわれる地方富農《ふのう》地主層も国策を理不尽《りふじん》として、この非合法活動を支援した。このために密貿易は活発に行われ、明国官憲との鬩《せめ》ぎ合いとなった。倭寇の首魁《しゅかい》には許棟《きょとう》・李光頭《りこうとう》・王直《おうちょく》・徐海《じょかい》・陳東《ちんとう》・葉《よう》明《めい》・林鳳《りんほう》らがおり、王直は五島《ごとう》列島を根拠地にし、陳東・葉明も日本人を配下に加えていた。しかしそもそもが国内問題であり、明が海から来る賊を一括して倭寇と呼んだために誤解されているが、実体は福建《ふっけん》省から浙江《せっこう》省あたりの中国人の活動だった。朱紈《しゅがん》・兪大猷《ゆだいゆう》・威継光《いけいこう》ら官軍の討伐を受け、やがて神宗《しんそう》元年（一五七二）に海禁策を緩《ゆる》めて福建省海澄《かいちょう》での貿易を認めたので、密貿易は収束《しゅうそく》した。

　以上が倭寇のあらましだが、前期のには藤経光などの日本人が見え、『明月記《めいげつき》』にも松浦党《まつらとう》が高麗を襲ったとか、宗氏《そうし》の重臣・早田左衛門太郎《はやたさえもんたろう》が倭寇の首魁とかいわれる。しかし世宗《セジョン》二十八年（一四四六）李順蒙《りじゅんもう》は「倭人は一、二に過ぎず、本国の民が仮に倭服を着て党をなして乱をなす」と上書している。国内の水尺《すいしゃく》・才人《さいじん》といわれる卑賤《ひせん》視された職業についていた被差別民が、倭人のふり（装倭《そうわ》）をして怯《おび》えさせていたのでもある。また後期のも、『明史《みんし》』に「二千余の徒を糾集《きゅうしゅう》し、そのうち二百余人が髪を剃って、倭人を装った」とか「禦倭五事疏《ぎょわごじそ》」に「海賊と称する者も多くは中国の奸民《かんみん》で、夷人《いじん》は十分の一、流人《るにん》が十分の二、寧波《ニンポウ》・紹興が十分の五」とある。実体は、だいぶ異なるようだ。

## 60 戦国時代の戦いは、戦闘員同士の争いだけで終わっていたのか

現代の戦争は、当事国《とうじこく》のすべての国民を巻き込む。おたがいに、相手国の国民をだれかれなく殺してしまうことを容認する。第二次世界大戦以降の航空機を使った爆撃でも、議会などでは軍事施設に限って爆撃すると答弁したが、じっさいは地上にどう落ちるか確認できやしなかった。もしも的中精度を高めるために低空を飛べば、高射砲や迎撃ミサイルの餌食《えじき》となってしまう。だからかりに目標を軍事施設・軍需工場と定めたとしても、現実にはそんな配慮ができようがない。そこらじゅうにばらまき、その一帯を爆撃するのである。では地上戦ならば戦闘員だけと戦えているかとなれば、これもそうでない。一九六〇年代のアメリカ合衆国のベトナム戦争では、南ベトナム解放民族戦線（ベトコン）の兵士と一般人とが識別《しきべつ》できないとして、ソンミ村ミライ集落の五〇四人をベトコンとみなして皆殺《みなごろ》しにした。こうした非情な結果の反省と兵員の倫理観から、攻撃対象は軍事施設・戦闘員に限るべきだといまも力説されている。そして、かつての戦争の死傷者・被害者は兵士だけだったか、そうあるべきだったかのようにいわれている。だがそれは思い込みであり、戦争の実相《じっそう》でない。

戦国大名だけでなく、企業などの組織でもそうだが、部下を育てるのには時間がかかる。生命を懸けての戦争が続く日々であれば、なおのこと忠誠心の高い部下を持つことが必要だが、その育成は難しい。欲にかられてよい条件のもとに走るのが人間のつねで、だからこそ恩賞をちらつかせての切り崩しがしきりに行なわれる。それによる裏切りを恐れて疑心暗鬼になると、つまらない讒言《ざんげん》を信じて

せっかく育てた部下を間違って殺すこともある。そういうなかで長い歳月《さいげつ》をともに戦い、命懸《いのちが》けで自分を支えてくれる部下・兵士なら、一人たりとも死なせたくないものだ。明治三十七年（一九〇四）日露《にちろ》戦争の旅順《りよじゅん》攻撃で、乃木希典《のぎまれすけ》大将は死者六万人を出しながらロシア軍の要塞《ようさい》を陥落させた。しかし、失った部下の生命は再生できない。それでもあえて突撃させているのは、一から育てた兵士でなく、再生がかんたんな応召《おうしょう》の兵士だったからだ。召集令状一枚でいくらでも再生できる徴兵令《ちょうへいれい》下の兵士だから、惜しまなかった。こんなことは戦国時代ならば考えがたい暴挙で、戦国大名が部下をこれだけ大量に失ったら、仮にその戦争で勝てても、次の合戦には戦わずして敗れる。

だから自分の部下の死傷はなるべく避ける。できれば、接触しないで済む水攻《みずぜ》めなどがいい。どうしても干戈《かんか》を交えるのなら、まずは学生運動のデモのように、石を投げる。ついで矢を射《い》かけ、相手を怯《ひる》ませて退却させる。どうしても衝突するのなら、騎馬隊を走らせて相手の隊列を乱させ、槍先を揃《そろ》えた兵士が突きかかる。刀を振り回しあう白兵戦《はくへいせん》での斬《き》り合《あ》いはドラマのなかでのことで、死傷率の高いことはできるかぎり避ける。だから陣《じん》取《と》り合戦に終始する。不利だと相手がわかれば逃げてくれるし、自分が不利ならば退却する。必死に抗戦《こうせん》させないように逃げ場・逃げ道を開いておくのは、その方が自分たちの被害が少なくていいからだ。自分に命を捧《ささ》げてくれる兵士は、かけがえがない。一人でも失われないよう、たいせつに守る。これが戦国時代の、いや前近代の戦争観・兵士観である。

では戦闘員でない人たちも、「わが民《たみ》くさ」としてかばってもらえたのか。

盛本《もりもと》昌広氏著『戦国合戦の舞台裏』（洋泉社）によると、こうだ。麦秋《ばくしゅう》になると武田信玄《しんげん》が北条氏の勢力圏に入ってきたり、北条氏直《うじなお》も出張《でば》って麦を打散らしている。自軍が使用するためかまたは相手に収穫させないために、境界近くの村では刈《か》り取《と》り合《あ》いが行われた。また小和田哲男《おわだてつお》氏著『戦国の群像』（学研新書）によれば、勝った側の兵士は乱取《らんど》りと称し、戦場またはその近傍《きんぼう》の民家に押し入り、掠奪《りゃくだつ》・強姦《ごうかん》・殺戮《さつりく》などを好きなように行なった。村民を意のままに捕獲し、自分の村に連れ帰って使ったり、奴隷業者に売り渡した。越後《えちご》の上杉氏も関東地方の村を襲い、そこで得た人を売買する市場が立てられていた。部将《ぶしょう》は恩賞を貰えるが、雑兵《ぞうひょう》たちは乱取りこそが戦場にきた理由で、大きな収益源だった。大名も戦局によって乱取りを認可した。そうしなければ兵士が集まらず、不満が爆発してしまうのだ。しかし立場を変えれば、自分の領主が弱くなれば、自分たちが侵略軍にやられる。武田勝頼《かつより》が織田《おだ》・徳川《とくがわ》連合軍に攻め立てられて領土を縮小させられれば、その度《たび》ごとに地元ではすさまじい掠奪・殺戮があって、一家がとつぜん離散して奴隷にまでされたはず。豊臣《とよとみ》秀吉の小田原征伐や文禄《ぶんろく》・慶長《けいちょう》の役《えき》では、捕虜《ほりょ》または乱取りでえた民を買い漁《あさ》る奴隷船がつねに随行《ずいこう》していた、という。

こうした掠奪を防ぐため、村でも工夫した。戦国大名が鬩《せめ》ぎ合う境目《さかいめ》にある村々は、敵方からきびしい報復をうけないよう、年貢などを双方に半分づつ納めて身の安全を図った。これを半手《はんて》という。あるいは戦いが近いと聞いたら、敵側の部将から兵士の掠奪・暴行を禁ずる制札《せいさつ》を入手しておく。禁制札は一枚七万円ていどだが、和泉《いずみ》国日根荘《ひねのしょう》四か村が根来寺《ねごろじ》に払ったのは入手するまでの賄料《まいないりょう》をふくめて一五〇万円強だったという。それでも蹂躙《じゅうりん》されるよりましなのだ。境界近くとなった村は大名の盛衰をよく見きわめる必要があり、判断を誤れば一日で荒野《こうや》となる。また非常事態に対応するため、民衆は自衛もしておかねばならず、戦争のときに部外者・傍観者でいられる者など一人もいなかった。戦いに明《あ》け暮《く》れた時代は、上から下までおちおち寝てられない日々を過ごしていたのである。

## 61 敵地に侵入しようとするとき、戦国大名はどうやって道を知ったのか

百聞《ひゃくぶん》は一見に如《し》かずで、筆者も歴史的建造物や遺跡・遺構などを見によく旅行した。しかし古代史関係の見学地の多くは、駅や停車場の近くにない。自動車運転はしないから、ひたすら歩く。二万五千分の一の地図はあるが、そもそも見学対象の遺跡が記されておらず、現在地すら明瞭でない。そのなかで、辿《たど》り着くまでどれほど苦労したか。それでもいまは手に地図があり、交叉点《こうさてん》や電信柱には地名が記されている。個人宅の表札には地番まであり、かなり手がかりがある。しかしもっと昔に、四方が同じような風景のなかで、どっちの道を取ったらよいか、どうやって判断したのだろう。

古代の人頭税である調庸《ちょうよう》を背負《せお》った運脚夫《うんきゃくふ》たちは、往路《おうろ》は部領使《ぶりょうし》に引率されているが、復路《ふくろ》は各自で帰るらしい。平城京《へいじょうきょう》から古里《ふるさと》までの帰路《きろ》、どうやって家まで辿り着くのか。いちおうは商人や村々の祝《はふり》などの宗教者などになにがしかの対価《たいか》を払い、彼らに導かれて帰郷《ききょう》したものと推測はした(拙稿「奈良時代前後の行旅者について」「万葉古代学研究所年報」九号)。だが、まだ不可解《ふかかい》でならない。

戦国大名も、敵地に踏み込もうというときに、その地理が分からないのでは不安であろう。この道は行き止まりか。すぐ先は、崖《がけ》や湿地帯・先ぼそりでないか。それが分からなければ、追撃も後退も決断できない。多くの兵士を従え、左右どちらの道を取ったら目的地に行けるのかを指示できなかったら、統率者失格である。しかし地図は売られても作られてもおらず、現地には便利な道標《みちしるべ》もない。

斎藤慎一氏著『中世を道から読む』(講談社現代新書)によれば、道を知っていて案内ができる者は

その知識が財産であったろう、という。

永禄《えいろく》十二年（一五六九）、駿河《するが》侵攻から戻った武田信玄《しんげん》は、関東北部から後北条《ごほうじょう》氏の小田原攻めを計画していた。後北条氏とかねて対峙《たいじ》している里見《さとみ》義弘《よしひろ》と事前の打ち合わせのため、使者・玄東斎《げんとうさい》を甲斐《かい》からはるかに離れた安房《あわ》に送ることにした。そこで常陸《ひたち》・佐竹氏の部将・梶原政景《かじわらまさかげ》に「路次《ろし》の指南《なん》」を依頼している。この指南の内容は、道案内と道程の安全保証を兼ねたものであろう。安房ほど未知でなくとも、案内人は必要だった。永禄三年、武田信玄が上野《こうづけ》西部に勢力を伸ばしてきたため、上杉謙信《けんしん》はかねて関東の拠点と決めていた沼田《ぬまた》・厩橋《うまやばし》・佐野のうち、佐野の維持が難しくなってきていた。そこで沼田から片品《かたしな》川に沿って東進し、根利《ねり》川を辿《たど》って北上。根利から小黒《おぐろ》川・渡良瀬《わたらせ》川を通って、五覧田《ごらんだ》・桐生《きりゅう》・金山《かなやま》を経由して佐野に向かう赤城《あかぎ》東北麓ルートを発見した。そして永禄十年、ここに軍用道路を建設する。このルートを通って今川氏真《うじざね》や北条氏康《うじやす》が上杉謙信との連携交渉をしたのだが、そのさい氏真の使僧・富士《ふじ》東泉院《とうせんいん》を派遣するために、氏康は小田原から金山までは部下の市川半右衛門《はんえもん》を付け、そこから沼田までは現地の豪族・由良国繁《ゆらくにしげ》に「路次中」のことを頼んでいる。

道筋を知っていればいいわけではない。河川の水量は、いまはダムがあって調節してしまうので急変しないが、昔は梅雨時《つゆどき》はもちろん雪解《ゆきど》けや台風で大きく変化した。道や渡《わた》し場《ば》を知っていても、増水時には渡れない。上流の浅瀬を渡河《とか》するのだが、時期に応じた知識がないと、まさに立ち往生《おうじょう》する。永禄六年九月に、北条綱成《つななり》は会津・蘆名《あしな》氏に七月下旬の洪水で「路次断絶」だったが、十月になれば浅瀬ができる、と弁明している。『松陰私語《しょういんしご》』によれば、利根川水系の渡河の方法についての知識は特殊技能とされていたらしい。戦国時代には、こうした知識の上で駆け引きをしていたのだ。

## 62 今川義元や武田信玄は、織田信長を打ち破って上洛するところだったのか

永禄《えいろく》三年（一五六〇）五月、駿河《するが》・遠江《とおとうみ》・三河《みかわ》を支配する戦国の雄《ゆう》・今川義元《よしもと》が、尾張《おわり》・織田信長《おだのぶなが》の領土に侵入をはじめた。今川方は二万七〇〇〇人の大軍で、迎え撃つ織田軍はわずか一八〇〇人。義元は甲斐《かい》・武田氏や相模《さがみ》・武蔵《むさし》の北条氏との戦いに明《あ》け暮《く》れていたが、義元の娘と武田信玄《しんげん》の長子・義信、信玄の娘と北条氏康《うじやす》の嫡子《ちゃくし》・氏政《うじまさ》、氏康の娘と義元の子・氏真《うじざね》が結婚し、天文《てんぶん》二十三年（一五五四）一挙に三者間の婚姻関係が成立した。これで相互不可侵が確約されたわけで、今川氏からすれば東と北からの脅威がなくなった。かねての夢は上洛《じょうらく》（京都に上ること）であり、将軍を補佐《ほさ》して天下に号令《ごうれい》することだ。その第一歩である尾張攻撃は、上洛への緒戦《しょせん》にすぎない。ところがこの戦いで、信長によるまさかの奇襲攻撃に遭《あ》い、義元はあえなく討ち取られてしまった。

ついで武田信玄。北辺を襲う上杉謙信《けんしん》との戦いに手間《てま》取っていたが、永禄十年に信玄は子・義信を自殺させ、今川氏真との同盟を破棄《はき》。翌年には駿河の府中《ふちゅう》に侵攻し、永禄十二年には今川氏を滅ぼした。そして元亀《げんき》二年（一五七一）には東三河に進出した。そこに足利《あしかが》将軍・義昭《よしあき》から上洛を促《うなが》す書簡が舞い込んだ。そこで北条氏と和睦《わぼく》し、常陸《ひたち》の佐竹氏とも連携。元亀三年十月、年来の上洛の夢を果たすべく京に向け旅立った。麾下《きか》の二万五〇〇〇余と北条氏援兵二〇〇〇を率い、義昭の提唱に従い越前《えちぜん》・朝倉義景《あさくらよしかげ》と近江《おうみ》・浅井長政《あざいながまさ》そして石山本願寺《いしやまほんがんじ》勢力と連携し、織田信長を包囲・殲滅《せんめつ》して将軍家に伺候《しこう》する予定だった。二俣《ふたまた》城を攻略してから東三河に出るために遠江・三方《みかた》ケ原を通る途次《とじ》、迎撃

する織田・徳川《とくがわ》連合軍一万一〇〇〇を撃破。徳川方は死者一〇〇〇余人を出した。武田本隊はさらに野田城攻略にかかったが、信玄の労咳《ろうがい》が悪化し、帰軍中に病没した。すでに病勢を自覚していたのなら、最後の上洛のチャンスと思っていたろうに、望みはあと一歩で阻《はば》まれた。戦国の二人の英雄の夢は、信長の前にはかなく散った。そのように子どものころの筆者たちは読み聞かせられてきた。だが藤本正行《まさゆき》氏著『桶狭間《おけはざま》・信長の「奇襲神話」は嘘だった』（洋泉社新書）や鈴木真哉《まさや》氏著『戦国時代の大誤解』（ＰＨＰ新書）によれば、それはただの思い込みで、講談のたぐいだったらしい。

　桶狭間の戦いで、追い詰められた信長は一か八かの少数による奇襲戦法で今川義元の首だけを狙ったと考えられてきたが、それは間違い。前夜からの戦闘で疲れ果てている今川軍の出鼻《でばな》を新手《あらて》の織田兵で叩《たた》いて、戦闘意欲を殺《そ》ぐというていどの作戦にすぎない。それが今川の本営に遭遇したわけで、勘違《かんちが》いが大手《おおて》柄《がら》となってしまった。また義元本人ももともと上洛を志《こころざ》していたわけではなく、この機会に国境西辺のいざこざを好転させておこうとしたにすぎない。一気に上洛するつもりなら京都までの途次の戦国大名たちとの事前打ち合わせが欠かせないが、そうしたやりとりの形跡がない。吉川広家《きっかわひろいえ》は父・元春《もとはる》から「日頼《にちらい》様（毛利《もうり》元就《もとなり》）が『天下を望んではならぬ』と繰り返し遺誡《いかい》していた」と聞かされたという（二木《ふたき》謙一《けんいち》氏著『関ヶ原合戦』、中公新書）。

　私たちは、道中双六《どうちゅうすごろく》のように、戦国大名はどの人も京都に上るべくゴールインを競っていると思い込んでいる。かりに戦いに勝って通り抜けたとしても、残党を掃討しておかなければ、補給路《ほきゅうろ》を断《た》たれる恐れがあり、帰路にも襲われる。補給路を確保できずに大軍を上京させてしまえば、京中では掠《りゃく》奪戦《だっせん》になりかねない。いやそれより、彼らの関心事は膝下《しっか》の領国経営でしかなかったんじゃないの。

# 63 長篠の戦いで、武田の騎馬隊は無鉄砲だったから鉄砲の餌食になったのか

長篠《ながしの》の合戦は戦国時代の転換点をなした事件で、天正《てんしょう》三年（一五七五）、織田《おだ》信長《のぶなが》・徳川《とくがわ》家康《いえやす》連合軍と武田勝頼《かつより》軍が、三河の設楽原《しだらがはら》（有海原《あるみがはら》とも）で戦われた。勝頼は遠江《とおとうみ》の高天神《たかてんじん》城を陥落《かんらく》させ、三河《みかわ》の長篠城を攻略にかかった。長篠城主・奥平《おくだいら》貞昌《さだまさ》はかつて武田に属していたが、家康に籠絡《ろうらく》されてその姻戚《いんせき》となった。武田家の面子《めんつ》にかけて、どうしても討ち果たさなければならぬ相手だった。この貞昌の救援に駆けつけたのが、信長・家康連合軍である。勝頼は城攻めの兵を残して、来援の連合軍と対峙《たいじ》した。このとき連合軍側は戦場の連吾川《れんごがわ》ぞい二キロメートルにわたって切れ切れに馬防柵《ばぼうさく》を設《もう》け、三〇〇〇挺の鉄砲を配備。一〇〇〇挺づつの三段に仕立て、弾丸込《たまご》めをしている間に待機していた二段がつぎつぎに撃ち、間断《かんだん》なくしかも一斉に連射する方法を編み出した。この人間を組織しての一斉しかも連射によって、勇猛果敢に突進してくる武田氏が誇る騎馬隊に壊滅的な打撃を与えた。

それまで単発のために護身用でしかなかった鉄砲を、勝敗を決定する武器の主役へと一躍《いちやく》押し上げる画期的な革命的な利用法であった。これにより、信玄が築き上げた甲斐《かい》・信濃《しなの》・駿河《するが》・遠江に広がった武田家は瓦解し、七年後に滅亡した。これが、長篠の合戦のあらましとその意義といわれてきた。

だが藤本正行氏著『長篠の戦い　信長の勝因・勝頼の敗因』（洋泉社新書）によれば、この話はおよそ成り立たない虚像だったようである。

まず鉄砲の使い方として、三交替で一斉に連射するのは無理だそうだ。発射してから次の弾丸を装《そう》

填《てん》するまでには、ガス圧の逆流で火縄《ひなわ》が飛び散ったり、火縄の燃えかすが溜《た》まったり、黒色火薬《こくしょくかやく》の残滓《ざんさい》のタールが銃身内部を狭《せば》めたりもしている。つまり火縄銃《ひなわじゅう》では射撃手の熟達度や銃の善《よ》し悪《あ》しで装填までに時間差が生じ、揃って次々撃ち込める保証がない。二発目からは、不揃《ふぞろい》で間歇《かんけつ》的な攻撃になりかねない。また二キロメートルに一〇〇〇挺では二メートルに一挺となるが、それが次々撃てば濃い煙が立ちこめて視界不良となる。技術的な問題を別にしても、二キロメートル幅で一斉射撃をするなら、武田勢が一線に並んで近づかなければ意味がない。そうでないと、有効射程距離が一〇〇メートルの鉄砲だから、真《ま》ん中《なか》は有効でも、両端は目標物から一キロメートルも離れている。無駄弾丸《むだだま》である。いやもとの『信長公記《しんちょうこうき》』（建勲神社本《たけいさお》・池田本）では太田牛一《おおたぎゅういち》が自筆で千挺としていたのに、後人がほかの書を見て書き直してしまったらしい。こうしてみると、数も撃《う》ち方も、何も確かでない。

それにしても、どうして武田騎馬隊は、馬防柵めがけて突進したのか。いやその前に、武田軍に勇猛果敢な騎馬隊なんてあったのか。これもそんな特殊部隊はなかったし、あるといえばどの家にもあるていどのものだ。戦闘は基本的に馬上《ばじょう》でなく、下《お》りて戦うものだった。馬は格上《かくうえ》の者たちの移動手段とか、荷駄《にだ》の搬送《はんそう》手段とかだった。では武田軍が突進した理由だが、それは織田軍が窪地《くぼち》にいて見えなかったので、少数に見えた。援軍が増強されないうちに力尽《ちからづ》くで追い払おうとして攻め立てた。あるいは、徳川軍四〇〇〇人の別働隊が迂回《うかい》し、長篠城を攻囲している武田軍を襲った。勝頼は封じ込められ、挟撃《きょうげき》される危機に陥《おちい》った。そのために、よい選択とはいえないが、がむしゃらな正面攻撃を仕掛けることになったのかもしれない、という。そのいずれにせよ、負けた者は愚かで、負けるべくして負ける。私たちは、そうした勝者の眼から敗者を見ることに馴《な》れすぎているようである。

## 64 筒井順慶はほんとうに日和見だったのか

筒井順《つついじゅん》慶《けい》といえば、洞ヶ峠《ほらがとうげ》での日和見《ひよりみ》の話を思い浮かべる。日和見とは、雲や風などの様子を窺ってこの先の天気を占う行為である。だがここでのことは、そんな悠長《ゆうちょう》な話でない。天正《てんしょう》十年（一五八二）六月に本能寺《ほんのうじ》の変があり、明智光秀《あけちみつひで》が主君・織田信長《おだのぶなが》を京都本能寺で、嫡子《ちゃくし》・信忠《のぶただ》も二条御所で殺害した。強奪した政権の維持のため、光秀は急遽《きゅうきょ》自分の仲間を糾合《きゅうごう》しはじめた。

そのとき、光秀が期待をかけていたのが、大和郡山《やまとこおりやま》山城主・筒井順慶だった。しかし順慶は、光秀のつよい誘いにも拘《かか》わらず参陣せず、弔《とむら》い合戦を仕掛《しか》けて光秀に迫ってきた羽柴秀吉《はしばひでよし》側にも赴《おもむ》かない。出陣してきたものの、山城《やましろ》・摂津《せっつ》の境にある洞ヶ峠に軍に止めたまま、戦況を傍観する構えだった。もちろん勝ちそうだと分かった時点で旗幟《きし》を明らかにし、その陣に投ずるつもりだ。どちらかを選び支持するという自分の信念を持たず、形勢を見て有利になった方に付いて身の安全を図ろうとずる賢く振る舞うことを日和見主義という。まさにその好例とされ、「洞ヶ峠を決め込む」という例えにされて、五〇〇年経とうとしているいまも恥を曝《さら》している。ところがこの話、じつは事実でない。

順慶は、もともと京都まできていない。洞ヶ峠に陣取っていたのは光秀である。ここなら大坂側から押し寄せる秀吉軍の規模も、京都側の自軍の応援部隊の数も、一望できる。光秀が参陣に消極的な順慶に圧力を加えるために布陣《ふじん》したともいうが、それは順慶が光秀の麾下《きか》に一度入っていたという虚説を前提にしたものだ。しかしもともと順慶は大和国内の安定を第一に考え、郡山城からまったく動いていない。だから光秀が洞ヶ峠に布陣してみても、大和にいる順慶には何の意味もない。

とはいえ、織田信長暗殺後の光秀の新政権構想では、順慶や細川幽斎《ゆうさい》などに期待がかかっていた。それはなぜだったかといえば、じつは彼らがかつて光秀のお世話になっていたからだ。

大和国内の支配権は興福寺《こうふくじ》衆徒《しゅと》の越智《おち》・古市《ふるいち》・十市《とおち》らが分け合ってきたが、ときとともに筒井順《じゅん》昭《しょう》が優勢になり、大和守護代《しゅごだい》として一国支配を実現しそうになっていた。しかし順昭は没し、永禄《えいろく》二年（一五五九）信貴山《しぎさん》城に拠点を構えた松永久秀《まつながひさひで》の大和侵入で、幼い順慶は筒井城を落とされ、奈良盆地南辺や和泉堺《いずみさかい》にまで逐《お》われた。成人後に三好三人衆《みよしさんにんしゅう》と提携して、奈良北郊に多聞《たもん》城を築いていた久秀と戦闘を繰り返した。有利に戦いを進めていたのだが、久秀が上洛《じょうらく》してきた織田信長に降《くだ》り、部下として大和国守護となったため、信長を敵に回すことになった。これで形勢は、一転して不利になった。ところが元亀《げんき》二年（一五七一）久秀は足利義昭の提唱した反信長包囲網に加わり、信長と久秀とは反目《はんもく》した。このとき順慶は信長に取り入ろうと、前線にいた光秀に信長への取りなしをしてもらったのである。この縁から親しくなり、光秀の子を養子に迎えて姻戚《いんせき》になった、ともいわれている。織田軍団という大きな後ろ楯《だて》を得て、順慶は辰市《たついち》の戦いで久秀に勝ち、多聞城も陥落させ、ついで信貴山城に追い詰めて久秀を討ち取った。大和守護の地位を与えられ、悲願の大和統一を果たした。そこまで達成できた背景には光秀の助けがあった。それを思えば、光秀の傘下《さんか》に加わるべきでもある。

ただ因縁《いんねん》からすればそうだが、本能寺の変を起こす相談にあらかじめ加わっていたわけでもない。光秀から一方的に声を掛けられた者も、どちらにしようか迷った者も、信長の家臣には多数いたことだろう。順慶の去就《きょしゅう》だけを「日和見」として揶揄《やゆ》・非難するのは、かわいそうだろう。

## 65 羽柴秀吉は、「信長が死んだ」とどうして信じたのか

天正《てんしょう》十年（一五八二）六月二日の朝、京都・本能寺《ほんのうじ》に滞在中の織田信長《おだのぶなが》は、部下・明智光秀《あけちみつひで》の軍に包囲され、討ち取られてしまった。本能寺の変である。信長は近畿・東海・中部・中国東部などを支配下に入れ、国内統一・天下布武《てんかふぶ》もはや時間の問題としていた。それが部下のとうとつな謀反《むほん》によって、挫折させられたのである。

このとき部下の羽柴《はしば》（豊臣）秀吉は、中国地方のなかほどの備中《びっちゅう》に出陣して、高松城を囲んでいた。清水宗治《しみずむねはる》の立《た》て籠《こ》もる城の周囲に堤《つつみ》を築き、水攻《みずぜ》めにしたのである。城内の食糧《しょくりょう》の尽きるのを待ち、降伏させるか、たまらずに撃って出たところを討ち取ろうという作戦である。しかし毛利輝元《もうりてるもと》などが救援軍として近づいてきたことから、秀吉は信長に援助を求めた。信長じきじきの出馬・出陣による戦闘指揮を求めたのは、自分一人で功績を立てれば、信長の嫉妬《しっと》をうける危険性があったから。信長は猜疑心《さいぎしん》のつよい性格なので、彼に花を持たせるのが賢明と考えたのだ。秀吉の要請に応《こた》え、信長が陣頭指揮をとるために小人数で京都に出てきたところを、光秀に討たれたのであった。

さて秀吉は、本能寺の変で信長が死んでしまったという事実をどうやって知ったのだろう。

光秀は、信長・信忠《のぶただ》父子の殺害に成功したあと、もちろん新政権の確立・安定に向けた工作をはじめる。まずは織田家の重臣たちの報復をすぐに受けないよう、彼らがいま対峙《たいじ》している相手つまり信長と敵対していた者に書簡を送り、提携を申し入れる。これにより、重臣たちは直面している敵から

離れられず、また明智軍との挟《はさ》み撃《う》ちになる危険性も生ずる。すくなくとも、光秀は重臣たちがいないなかで、信長の政権地盤をやすやすと接収《せっしゅう》して引き継ぐ。そういう積もりだった。柴田《しばた》勝家《かついえ》と対峙している上杉家の家臣に書簡を送っているのは、そうした策の一つである。

秀吉と対峙している毛利方の陣営にも、とうぜん使者を送った。しかしその使者が、秀吉の陣中を通過するさいに誰何《すいか》されて捕縛《ほばく》され、提携を求める光秀の密書が読まれてしまった、というのだ。筆者は、子どものころそう教えられた。この情報を隠し、四日に秀吉は清水宗治の自刃《じじん》だけを条件に毛利方と講和し、囲みを解《と》いた。六日に高松を引き払い、悪天候のなか八日に姫路まで軍を返した。ついで十三日、仲間の糾合《きゅうごう》もほとんどできていない光秀軍を京都・山崎で破った（山崎の合戦）。

秀吉は運のいい人だとも感じるが、ここには現代人の陥《おちい》りがちな思い込みがある。

それは、私たちが「本能寺の変で、織田信長は死んだ」と知っているつまりすでに確信できていることである。それは、そう教えられ、またどこにも書いてあることだから、そこには何の疑念もない。かつてのジョン・F・ケネディ（アメリカ大統領）やサダム・フセイン（イラン大統領）の死亡はすぐに公表され、その日のうちに世界中の人がその死を間違いのないことと確信した。自分でもう一度確認しなくても、「ガセネタで、じつは生きていた」ということはない。

しかし、秀吉の生きた時代には、確信できる報道元など存在しない。かりに毛利陣営に赴くはずだったと白状した密使が隠し持っていた書簡にそう書いてあったとしても、「書かれている内容は本当のことなのか。秀吉を退却させようとする、相手方の謀略ではないか」とまずは疑う。自分たちも相手方の町なかに変装させた部下を忍び込ませ、偽情報《にせじょうほう》を噂として流す。こうしたことは、おたがいよくやっている。日ごろ他人にしているなら、自分たちが引っかけられているのではと疑うはずだ。

小瀬甫庵《おぜほあん》の『太閤記《たいこうき》』では、三日には長谷川宗仁《はせがわそうじん》（堺の茶人）から秀吉に「急ぎ御上着有《ごじょうちゃくあり》て、日向守《ひゅうがのかみ》（光秀）を討ち平《たいら》げられ然《しか》るべし」と報せてきたとある。それでも宗仁はどこで見聞きし、信長の遺体を確認したのか。晒《さら》された信長の首や死骸を実見したのか。そんなことは光秀だってできていないのだから、宗仁も確認できたはずがない。確認できていないのなら、逃《に》げ延《の》びたとの噂もあったはずだ。彼の書簡が謀略の引き写しや噂話の受け売りだったらどうなる。命運を懸けてよいほど確実な話なのか。大した事件じゃなかったとか大謀略の可能性もあるなかで、宗仁は秀吉にとってその将来を懸けてよいほど信頼できる人物なのか。ゴメンじゃすまない。もう一度、いやもう二度三度、たしかめなくてよいのか。他の人からの情報と引き比べてみなくてよいのか。はるか離れた陣中にいる秀吉には「とはいえ、信長が死んだことだけは確実」とさえ思えなかったろう。二・二六事件のときの岡田啓介《おかだけいすけ》首相のように、容貌が識別《しきべつ》できずに似ている人が討たれたのかもしれない。ひそかに隠れているだけかも。あるいは光秀は君側《くんそく》の奸《かん》を討つというつもりであって、そもそも信長を殺す気などないかもしれない。変事があったことは人々にわかるだろうが、記者会見があるわけではない。なかでおきていることは説明されないから、取りまいている人たちにもまだ本当のことはわかりようがない。そんな不確定な情報に命を懸けられるか。もしも信長が健在だったなら、安易な謀略に載せられて勝手に和睦したと、責められる。軽はずみな行動で、せっかくの勝機を失った大馬鹿者として、切腹も免れない。長宗我部《ちょうそかべ》軍が動いたとかならともかく、信長が光秀に討ち取られるなどというありそうもなくあってはならない話を、「そうであろうとも」といってやすやすと信ずるはずがない。

つまり信長がほんとうに死んだと繰り返し確認しないかぎり、陣を解けない。公式報道も全国ニュースもないのだから、自分で情報を確かめる必要がある。その手間《てま》と時間がどれほどかは人によろうが、毛利でも上杉でもほぼ間違いない事実と確信するのに数週間かかっている。そのなかで秀吉は、どうして二日の朝に起きた事件を、三日または四日には間違いないと確信しえたのだろうか。

ここから秀吉の謀略説・黒幕《くろまく》説に導こう、とは思わない。ただ、現代人にとってまた後世の人にとって共有される周知の事実でも、そのときを生きている人には確認に相応の時間がかかる。起きた事実とそれを認知する間の時間差を念頭において、歴史を見なければいけない。そして秀吉など諸大名の情報網のそれぞれの作り方やあり方についても、詳細に検討していく必要があると思う。

## 66 天下統一にあたり、秀吉はどのように宮廷を利用したか

豊臣《とよとみ》秀吉は、戦争が嫌いでなかったか。武将だから戦争好きというのこそ、思い込みにすぎまい。山室恭子《やまむろきょうこ》氏著『黄金太閤』（中公新書）は、大のパフォーマンス好きだった秀吉の姿を見事に描き出している。

天正《てんしょう》十年（一五八二）六月、山崎の合戦で明智《あけち》光秀《みつひで》を討ち、主君・織田《おだ》信長《のぶなが》の弔《とむら》い合戦を遂《と》げたものの、織田家の後継候補者は複数いるし、秀吉より上位の重臣たちもたくさんいる。そういうなかで、このさい信長の後継者となってしまおうという企《くわだ》ては、かなり大胆《だいたん》な発想である。しかもその過程でできればなるべく戦争をせず、もしするとしてもあたうかぎり小規模ですむようにする。そのために彼がしていたのは、無言の圧力をかけることだった。だれの眼にも後継者として立候補したことが分かるように振る舞い、その力を見せつける。もちろんそれに強く反発する者もでるだろうが、どのみちそうした勢力とは戦わざるをえない。しかし圧伏《あっぷく》させられるものなら、できるかぎり相手の闘争心を萎《な》えさせておきたい。信長の喪主《もしゅ》つまり織田家の跡取《あとと》りを幼少の三法師《さんぼうし》（秀信《ひでのぶ》）と決め、そのお守《も》り役として振る舞う。それを見れば、信長の後継者は自分だと立候補していることが誰にもわかる。その準備のために葬儀を四ヶ月も遅延させ、山崎・八幡《はちまん》に堅固《けんご》な城を築かせた。そして京都・大徳寺での葬儀にさいしては、その当日、葬儀場まで一五〇〇間《けん》の道の左右に三万人の兵士を配し、弓・槍・鉄砲などを持たせておいた。狙いは、反秀吉勢力への軍事力の誇示《こじ》であり威嚇《いかく》であった。

また天正十三年三月に紀州《きしゅう》攻めをするが、その行軍《こうぐん》にさいしては、一〇万の大軍、二万五〇〇〇の鍍金《メッキ》の槍、二〇〇〇の長刀《なぎなた》、七〇〇〇の火《ひ》縄銃《なわじゅうしゅ》手などを見せびらかし、部将《ぶしょう》たちにはことさらにきらびやかな衣裳《いしょう》を着けさせて練り歩かせた。同年八月には、すでに無条件で降伏すると人づてに意思表示していた佐々《さっさ》成政《なりまさ》との和睦をことさらに受《う》け容《い》れず、これまたきらびやかな大軍を仕立てて進軍した。そして無血開城を繰り返し、「太刀《たち》も刀も入らざる躰《てい》に候《そうろう》」という大勝を喧伝《けんでん》した。つまり、これらは人々に自分の強さを印象づけたいがための、猿芝居である。

そして天正十六年四月、後陽成《ごようぜい》天皇を自邸の聚楽第《じゅらくてい》に招いた。このとき、楽人たちが演奏するなか、天皇の鳳輦《ほうれん》を中心とした公家・武将たちの極彩色のパレードが催され、牛の角《つの》にまで金箔が貼られていたという。さらに翌年の聚楽第では、皇族から武将たちまで三〇〇人に金五〇〇〇枚・銀三〇〇〇〇枚を配《くば》り与えた、という。自分に勝《まさ》る富裕者はないという、これ見よがしの誇示である。

威嚇・武力・富裕。ことさらに圧倒的な格の違いを見せつけ、対手《たいしゅ》を圧伏する。戦わずに、相手を従わせる。間違いなくだれもが眼で確認できるように振る舞い、その雰囲気で怯《ひる》ませ、統治してしまう。それが、秀吉の会得《えとく》した大衆操作型で究極の省エネ型統治法だった。そういう話のようだ。

省エネ型統治法といえば、徳川《とくがわ》家康・北条氏直《うじなお》・伊達《だて》政宗《まさむね》らへの対応もそんな感じがする。

徳川家康を軍事力で倒すことは、できなくもなかったろう。しかしなにしろ時間がかかり、その過程で自分の部下も多く傷つく。そこで、天正十三年七月に関白《かんぱく》に就《つ》いた自分への挨拶を要求した。対《たい》峙《じ》している家康からすれば、相手が関白でも内大臣《ないだいじん》でも公家《くげ》官職など何ほどの意味もない。これは秀吉との空中戦である。秀吉の力が上でももはや勝てないと認めざるをえないとしても、主人とみなして名簿《みょうぶ》を捧げ、臣従《しんじゅう》する形はとりたくない。たしかに天正十二年の小牧長久手《こまきながくて》の戦いのあと、家康は子・於義丸《おぎまる》を人質として秀吉のもとに送り、和議を成り立たせた。そのことと本人が秀吉のところに赴くのでは次元が異なる。停戦の証《あかし》に子を人質として送っても、それは外交交渉のなかの条件を呑んだにすぎない。人質を送ったから臣従した、という意味にはならない。だが、このたびの家康への上京要請には仕掛《しか》けがありそうだ。行ってみたら主人に対する従者の待遇だったと気づいても、もう引き返せない。臣従するか戦い切るか、先立ってその覚悟を決めておかねばならない。これに対して秀吉は、天正十四年五月に妹・旭姫《あさひひめ》を離婚させた上で家康に嫁がせ、七月には老母・なか（大政所《おおまんどころ》）を人質として岡崎に送った。ここまでされれば、顔の立つほぼ対等な同盟関係の待遇である。かつて信長のなした外部の大名との関係は、いつもこうした同盟関係に留まり、主従関係には持って行けなかった。しかしやはり罠でもあった。秀吉は、ここから形ばかりになっていた宮廷の官職を大いに利用する。じっさいに京都に上《のぼ》って正三位権中納言《ごんちゅうなごん》になってしまえば、従一位関白となっている秀吉に上から物をいわれる。どう考えても秀吉の下僚《かりょう》と扱われており、部下にされてしまったのである。

秀吉は、主従関係の成立していない関東・東北の大名に対してでも、関白として命令を下している。関白の力などどれほどの意味もない時代だが、秀吉はこの形式に入魂《にゅうこん》し、同盟ではなく、はなから服従すべきものとして相手を処遇した。省エネ型の取り込み作戦である。後北条氏はそうした虚名での命令に従わなかったので、秀吉はやむをえず討滅した。しかしその姿をみた伊達は戦わずして秀吉の軍門に降《くだ》った。信長ならば、戦って臣従させたろう。そこを勅命や関白を鉄砲などに替わる新型兵器として利用したために、対北条戦だけつまり三分の一の労力で東日本を統一しえたのである。

## 67 前近代では米が重要な作物だったから、秀吉は石高制を採用したのか

江戸時代は石高《こくだか》制度が採用されていて、農民たちは本年貢《ほんねんぐ》として米を納入し、武士たちの給与は米で支払われていた。これを一概に正解とはしがたいが、米の生産額が経済の機軸をなしていたのは事実である。それにしても、豊臣《とよとみ》政権また江戸幕府は、どうして石高制なんかを採用したのだろうか。

その疑問の意味は、第一に戦国末期の各地とくに東海地方から関東地方にかけては、軒並《のきな》み貫高《かんだか》制を採っていたからである。貫高とは、銭××貫文（一貫は一〇〇〇文）でする生産量あるいは課税額の表記法である。現物の米の収穫量で表記するより、抽象概念をふくむ金銭で表記する方が、経済史的には進んでいる。つまり、すでに経済段階が進んでいるのに、わざわざ時代後《おく》れの方法に決めているように思えるからだ。

第二に、石高制には難点がある。このことはのちのことであるが、十八世紀前半の享保《きょうほう》の改革で問題となって、徳川吉宗《よしむね》が米将軍《こめしょうぐん》と渾名《あだな》されるきっかけにもなった。

もちろん米は基本食糧であり、年貢米は食糧の調達の原点である。とはいえ、武士がじっさいに食するのは、せいぜいその二〜三割ていど。あとの七〜八割は近くの市場で売却したり、御用商人に命じてどこかに運ばせて売り捌《さば》き、ともかく金銭に換える。その金銭で、武器・武具などの戦闘関係品や生活用品（諸色《しょしき》）を買い調《ととの》えるのである。ところが享保年間には、米の生産量がすでに多くなりすぎていた。新田開発が進んだこともあるが、戦争がない時代が長く続いて農業経営が安定し、さらに

さまざまな工夫もなされた。こうしたことで、米の供給量は需要を大きく上回った。そうなると、市場での米価は暴落する。年貢米を売ろうとして大坂・堂島《どうじま》の米市場に持ち込んでも、安く買いたたかれる。吉宗は、年貢米を地方に止《とど》めて売りどきを見計《みはか》らい、市場に一時に大量に流れ込まないようにして米価を操作しようとし、ついには操作を諦《あきら》めて公定価格を決めてしまった。しかしもともと年貢米の流入だけが市場暴落の理由ではなかった。農村部でも米の生産量や商品作物の生産量が増えたことで、農民たちは手元の備蓄米（納屋米《なやまい》）を売却した。これが集められて市場に流れ込んでいた。武士は給米がどれほど暴落しようと、換金しなければほかの品物が買えない。だから結局、安くても米を売る。それが米価安に拍車をかけた。一方で農民たちの手元には、米などを売った金銭が潤沢《じゅんたく》にもたらされた。そうなるとその金銭でさまざまな商品を買い込み、都市部でも商品の流通量が減りつつまり品薄《しなうす》になり、都市部への商品の流入量が減る。こうして諸色が高騰しはじめる。これが米価安・諸色高である。米を売って生活用品を買っている武士は、米は安くしか売れず、生活用品は高くなる。二重苦を負った武士は、どん底の生活にあえぐ。借金地獄のなかに転落していくのである。

こうした事態ではどのみちだれかが苦労するのだが、武士が米からの換金に伴うリスクを負ったのは石高制を採っていたせいである。「米を売って、その金銭で生活する」という形を武士がとらないで、農民に銭納を求めてさえいれば。もしも秀吉が貫高制を採用し、それが江戸幕府に継承されていれば、この苦しみは農民に転嫁《てんか》されていた。米が安くしか売れないために、納税すべき金銭が不足し、田畑を売って没落してしまう。それでも武士は苦しまず、幕府も崩壊しなかったかもしれない。

脇田修氏著『秀吉の経済感覚』（中公新書）では、東海地方・関東地方の戦国大名がすでに貫高制を採用し、貨幣経済の発達している畿内《きない》の方がむしろ石高制にしていた理由を、こう説明している。すなわち、一見逆転現象のようだが、領主の立場になればわかる。畿内の領主は生活に必要な現物を集め、あまればいくらでも市場で販売できた。これに対して遠隔地の領主は、金銭で納めさせた方が便利で、物資の調達・購入にも貨幣が必要だったからだ、と。

しかしこんな説明で、ほんとうにいいのだろうか。それならば、遠隔地の農民たちはどうやって金銭に換えていたのか。農民たちがどこでもいかようにも自在に金銭に換えられていたのなら、東海地方・関東地方の領主も、畿内と同じように石高制を採っておけばいいことになる。矛盾している。

黒田基樹《もとき》氏著『百姓から見た戦国大名』（ちくま新書）では、貫高制から石高制に換えることは、農民に対して恩恵を与えることだったとする。

関東地方の後北条氏の支配下の農村で、弘治三年（一五五七）から旱魃《かんばつ》による飢饉《ききん》がはじまり、永《えい》禄《ろく》元年（一五五八）には撰銭《えりぜに》現象が起きはじめた。撰銭とは、良質の銭貨だけを流通させ、悪貨の取り引きに応じないことである。しかしじっさいには悪貨が出回っていて、これしか手に入らない。悪貨を手にしている庶民は購買力を失い、飢えにさらに苦しむことになった。この事態に対し、北条氏政は徳政令《とくせいれい》を出し、永禄三年の年貢収納に限り、銭貨納《せんかのう》を半分とし、半分を現物納にすることを認めた。その後も飢饉は続いたので、特例を繰り返しながら、ついに石高制になってしまった、というのだ。領主が米を換金するさいのリスクを被《かぶ》ることは、その当時には、農村への徳政と考えられていたのである。そうなると享保の改革の狼狽《ろうばい》ぶりからして、秀吉・家康が石高制をあえて採用したのは、長期化した戦乱を終結させたことへの一時的な徳政のつもりだった。そうは、いえないだろうか。

## 68 家にある系図とその系譜感覚はただしいものとしてよいか

私の氏《うじ》の名（ただしくは苗字《みようじ》・名字）は松尾だが、母・八洲子《やすこ》の旧姓は三浦である。母は三浦半島に盤踞《ばんきよ》した名族・三浦氏の末裔と確信していた。根拠は「父親が『三浦同族会なんていうのがあるけど、自分のところが間違いなく血筋《ちすじ》を引いた直系だ』といっていたから」というものだった。その母（私の外祖母《がいそぼ》）は斎藤で、斎藤利三《としみつ》の子孫だが、利三は主君を討った明智光秀《あけちみつひで》の重臣だったので、肩身《かたみ》の狭い思いをしてきた、とかいっていた。また妻の実家は本多で、徳川四天王の一人・本多忠勝の子孫だといいきっている。母は平氏系なのに源氏系の笹竜胆《ささりんどう》を家紋《かもん》とするなど、かなりいい加減。しかし妻の実家は二葉葵《ふたばあおい》にちなむ本多立葵《たてあおい》を家紋にしていて、系譜乗っ取りの確信犯である。このように私の身の回りをふくめ、氏の系譜に関する話の大半は虚偽で、そう思い込んでいるにすぎない。

私たち庶民にも、太郎・花子など個人を識別《しきべつ》する名はもとからあった。しかし、名字《みようじ》帯刀《たいとう》は支配者である武士階級の特権で、その人口比はせいぜい一〇%である。残る九〇%の人たちは、氏の名・名字ともなかった。平民が名字を許されたのは、一四〇年ほど前の明治三年（一八七〇）九月からである。国民全員が名字（氏名・姓名）を付けるようになって、そのときからこうした系譜意識の捏造《ねつぞう》と錯覚《さつかく》がはじまったのである。

公認ではないが、江戸時代にも庶民の間は渾名《あだな》のようなおたがいを識別する呼び名があった。池尻《いけじり》にいる勘作《かんさく》なら池尻勘作、大きな松の下に家のある儀一なら松下儀一、とするたぐいだ。ところが、統計資料などないが、明治三年にあらたに苗字を付けてよいとされたとき、多くの人々は自分が知っているもっとも憧《あこが》れの公家《くげ》・大名や自分の目先きの主人の名を選んだらしい。その地の博学・名士に付けてもらう人もいた。そのときの経緯をまったく詮索《せんさく》せず、現実についている今の氏名からじかに系譜関係を辿《たど》って祖先捜しをしている。これじゃ、日本中、猫も杓子《しゃくし》も名門・名族の末裔ばかりだ。

名門という本多氏は、本多忠勝が藤原氏北家兼通流で左大臣・顕光《あきみつ》の二十一代の孫と称している。同じく四天王の酒井忠次の祖は主家・松平親氏《まつだいらちかうじ》の異母兄弟といい、同じく榊原康政《さかきばらやすまさ》は足利氏庶流《しょりゅう》の仁木義長《にきよしなが》の子孫という。つまり後二者も源氏の末裔と称している。最後の井伊直政《いいなおまさ》は遠江《とおとうみ》国引佐《いなさ》郡井伊谷出身の国人領主で土豪だったとしているが、本多・酒井・榊原ら三人は名門の末裔だそうだ。しかし土豪《どごう》松平のさらにその家臣としては、およそ信じがたい来歴である。つまり、大嘘《おおうそ》である。

もともと彼らの主家・松平氏が、三河国加茂郡松平郷の小土豪なのだ。新田義重《にったよししげ》の四男・義季《よしすえ》が上《こう》野《づけ》国新田郡世良田《せらた》郷を本拠として得川《とくがわ》氏を名乗り、その九代目・親氏が松平郷にきて土豪・松平氏に入婿《いりむこ》。これが三河松平の祖という。しかし家康は徳川と改姓したときに藤原氏を称しており、先祖代々の源氏系図など持っていなかったことが明らかである。いまは、十五世紀中葉に活躍した信光《のぶみつ》が、実在した最初の人だろうといわれているていどだ。

今日、現存の系図で信用度が高いとされているのが、十四世紀後半の成立の洞院公定《とういんきみさだ》原撰『尊卑分《そんぴぶん》脈《みゃく》』である。存在していたはずの女系《じょけい》系図を、すべて男系系図に書き直してしまった問題の書でもある。その詮議《せんぎ》はともかく、ここに記されているからただしいとは限らない。『尊卑分脈』が成立するまでの数百年に、どのようにも系譜・所伝を書き直しえただろうから。わかるのは室町時代にそう称していたという事実にすぎない。譲状《ゆずりじょう》や日記などの同時代史料での確認作業が必要だ。ただ本人が「××の子」と称しているだけでなく、親が「子は××」と両者がそろって認める史料がなければ、眉唾《まゆつば》な話とみておかねばなるまい。だって、誰でも「××の子」と称することなんか勝手にできる。

網野《あみの》善彦《よしひこ》氏（『日本の歴史00「日本」とは何か』講談社）は、「東寺百合文書《とうじひゃくごうもんじょ》」にある若狭《わかさ》国太良荘《たらのしょう》の百姓・源国友《みなもとのくにとも》の助国名《すけくにみょう》「相伝次第《そうでんしだい》」を採り上げている。その文書には、推古《すいこ》朝から一三〇〇年まで、新武蔵守源朝高《ともたか》から上野介朝国・周防守《すおうのかみ》義高など二十四代の系譜が列挙されているそうだ。だが推古朝には守・介も源氏もまだなく、平荘《たいらのしょう》開墾《かいこん》にあたった一介の在地百姓が源氏の末裔だったとも思えない。名の由来の祖父・助国《すけくに》はともかく、ほぼすべてが創作・捏造《ねつぞう》である。

いや、これはとくに乱脈の時代だったから、そうなったのではない。古代でも、つとに大々的に系譜が捏造されている。それは、『古事記《こじき》』『日本書紀《にほんしょき》』『新撰姓氏録《しんせんしょうじろく》』などの記事にも明らかである。

東漢《やまとのあや》氏は、応神《おうじん》朝に阿知使主《あちのおみ》・都加使主《つかのおみ》父子が来日し、都加使主の三子から兄・中・弟の三腹の系統に分岐《ぶんき》した。七世紀ごろまでに民《たみ》・坂上《さかのうえ》・文《ふみ》など数十の枝氏に分かれ、それぞれが大和《やまと》王権の技術系の役人として活躍した、という末広《すえひろ》がりの系譜になっている。しかしこの系譜関係は逆で、朝鮮半島からつぎつぎにくる渡来人を組織し、彼らを自分の傘下《さんか》に組み込んだ。そして彼らの祖先系譜を加上し、三腹の系譜に纏《まと》め上げたのである。また『古事記』では、懿徳《いとく》天皇の子・当芸志比古命《たぎしひこのみこと》は血沼之別《ちぬのわけ》・多遅麻《たじま》竹《たけ》別・葦井稲置《あしいのいなぎ》の祖《おや》とされ、孝昭《こうしょう》天皇の子・天押帯日子《あめおしたらしひこ》命は春日《かすが》臣・大宅《おおやけ》臣・粟田臣・小野臣・柿本《かきのもと》臣など十六氏の祖とされている。しかし実在しない大王《おおきみ》が祖であるはずがない。系図・系譜は、いつでも、だれでも、これほど簡単に、いくらでも捏造できるものなのだ。

# 69 「陸の今井」町は、どうやって自治権を獲得したのか

奈良県橿原《かしはら》市の今井町は、環濠城塞《かんごうじょうさい》都市として著名である。町の中核は浄土真宗《じょうどしんしゅう》の称念《しょうねん》寺で、その寺内町《じないまち》として成立した。寺内町とは、寺の前に生じる門前町《もんぜんまち》と異なり、境内《けいだい》に生じた町のことである。

ここはもともと興福寺《こうふくじ》一乗院門跡《いちじょういんもんぜき》が所有する今井荘《いまいのしょう》で、一乗院の衆徒《しゅと》・越智《おち》氏の支配下にあった。十六世紀前半、大和《やまと》にも浄土真宗信者を中心とする一向一揆《いっこういっき》が起こり、今井にも道場が建てられた。しかしことごとに破壊され、また建てられるが、そのたびに破却《はきゃく》されていた。

永禄《えいろく》二年（一五五九）に三好長慶《みよしながよし》の部将・松永久秀《まつながひさひで》が大和の支配権を奪おうとして侵入すると、興福寺衆徒と激しい戦闘になった。これによって、今井への興福寺からの圧力が衰えた。この隙を見計《みはか》らって、石山本願寺《いしやまほんがんじ》の梃子入《てこい》れにより、今井には称念寺とその寺内町が造られた。河瀬兵部丞宗綱《かわせひょうぶのじょうむねつな》（のち今井姓）・川合長左衛門正冬《かわいちょうざえもんまさふゆ》（のちの今西與次兵衛《よじべえ》）らが付近の浄土真宗の門徒を集め、多数の在郷武士や牢人《ろうにん》を引き入れて、中世の環濠集落を母体とした町並《まちなみ》を作り上げたのである。

元亀《げんき》二年（一五七二）になると、松永久秀は足利義昭《あしかがよしあき》の提唱する反織田信長《おだのぶなが》包囲網に加わり、三好三人衆や石山本願寺と手を組んだ。石山本願寺と関係の深い今井町もとうぜんこれに連携し、信長軍の攻撃に対処すべく町を軍事要塞化《ようさいか》させた。土居《とい》（土塁《どるい》）を築き、幅五〜七メートル×深さ二メートルの水堀《みずぼり》を巡らし、町の通りには見通しのきかない筋交《すじか》い道を造り出し、西口の櫓《やぐら》や今西家は城郭建築とした。町全体を環濠城塞として軍事力で独立を勝ち取ろうとしたのだ。しかし願いは虚《むな》しく、天《てん》

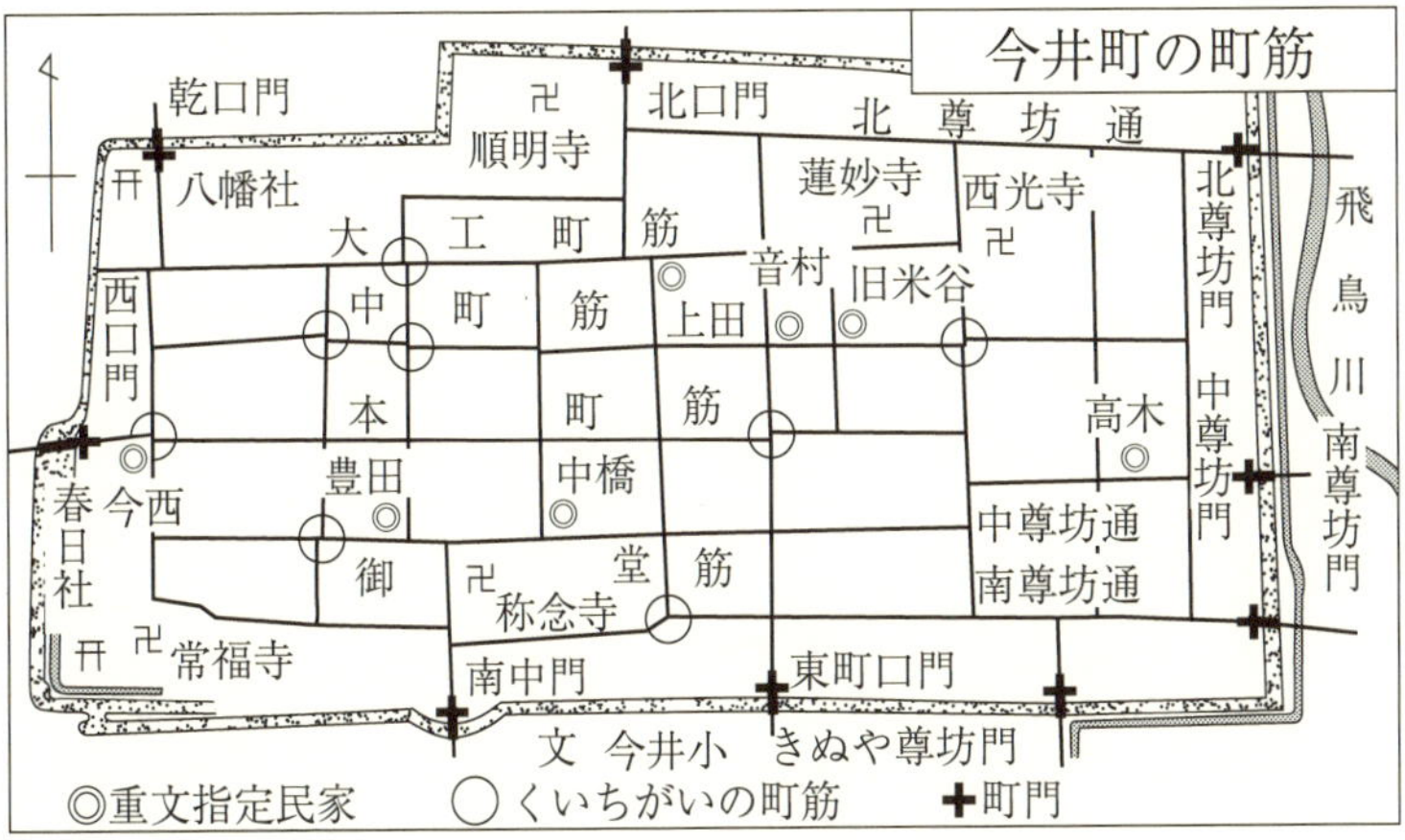

今井町の町筋

正《しょう》三年（一五七五）信長軍の軍事力に屈した。軍事力ならば、上をいく存在があったのである。

ところが、ここから話は急展開する。堺《さかい》の豪商・津田《つだ》宗及《そうきゅう》や信長の部将・明智《あけち》光秀《みつひで》の斡旋《あっせん》により、今井には赦《しゃ》免状《めんじょう》が与えられることになった。軍事抵抗路線の放棄を条件に、「万事大坂同前《どうぜん》為《た》る可《べ》し」として自治権を付与されたのだ。大坂同前とは、大坂の町のように、自治的な町政運営のもと、自由な商業活動を認めるという意味である。こののち、先行していた自治都市「海の堺」に対し、「陸の今井」として栄光の日々を謳歌《おうか》するが、自治権は商人の営業努力と富力がもたらしたものだった。

寛永《かんえい》六年（一六二九）の「辰年納米同払方帳《たつどしのうまいどうはらいかたちょう》」によると村高《むらだか》三三〇石三斗五升の「拾《じゅう》ヲ取《と》」るつまり全額が年貢とされており、さらに口米《くちまい》・夫米《ぶまい》などの付加税もかかっている。村高の総額を越えて納税したらふつうなら暮らせまい。しかし今井町は、貨幣経済活動でそれを越える富を稼《かせ》ぎ出していた。「大和の金は今井に七分《しちぶ》」といわれ、今井町が発行した銀札《ぎんさつ》・今井札は信頼性が高かった。この町の商品経済・物資調達・資金調達の高い能力が信長など歴代権力者による別格の保護を呼んだのであり、経済力を基盤とした軍事力雇用の能力がその活動を下支《したざさ》えしてきたのでもある。

ただし、それも延宝《えんぽう》七年（一六七九）に天領《てんりょう》として代官所管轄となり、一〇四年続いた自治権は一気に否定されて、輝かしい歴史が閉じられてしまったが。

# 第六章
# 江戸・明治時代

# 70 江戸幕府が鎖国をしていたって、ほんとうなのか

江戸時代、幕府は国を鎖《とざ》し、外国との外交交渉・貿易を禁じた、といわれている。

きっかけは「キリスト教の布教はイスパニアの領土拡張政策の一環《いっかん》だ」というオランダ・イギリスなどの讒言《ざんげん》を、徳川家康《とくがわいえやす》ら日本の支配者層が信じ込んだことだった。その話によれば、彼らはまずキリスト教を布教《ふきょう》し、現地で紛争が起こると居留民保護《きょりゅうみんほご》とかの名目《めいもく》をつけて軍隊を送り込み、植民地《しょくみんち》化してしまう。たしかに、いかにもありそうな話である。そこで徳川家康は慶長《けいちょう》十二年（一六一二）に幕府直轄領《ちょっかつりょう》に禁教令を出し、翌年には全国に適用させた。さらに元和《げんな》二年（一六一六）ヨーロッパ諸国の船には平戸《ひらど》・長崎二港だけを使わせることとし、諸大名の設《もう》けた港湾での貿易をいっさい禁止した。そして寛永《かんえい》元年（一六二四）になると、イスパニア船の日本来航を禁止してしまった。

海外から国内への来航を制限する一方で、国内から海外への出航も絞《しぼ》った。寛永十年には老中奉書《ろうじゅうほうしょ》を所有する奉書船以外の海外渡航が許されなくなり、ついで寛永十二年日本船の海外渡航が全面禁止となって、帰国も「死罪申付《もうしつ》くべき事」として認めないことにした。そして島原の乱を経《へ》た寛永十六年に「かれうた渡海《とかい》の儀、これを停止《ちょうじ》せられをはんぬ」としてポルトガル船が来航禁止処分となり、平戸にいたオランダ船が長崎の出島《でじま》に移されていわゆる鎖国体制が完成する。以後幕末まで海外諸国との交渉を持たず、例外的な数カ国のみとの貿易となった。この施策《せさく》のために世界の動きから立ち後《おく》れ、井の中の蛙《かわず》よろしくすっかりひとりよがりの後進国になってしまった。そう思われてきた。

しかしこの話、果たしてほんとうにそうだったんだろうか。

江戸時代を通じて、中国（明《みん》・清《しん》）・李氏《りし》朝鮮・琉球《りゅうきゅう》・オランダの諸国と継続的に貿易をしているじゃないか。オランダとは長崎の出島で商売をしていた。中国とは、はじめは長崎市中のどこでもよかったが、元禄《げんろく》二年（一六八九）切支丹《きりしたん》関係の禁制を口実《こうじつ》にして唐人屋敷《とうじんやしき》内に限定され、それでも継続的に行なわれてきた。李氏朝鮮とも対馬《つしま》の宗《そう》氏を仲介者として交易《こうえき》を続け、琉球とも薩摩藩《さつまはん》を介《かい》して貿易をしていたし、北海道でも松前藩《まつまえはん》を通じてアイヌ民族との交易活動を行なっていた。

こうしたなかでイスパニアとオランダは、幕府から来航を禁ぜられた。これが鎖国だろうか。しかしこれは支配者にとって、キリスト教の教義と布教の仕方《しかた》が不都合だったからである。貿易はしたいが、彼らに布教してほしくない。それが分離できないのなら、体制維持という国益《こくえき》が優先する。だから、かれらを追い出した。国策にあわないものとの断交はどの国もすることだが、「だから鎖国国家」とまではいわれない。現代日本だって、北朝鮮（朝鮮民主主義人民共和国）が存在していても、外交関係は結んでない。また前近代の中国は東アジア世界に冊封《さくほう》体制を強《し》いており、中国に服属し朝貢《ちょうこう》する国以外との貿易はまったく認めていない。江戸幕府がイスパニア・ポルトガルとの貿易を禁じたことで鎖国国家といわれるのなら、中国だとて数千年にわたって鎖国体制下にあったといわれよう。

それにイギリスは、日本が排除したのでなくて、自分のつごうで撤退していったのである。主要な貿易品であった中国生糸《きいと》が入手できず、対日仲介貿易をしようにも商《あきな》う物品がなかった。商人たちの損得勘定で損だと思うから自発的に離れていったのであり、日本の国策で追い出されたのじゃない。中国・李氏朝鮮・琉球と貿易をしているのならば、ようするに東アジア世界で定期的に貿易できるすべての国と通商している。これでも鎖国政策だといわれるのなら、日本国家は古代から二〇〇〇年も鎖国であり続けたことになる。古代よりむしろオランダという貿易国が増えている、というのに。

幕末の安永《あんえい》七年（一七七八）にはロシア船が北海道厚岸《あっけし》にきて通商を求め、弘化《こうか》三年（一八四六）にはアメリカのビッドルが浦賀《うらが》で通商を要求した。結局、嘉永《かえい》六年（一八五三）にペリーが浦賀に来て、翌年日米和親条約を結んで開国となった。その間、寛政《かんせい》三年（一七九一）の長崎回航令、文化三年（一八〇六）の文化の薪水給《しんすいきゅうよ》与令、文政《ぶんせい》八年（一八二五）の無二念《むにねん》打ち払い令、天保《てんぽう》十三年（一八四二）の天保の薪水《しんすい》給与令などが出されるものの、あらたに通商国を増やそうとしていない。『祖《そ》法《ほう》』を理由にして、政策の変更に否定的だった。だから、つまり鎖国していたんでしょ」といわれればそうだ。しかしそれがそうでも、鎖国が『祖法』だったわけじゃない。幕末に、貿易相手国や貿易港を増やすのをためらっただけ。幕府は、長崎など数カ所における統制下での貿易だが、貿易国に国を開き続けていた。しかも幕末《ばくまつ》のさいにも、アメリカなど四ヶ国との新規の貿易を認める方針でいた。

それなのに、私たちは「江戸時代の日本は鎖国体制下にあった」となぜ思い込んでいるのだろうか。それは、じつは明治国家の施策《せさく》のせいなのだ。

明治国家は、江戸幕府を力づくで倒したのはいささか強引《ごういん》だったと考えてきた。倒さなくても、江戸幕府を支えつつ施策を誘導する道もあった。それでももはや滅ぼしてしまった。そこで、江戸幕府が後進的で頑迷固陋《がんめいころう》であったことを「証明」しなければ、倒幕《とうばく》までしなければならなかったという正当性が示せない。そこで世界に国を開いたのは自分たちで、江戸幕府は愚《おろ》かにも一貫して鎖国していた、というイメージを与えたかった。私たちはその施策のせいで、いまでもそう信じ込んでいるのだ。

# 71 鎖国で耳目を塞いだ江戸幕府は、海外事情にうとかったのか

キリスト教の影に怯《おび》えた日本は、苛められそうになっている亀のように甲羅《こうら》のなかに身を潜《ひそ》めて海外との交《まじ》わりを断《た》った。だから二六〇年にわたって平和で、文化も独自に発展して爛熟《らんじゅく》したが、井の中の蛙《かわず》いや亀？　となって世界の趨勢から大きく立ち遅《おく》れた。海外情勢の知見《ちけん》もないまま「異国船《いこくせん》はすべて追い払え」とか「開国はしない」と居直《いなお》ってみせたが、結局軍艦や火器《かき》の威力に押されてしぶしぶ門戸《もんこ》を開いた。そう思われているが、そんな理解でほんとうにいいのか。

「鎖国していたから、江戸幕府は海外情勢を知らなかった」というのは、見当外《けんとうはず》れな指摘である。よく知られているのが、『阿蘭陀風説書《おらんだふうせつがき》』の存在である。ただしくは、『一番船之阿蘭陀口書《いちばんぶねのおらんだくちがき》』とか『甲比丹口上《かぴたんこうじょう》』などというらしい。寛永《かんえい》十八年（一六四一）幕府から、出島《でじま》に移ったオランダに対して海外情報を箇条《かじょう》書きで提出するよう命令があった。それ以来、オランダ商館長《しょうかんちょう》が毎年交替するたびに長崎奉行《ぶぎょう》に提出するのが慣例となっていた。奉行所はただちにこれを和訳《わやく》し、継飛脚《つぎびきゃく》で老中《ろうじゅう》に届けていた。さらに天保《てんぽう》十一年（一八四〇）、中国貿易の不均衡と自由貿易をめぐってイギリスがアヘン戦争を起こすと、幕府はより詳細な海外情報を求め、天保十三年からは風説書以外に「別段風説書」も提出させるようになった。これらによって、たとえば寛文《かんぶん》十三年（一六七三）にイギリスが貿易再開を求めてきたとき、英国王チャールズIIが禁制の国であるポルトガルの王女カサリンと結婚していることを理由に断《ことわ》っている。またアヘン戦争の結果を知っていたから、紛争を起こして戦争の火《ひ》

種《だね》となりかねない異国船打払令《いこくせんうちはらいれい》を撤回した。安政《あんせい》四年（一八五七）オランダ理事官クルチウスからアロー号事件の情報を得て、通商条約締結を拒否しつづけては危険だと知ったのである。

ほかに、中国人から『唐船《とうせん》風説書』も得ていた。唐船（じっさいは明《みん》・清《しん》の船）が長崎に入港すると、唐通事《とうつうじ》（通訳）がただちに乗り込み、乗組員・船荷《ふなに》などについて聴取《ちょうしゅ》する。そのさい、船の航路や起帆《きはん》した場所の政情などを詳しく聞き書きしていた。たとえば明朝復興を目指した鄭成功《ていせいこう》の反乱の顛末《てんまつ》について、こまかく聴《き》き取《と》って報告している。これらが継飛脚で老中のもとにもたらされ、重要な海外情報とされている。それだけではない、李氏《りし》朝鮮との貿易を通じて対馬藩《つしまはん》から、または往来する朝鮮通信使《ちょうせんつうしんし》から、情報を聴取した。琉球《りゅうきゅう》からはしばしば慶賀使《けいがし》・冊封謝恩使《さくほうしゃおんし》が江戸に上《のぼ》っていたし、また薩摩藩《さつまはん》も貿易のさいに海外事情を聞き出しては老中に報告していた。

こうして幕府みずからが働きかけて情報を集めるだけでなく、ときには密航者や漂流民などからも貪欲《どんよく》に海外の知見《ちけん》を聞き出した。たとえば新井白石《あらいはくせき》は密入国したイタリア人宣教師《せんきょうし》・シドッチを尋問して、世界地理について『西洋紀聞《きぶん》』『采覧異言《さいらんいげん》』を著している。後掲（88）の『北槎聞略《ほくさぶんりゃく》』『漂民御覧《ごらん》の記』（桂川甫周《かつらがわほしゅう》著）も漂流民・大黒屋光太夫《だいこくやこうだゆう》からのロシア情勢の聞《き》き書《が》きである。このほか寛永十八年の長門《ながと》漂着船頭《せんどう》上申書をはじめとする漂流民たちの見聞も、中央幕閣にちゃんと届いている。

片桐一男氏著『開かれた鎖国』（講談社現代新書）によれば、江戸時代の松前《まつまえ》で蝦夷《えぞ》通事《つうじ》・ロシア通事、対馬で朝鮮通事、薩摩で琉球通事・唐通事、長崎では阿蘭陀通事・唐通事という通訳が養成されつづけており、長崎ではさらに暹羅《しゃむ》通事・呂宋《るそん》通事も少数ながら養成されていた、という。海外向けのアンテナは広く張り巡らされ、幕府は国際情勢に敏感に対応していた、と評価できそうである。

## 72 近世の石高とは、その土地の米の生産高だと思っていないか

江戸時代で「五十石のお侍《さむらい》」といえば、五十石の米が穫《と》れる知行《ちぎょう》地を持っている武士のことだと思う。「一食に一合《いちごう》を食べるとして、一日で三合。それが一年つづくから、一人で米約一石《いっこく》を食べる。だから全国の総石高が二八〇〇万石というのなら、全人口は二八〇〇万人だよ」と、母・八洲子《やすこ》から子どものころに聞いたことがある。

学校では「石高を決めるにはまず検地しておくことが必要で、田圃《たんぼ》の面積を測《はか》る。そして任意だが、平均的なでき具合だと思われる田圃の米を刈り取って、そのあたり一帯の田圃でできる米の生産高を推定する。これが坪刈《つぼが》りだ。いちばんよい出来《でき》の田圃を量《はか》られると年貢《ねんぐ》が重くなるから、そうされないよう手心《てごころ》を加えて貰うために、村方の人たちは接待攻勢とかの小細工《こざいく》をした」とか教わった。

田圃は米の生産額の多寡《たか》をもとに、等級分けされる。古代ならば四等に分けられ、上田は一町ごとに穫稲《かくとう》が五〇〇束《そく》（脱穀すれば五十石で、搗精米《とうせいまい》つまり白米《はくまい》では二十五石となる。ただし枡《ます》などに違いがあるため、近世京枡《きょうます》の十石にあたる）、中田は四〇〇束、下田は三〇〇束、下々田《げげでん》は一五〇束とされた。じっさいにそれだけの収穫になるのか分からないが、こうした基準値をもとに小作料が決まる。このさいの収穫物は、もちろん米。江戸時代の石高も、その村の田圃を検査・測量して、その田圃から穫れるだろう米の生産量を計算したもの。そう思うのが常識だが、それは間違いである。

脇田修氏著『秀吉の経済感覚』（中公新書）には、豊臣秀吉のいわゆる太閤検地《たいこうけんち》のときの石高の決

定作業つまり石盛《こくも》りの様子が紹介されている。

まず最初に知っておくべきは、太閤検地前に把握されていたのは、その田圃の斗代《とだい》であった。その場合の斗代とは、課税額を意味していた。だから戦国大名の給人《きゅうにん》（家来）が石高や貫高《かんだか》で十石とか十貫文《かんもん》の地を与えられたのなら、十石や十貫文の実収入がある土地を給付されているのである。ところが太閤検地ではこれを変え、その田圃の全収穫を斗代と呼ぶことにした。「上田　一反　一石五斗」とは、測量された一反の田圃が上田と評価され、そこで期待される収穫高が毎年一石五斗という意味になる。斗代は前代に比べて跳《は》ね上がって見えるが、これは年貢額でない。どうして変更したのかといえば、決定の経緯《いきさつ》を考えずに納税額の斗代をあげることはしがたいが、全収穫が判明している斗代の課税率（免率《めんりつ》）を上げ下げするのは容易である。免率を上げれば、いくらでも増徴できる。また逆に、風水害や戦乱・飢饉《ききん》などのていどに応じて、ある特定の国内の免率を一律に下げて、その地域を救済できるようにもなった。実収額を明瞭にしておくのは、どちらにせよ便利なのだ。

それはそれとして、これらで語られている石高の中身は、米穀の生産量とみなしてよいのか。文禄《ぶんろく》三年（一五九四）の太閤検地条目《じょうもく》では、たとえば麦田のことを斗代の決定にさいして考慮すべき条件としている。ここでの麦田とは、畠作物としての麦とか屋敷地内の麦の意味でなく、裏作《うらさく》として田圃で作られている麦である。麦が穫れるのならば、斗代は上がる。これらの収穫物からも厳密に税を徴収しようとして、のちに小物成《こものなり》が成立するのだが、その前段階としてここでは田圃の斗代にふくめようとしている。単作地帯と二毛作地帯との差は、斗代の査定段階でつけられていったのである。

ほかに栗・柿・梨などの果実類も、楮《こうぞ》・みつまたなどの紙の原料生産も、斗代にふくめて換算された。これらは田圃の外縁部の収穫物で、田圃内で作ったものでないが、村周辺の生産物のあれこれが田圃の斗代という形で表現された。つまり石高は、決して米穀だけの生産量でない。農村の総合生産力を田圃に換算して落としたもの、と言い換えられる。田圃のあまりない寒村《かんそん》と見えても、果樹が密生していれば、漆が豊かに採れれば、ゆたかな農村なのである。斗代が高いからといって、そこの田圃の生産力が高いわけではない。いろんな生産物を米の収穫高に換算しているだけなのだから、かりに米など一粒も生産していなくともよい。日立製作所・富士通や三井住友銀行・横浜銀行など各企業の経済力を米に換算して一〇〇万石とか二十七万石とか、石高で表現することは今だってできる。

ところが、じつのところ石高制は「田圃をふくめた土地の生産力の表示」でもない。

鹿児島県にバス旅行すると、「薩摩《さつま》藩は七十三万石といわれていますが、シラス台地ですから、そんなに穫れません。これは、薩摩では籾《もみ》をつけた籾殻《もみこく》の状態で数えているからです」とか説明されることがある。しかし全国の通則とはべつに、薩摩だけを籾殻で表示させたりするはずがない。

こんなことになるのは、石高がじっさいの生産量の表示でなく、戦時に出すべき軍役《ぐんえき》の割《わ》り当《あ》ての根拠となる基礎数字にすぎないからだ。豊臣《とよとみ》政権下では、一般に一〇〇石につき五人の軍役負担つまり兵員の調達が課せられた。ただし小早川隆景《こばやかわたかかげ》は大老とか遠国《おんごく》とかの理由で一〇〇石につき四人とかで、五奉行《ごぶぎょう》の浅野長政は二・五人とか軽減されたりする。つまり、石高はこうした軍役を負担させるさいの基準値なのであって、当該地の収穫高とかならずしも同義語でない。江戸時代の薩摩藩の場合、外様《とざま》の大藩としてほかより倍の軍役を義務づけられていたのである。ある種の苛《いじ》めといえなくもないが、ともあれここだけは籾殻で表示されたというような特殊事情があったわけじゃない。

## 73 参勤交代は、江戸時代を通じてすべての大名に課せられた義務だったのか

参勤交代《さんきんこうたい》は江戸時代を通じて大名《だいみょう》の義務とされ、一年間は国元《くにもと》にいるが、その次の一年は江戸に出府する。妻子は江戸屋敷内に住まわされ、実質的な人質《ひとじち》となっていた。この制度によって、大名は国元と江戸を定期的に往来することとなり、その格式に応じて仕立てた行列と往復の費用また江戸屋敷の維持運営費用がかさんだ。このために各藩の財政は逼迫し、武家社会の凋落《ちょうらく》の原因となった。ただ大名らの莫大《ばくだい》な出費によって各種の経済機構が整備され、文化が全国的に交流し、江戸文化の爛熟のための基礎を提供した、ともいえる。まぁ、こんな理解が通用しているのではないだろうか。

しかし山本博文氏著『参勤交代』（講談社現代新書）によれば、大名行列の費用がかさむのは自分たちのせいらしい。肥後《ひご》熊本の細川家は御先箱《おさきばこ》・対鑓《ついやり》・長刀《なぎなた》・十文字持鑓《もちやり》を持たせているが、五代将軍・徳川綱吉《とくがわつなよし》のときに、平日登城《とじょう》の行列では対鑓中の一筋《ひとすじ》を略させられた。ところが松平《まつだいら》備前守《びぜんのかみ》家で鑓と長刀が復《ふく》し、久留米《くるめ》の有馬《ありま》家・高知の山内《やまのうち》家・盛岡の南部《なんぶ》家・弘前《ひろさき》の津軽《つがる》家などでも虎皮《とらがわ》の鞍《くら》覆《おおい》が復活した。そこで「細川家も鑓を三本に戻したい。ついでに挟箱《はさみばこ》を先に持たせたい」と老中に掛け合った。だが国持《くにもち》大名中で突出《とっしゅつ》してしまうために不許可となり、「先《いさ》挟箱のことだけ、申請してよい」との返事だった。ようするに大同《だいどう》は変えられないので、小異にこだわった。他家との釣り合いを考え、劣《おと》っていれば並ぶため、並んでいれば抜《ぬ》きん出るため、鑓一本のことでも激しく運動した。だから、行列は虚勢を張って同格者より華美になるよう競い、幕府はつねに華美を諫《いさ》める側《がわ》だった。大

名が貯め込んだ軍資金を吐き出させて反乱の意欲を殺《そ》ぐための国策、というわけじゃなかったようだ。
また、大名のすべてが一年交替だったわけでもない。関東地方の大名は二月・八月の半年交替であったし、対馬《つしま》の宗《そう》氏は三年一勤、蝦夷地《えぞち》の松前《まつまえ》氏は六年一勤であった。他方で、水戸《みと》徳川家は江戸に常住したままであって（定府《じょうふ》）、藩主としては国元に戻ることがなかった。老中・若年寄《わかどしより》・奉行《ぶぎょう》となった大名もその期間は定府で、参勤交代をしていない。

ついで「江戸時代を通じて同じように続けられていた制度だったか」といえば、それも違う。
享保《きょうほう》七年（一七二二）、八代将軍・徳川吉宗《よしむね》は「御《お》勝手《かって》向《むき》不《ふ》調《ちょう》ニ付《つ》」き「御耻《ごち》辱《じょく》をも顧《かえり》みられず」つまり財政窮乏で恥をしのんで上《あ》げ米《まい》を実施し、高《たか》一万石について一〇〇石の米を幕府に上納せよと命じた。その見返《みかえ》りとして各大名の在府期間を短縮し、三月・九月に交代することとして在府《ざいふ》半年・在国一年半とした。また関東地方の大名も、一年交代へと改めている。その後、享保十五年に上げ米が停止されたので、参勤交代も旧制に戻った。さらに文久《ぶんきゅう》二年（一八六二）の文久改革で、参勤交代は三年に一年または一〇〇日の在府とされ、妻子も在府・在国が自由とされた。これは徳川慶喜《よしのぶ》・松平慶永《よしなが》の手による幕政改革だが、じっさいは改革を武力で後押《あとお》しした薩摩《さつま》藩《はん》の島津久光《ひさみつ》の意向に沿ったものだった。それほどに大名の改革要求は強かったが、それは莫大な出費のせいだけでなく、参勤交代が幕府との主従関係を意識させられる屈辱《くつじょく》的な儀式だったからである。ということは幕府には欠かせない儀式のはずで、慶応《けいおう》元年（一八六五）旧制に戻そうと試みた。だがもはや復活しなかった。

なお参勤交代は大名の本家藩主と支藩主・知行《ちぎょう》主《ぬし》、大知行主と在郷《ざいごう》武士たちなどとの間でも行われており、身分関係を再確認するための根幹《こんかん》的な儀礼とみなされていたらしい。

## 74 百姓とは、つまり農民のことなのか

百姓《ひゃくしょう》はすなわち農民のことだと思われてきたが、十七世紀初頭に刊行された『日葡辞書《にっぽじしょ》』にはLavradorとあって、労働する者という意味しかない。いわゆる農民については農人《のうじん》という語が立てられていて、「物作り、耕地で働き、耕《たが》やす」と説明されている。それが十八世紀前半に活躍した伊藤《いとう》東涯《とうがい》の著作『操觚字訣《そうこじけつ》』（巻之九）では「農ハ百姓ノコト也」とされ、同『名物六帖《めいぶつろくじょう》』でも耘夫《うんぷ》・農夫にヒヤクセウという訓《よ》みが付けられている。百姓と書かれていれば農民のこととみなすようになったのは、このように後世に作られた幻影に惑《まど》わされた思い込みであって、社会の実像ではなかった。そう説《と》かれたのが、中世史研究者の網野善彦《あみのよしひこ》氏であった。

網野氏著『「日本」とは何か』（日本の歴史00巻、講談社）によれば、この思い込みは儒教の影響によるものだったという。儒教の形成期は農業を基礎とした社会だったから、その教えも農業が生活の基盤であることを暗黙の諒解事項《りょうかい》としていた。そういう世界を理想とした人が懐《いだ》いた農本《のうほん》主義の観点で社会を見渡せば、労働する者とはすべて農民のはず。そうした幻影は、こうして作り出された。

しかし、社会の実相《じっそう》はそうじゃなかった。奥能登《おくのと》にある時国《ときくに》家は、多数の農奴《のうど》をこきつかって富裕となった豪農《ごうのう》と見なされてきた。だがその家の元和《げんな》四年（一六一八）の文書《もんじょ》をよくよく見ると、松前《まつまえ》で昆布《こんぶ》を買い付けて、京都・大坂で売り捌《さば》くという廻船《かいせん》を使った交易《こうえき》を行なっている。また別途経営していた塩浜《しおはま》で生産した塩を能代《のしろ》などに売っていた。田地を小作人などに耕させて上前《うわまえ》をはねる大規

模農業経営主ではなく、日本海と消費都市とを結んで雄飛《ゆうひ》する多角的企業経営者だったのだ。松前に行ったのも、「貧農が食《く》い詰《つ》めて松前に出稼《でかせ》ぎにいった」という話じゃなかった。

同じ江戸初期に廻船商人として活躍していた柴草屋《しばくさや》は、その時国家が海難《かいなん》事故で負《お》った一〇〇両の借金返済を援《たす》けた資産家である。ところがその彼らは、加賀《かが》・前田藩内では頭振《あたまふり》つまり田地が持てずに検地帳に記載されない水呑《みずのみ》百姓と位置づけられている。同藩で頭振とされた人のなかには、京《きょう》屋弥五兵衛《ややごべえ》・吉兵衛という廻船交易に携わった者も並んでいる。農村のなかで分類されている頭振・水呑百姓だからといって、だから貧しい農民ともいえない。田畑をそれほど必要としていないだけで、富裕な職人・商人・廻船人がいたのだ。生活基盤はすべからく田圃にあると思い込み、田畑の所有額を基準としてしまうから、無高《むだか》と分類された彼らの本当の暮らしぶりをみようとしてこなかったのだ。

個人レベルではなく、村として見てみよう。河井町村・鳳至《ふげし》町《まち》村からなる輪島《わじま》には、十八世紀前半に六二一軒の家があり、人口は四〜五〇〇〇人ほどだった。その村は一戸平均四反《たん》ていどの百姓二十九%と、頭振が七十一%で成り立っていた。さらに十九世紀前半には、鳳至町村で頭振は五五〇軒中の四六五軒で八十五%に達している。この史料だけで往時《おうじ》を復原してしまえば、この村は北陸《ほくりく》の寒村《かんそん》と思うはずだ。だが、じっさいは漆器《しっき》と素麺《そうめん》造りがさかんな都市的な様相を呈《てい》した町だった。漁業・製塩業・薪炭《しんたん》業・林業・鉱山業・漆器・食品生産などの手工業、廻船・交易に携わる海運・商業に支えられた、裕福な都市。それが、江戸後期の輪島の実相であった。

従来は「百姓つまり農民」と見られ、人口の多くを農民としてきた。そう思ってきた理由は、明治五年（一八七二）の壬申戸籍《じんしんこせき》の記載法にある。この戸籍にある一九六六万三〇〇〇人の職業統計をもとにすると、七十八％が「農」だからである。商は七％、工は四％で、ほかに雑業が九％となっている。これによって「農」人口の圧倒的な比率が裏付けられてきた。だがこれは江戸時代以来の思い込みによるもので、農民と読み込んで分類しただけだ。河口湖《かわぐちこ》北岸にあった大石村も煙草《たばこ》・柿・製材・養蚕などを興《おこ》して商《あきな》いしてきた地域であって、農村というよりもはや工業都市的な色彩があった。本当の職業別人口比率は、壬申戸籍の記載通りにしても再現できない。

十九世紀半ばの長門《ながと》・毛利《もうり》藩の上関《かみのぜき》の実例（『防長《ぼうちょう》風土《ふうど》注進案《ちゅうしんあん》』）では、四三七軒中で農人《のうじん》（農業従事者）は一二九軒で二十九・五％しかないが、農人のなかの門男《もうど》（亡土）といえどもどのていど農業に従事していたか不明である。これに対して、商人・船持《ふなもち》は四十一・六％にものぼる。また周防国大島郡三十ケ村全体では農人が七十六・六％とされているが、農業専従者はその八十％ていどであろうか。そうみなせば、じっさいは全人口の六十一・三％にしかならない。

こうして網野氏は、従来「百姓つまり農民」と読み取って農業中心の社会像を描いてきたが、農民は当時の人口の六割ていどでしかなかったはずだ。それが社会の実態だ、と主張された。

一世を風靡《ふうび》し、網野史観とも呼ばれてきた。基礎史料からの読み取り方の再検討を迫《せま》る卓見であり、目から鱗《うろこ》が落ちたような気にさせる鮮《あざ》やかな語《かた》り口《くち》であった。史料の作られ方を検討せず、現代人の言葉でそのまま受け取ったことが誤りだった。先入観を持って作られた史料を、思い込みで読み取ってしまうミス、というわけだ。たしかに教わることの多い説ではあるが、この網野説も「かもしれない」としておくべき部分を「違いない」と記す癖があり、これによってあらたな思い込みを作り出す危険性もある。ようはどの字句についても、その裏の事情まで自分で探って読み取ることである。

## 75 農民たちは、自分が作った銀舎利を食べられなかったのか

農民たちは歴史社会のどの時代でもつねに搾取《さくしゅ》され虐《しいた》げられていて、自分たちが作った米なのにみずからは食べられないほど貧しい暮らしを強《し》いられてきた。水戸黄門《みとこうもん》が行くところ、どこでも農民たちの顔は煤《すす》けて泥にまみれているのに、室内に家財はほとんど見当《みあ》たらず、少しの気温変化でも飢えに苦しむ。その果てに口減《くちべ》らしのために間引《まび》きしたり、泣く泣く子を身売《みう》りさせなければならなかった。そういうイメージが焼き付いているので、ドラマではことさらにそうした場面が作られる。

田名網宏《たなあみひろし》氏著『古代の税制』（至文堂）では、こう計算する。男子三人・女子五人・幼児二人というのが、平均的な房戸《ぼうこ》つまり家族生活の単位である。律令《りつりょう》が規定する班田額《はんでんがく》は、一町二段二四〇歩。口分田《くぶんでん》が中田《ちゅうでん》ランクであったとすると、収穫は成斤《せいきん》の束《そく》で五〇七束となるが、租稲《そとう》と種稲《しゅとう》を除くと可処分所得は四六二・六七束になる。食料稲は日別に男子二・四把《わ》、女子二把、幼児〇・五把とすると、一年で六六四・三束がいる。手元にある米は二五四日分でしかなく、一一一日分不足する、と。しかも実態としては、大宝《たいほう》二年（七〇二）西海道《さいかいどう》戸籍での班田額は男子一段一二〇歩で、女子は一段六〇歩でしかなかった。また旱魃《かんばつ》・洪水・虫損《ちゅうそん》などを考えれば、収穫は期待を下回ったであったろう。

かつて卒業論文の口頭試問《こうとうしもん》の席上で、先生方から「農民たちはほとんど米を口にできず、粟黍稗《あわきびひえ》などの雑穀を食べていた。それも十分にないときは大根《だいこん》などを炊《た》き込《こ》んで、見かけの量を増やして飢えを凌《しの》いでいたんだ」と教えられ、農民たちの哀れさに涙したものである。そして民俗学者の報告書で

も、「白い飯《めし》は、祭りの日などハレの日だけしか口にできない。都市はハレの場なので、毎日米を食べていられるのだ」などというような聞き書きをよく目にした。

しかしこの話、本当のことなのか。たとえば右記の古代家族の収穫米の過不足計算でも、二五四日分の米は手元にあることになっている。二五四日間も、祭りのハレの日があるわけがない。五公五民で年貢を取られるというが、武士たちが揃いも揃って大食《おおぐ》いのはずがない。士・工・商の人口比率はせいぜい三十％であろう。上納された五十％の米を三十％の人たちで食べ尽くせるはずがない。また農民の手元にある五十％の納屋米《なやまい》を売って生活用具を買うのだとすれば、士・工・商はもっと米を集めたことになるから、さらに食べなければならない。そんなのは、無理というものだ。士・工・商の食べる米の量など知れている。農民たちがほとんど食べないとしたら、米は大量に余ってしまう。そうなったら、農民たちが揃って指を咥《くわ》えているなかを、海外に輸出でもしてしまわなければ処分しつくせない。腐らせるのがもったいなければ。

いや、じっさいは農民の手に米が戻っているんじゃないのか。

『海田《かいた》町史』によると、天保《てんぽう》三年（一八三二）広島藩で「運賃米《うんちんまい》幷《ならびに》御家中《ごかちゅう》御払《おはらい》米等買入《まいとうかいいれ》、俵直《たわらなお》し仕《つかまつり》、御蔵払《おくらばらい》仕《つかまつり》候《そうろう》」とあって、徴収された年貢米を村が買い取って、もう一度蔵米《くらまい》として納めたという例がある。また中井信彦氏著『町人』（日本の歴史21、小学館）には、農民を年貢米販売の対象とし、翌年の種籾《たねもみ》用という名目《めいもく》で利子付きで貸下《かしさ》げることが広く行われていたとある。家中に納入された年貢米を買い戻させたり貸し付けたりする知恵が武士にあるなら、大坂などの米市場に持って行って安く買い叩《たた》かれるより、地払《じばら》い・在払《ざいばら》いで大名・知行主《ちぎょうぬし》の領域内で米を払い出した方が得だ。そういう知恵は働くだろう。また高く換金できないのなら、米の形のままで支払いに使えばよい。領内での手間賃《てまちん》などの有償労働や物品の対価として、村落への支払いにも米を使う。そうやって農民の手元に戻されてしまった米は、もはや自分の家で食べて消費せざるをえまい。農民たちは、米を抱えている。

いまでも大阪の商売人はだれもが、「儲《もう》かってまっか」と問えば「あきまへんわ」と答える。それでも一向に閉店などしない。上野誠氏によると、古代役人の休暇の理由は「服を洗うために」となっているが、それは欠勤のさいの口実の常套句《じょうとうく》であって、服が一枚しかなかったわけじゃない、という（「白衣の民俗学」）。私たちはまともに受け取って、「古代の役人たちは、一張羅《いちちょうら》で勤務していた」という像を提供していたが、それは間違いだった。農民たちが揃いも揃って「自分で作った米すら食べられない」といっているのは、年貢をまけさせたいがために並べる建前《たてまえ》の常套句である。そのまま信じてそのことば通りに日本歴史を描いたのでは、本当の歴史像にならない。

佐藤常雄氏著『貧農《ひんのう》史観を見直す』（講談社現代新書）には、「江戸時代の農民が、幼弱な生産力を背景にして、あいつぐ自然災害と凶作・飢饉に苦しみ、さらに重い年貢負担にあえぎ、莚旗《むしろばた》を打ち立てて百姓一揆《いっき》や打ちこわしに出ている」「農民は幕藩領主から年貢を取奪されるだけの存在であり、常に農民の生産と生活は過重労働と過少消費にさらされているという『貧農史観』が広く浸透している」とあり、「こうした農民の貧窮史観が、はたして江戸時代のムラと農民の実像を正しく描き、ひいては江戸時代史そのものの歴史理解を助けることになるのだろうか」として、歴史理解を妨げる先入観ではないかと懸念《けねん》されている。そして「農民が最《もっと》も大切な財産である田畑を売却したり、田畑を担保《たんぽ》に出して借金をすれば、その証文《しょうもん》には必ず年貢を支払うことができないからという理由がつけられる。この記録が現代に残るから、いかにも年貢の重さが農民経済の足かせになっていると理解されがちである。しかし、これは証文作成上の常套文句であ」る、とされる。

佐藤氏によれば、そもそも年貢率を規準として農民の負担が重いかどうかを議論しているが、それを規準とすること自体が穏当《おんとう》なのか疑問だとする。年貢率の分母は村高《むらだか》であり、分子は年貢になる。五公五民では、村高の総収穫量が十で、そのうちの五が年貢となるわけである。その基礎になる村高だが、検地しなければずっとその数値を変えないでいる。幕藩《ばくはん》領主による検地はおおむね十七世紀までに終了していて、十八・十九世紀には村高が一定となってしまっている。一〇〇年も二〇〇年も変わらないでいる村高など、実態であろうはずがない。しかも、それならといってもし検地をし直したとしても、領主の行う検地によって村の土地面積と土地生産性を精確に把握できるかどうかにそもそも疑問がある。住み込んで一年二年と様子を見なければ、その村の本当の生産量は把握できない。土地の生産性が上がり、作付《さくつ》け自体がもはや米でなくて収益性の高い商品作物に変えられている。農産加工業が発展していて、農民の賃金収入も期待できる。そういう経済条件の変化は、村高に算定されてきていない。それが実情だ。信濃国更級《さらしな》郡中氷鉋村《ひがのむら》の江戸時代を通じた表向きの年貢率は二十九%から五十六%までの間になっているが、明治初年時点の作物を米穀生産量に換算してみると、ここでの年貢率は実質二十%前後でしかない。川中島平《かわなかじまだいら》だけなら、十%未満だったらしい。近江の膳所《ぜぜ》藩《はん》領でも、実質税率は十数%〜二十%ていどと考えられる、という。農民たちはしたたかだし、領主は村が自治的運営している状態の上にただ載《の》っかっているだけから村の実情を厳密に把握できていない。私たちも領主と同じく、彼らが提供する虚像をそのまま信じ込んでいるのではないか。

## 76 自給自足社会なんて時代はどこかにあったのか

人間は、まず自分たちが生活するための物を自分たちの手で作り出した。食料であれ、道具であれ、生活に必要な物は、自分たちが生産して自分たちのなかで消費した。そうしているうちに生産の規模が拡大し、道具や効率などが改良され、生産量を多くしていった。これによって家族・村民などが必要とする以上の食料は貯蔵され、余剰《よじょう》が生じた。この余剰生産物が彼らの外部に出回《でまわ》ると、その余剰生産物だけで生活していける人が生じる。そこで彼らは自分のしていた直接的な生産活動を止《や》め、余剰生産物を持って行ったり持ってきたりする行商人《ぎょうしょうにん》になる。あるいは直接的な生産活動から離れた人たちは一部が村落指導者から支配者へと成長し、その他は都市民となって農村からの余剰生産物を吸い上げて生きる立場になる。都市は農村が作り上げたハレの場だとみなされる理由である。

おおむねこうした理解が歴史の流れと思われている。つまり歴史社会のはじめはどこでも自給自足《じきゅうじそく》経済だったが、生産力の増大とともに商工業の発達した社会へと進んでいく。どれほど自給自足社会から抜け出せているかが、社会の発展段階の指標《しひょう》となるのだ、と。

だが、「生活に必要な物は自分たちが生産し自分たちのなかで消費」する自給自足経済の社会なんて、本当にあったのだろうか。そんな社会像・社会段階は、論理的に想像された思い込みの虚像でないのか。

縄文《じょうもん》時代の東日本には、火焔《かえん》土器と呼ばれるほど華麗《かれい》な意匠の土器が多数作られている。もちろん火焔というのは現代人のしたたとえであって、火焔をかたどったわけじゃなかろう。それにしても、こんな見事な意匠が、富山県から福島県そして関東地方北部にかけて、どうして多発するのか。偶然にも自然発生的にあちこちで発生した、なんてはずがない。これはこうした意匠を作り出す土器作りの専門家集団が、早くから縄文社会に生じていたことを示すものだ。

もともと土器は、そこらへんにある土を焼き固めさえすれば、どの家でも作れるという代物《しろもの》じゃない。粘土だから、焼けば固まるのだ。粘土はもともと湖沼《こしょう》であったところが隆起《りゅうき》したり干上《ひあ》がったりしたとかの条件でなければ存在せず、居住地の身近にふつう存在していない。特定の場所でしか採れないのなら、粘土が豊かに得られる場所にいる人たちに作って貰うのが得策《とくさく》だ。彼らには専業化してもらい、その製品を彼らから物々交換で買い取る。これがふつうの知恵だろう。こうした専業集団だから、気に入られそうな華麗な意匠を考え出す。それが人々に買われて、村々に普及していった。専業集団たちだけで作っているから、形式や意匠が偶然の範囲を超えて似ている。もしもそうでなくて、各家族がそれぞれ独自に作り出すのなら、これほど同じような土器を作るはずがない。

縄文晩期から弥生時代にかけて行われた製塩事業だって、そうだ。食糧生産の主軸を稲などの穀物に切り替えはじめた地域では、塩分をべつに摂取《せっしゅ》しなければならない。肉食中心ならば獣肉や血のなかにふくまれていたが、穀物にはほとんど塩分がふくまれていないからだ。そこで、紀伊《きい》半島・瀬戸《せと》内海《ないかい》沿岸や能登《のと》・東北地方沿岸部などで、製塩土器が大量に使われはじめる。製塩は海水を原料にするため沿岸部でなければできないので、沿岸住民の専業となった。歴史社会がこうして早くから分業体制を成立させたのは、当然の自然な成り行きである。

網野《あみの》善彦《よしひこ》氏著『「日本」とは何か』（日本の歴史00巻、講談社）によれば、江戸時代の農村だってもちろん自給自足の社会でなかった。十八世紀前半の甲斐《かい》国（山梨県）都留《つる》郡大石村は、田地のない畠地だけの寒村《かんそん》と見なされてきた。しかし内実は養蚕《ようさん》で七〜八十両を稼《かせ》ぎ、麻布・紬《つむぎ》を織っていた。男は薪炭《しんたん》を作り、煙草《たばこ》・柿などを大量に栽培し、駿河《するが》・遠江《とおとうみ》などにまで売り歩いていた、という。田の稲のわずかな稔りに縋《すが》りついて、畠の麦・粟《あわ》・稗《ひえ》で食を補いつつ飢えを凌《しの》いでいたのではない。周辺地域や都市が必要とする物を家のなかや山で作り出し、都鄙《とひ》分業の体制を前提として暮らしていたのだ。

「自給自足生活から発展して生み出された余剰生産物が、支配者や都市を造り出した」という理解も、現実の歴史過程とは異なる。律令国家は人頭税として調庸《ちょうよう》を課したが、その調庸物《ちょうようもつ》は地域生産物の余剰を回収したものではない。平城宮跡《へいじょうきゅうせき》から出土した木簡《もっかん》に「伊豆国《いずのくに》賀茂郡《かもぐん》三嶋郷戸《みしまごうこ》主占部久《しゅうらべのく》須里戸《すりのこ》占部広庭《うらべのひろにわ》調麁堅魚《あらがつお》拾壱斤」などとあり、三嶋郷つまり伊豆諸島では麁堅魚（生節《なまぶし》）を生産して中央政府に納めていた。この生節を作るための用具が、堝形土器《なべがたどき》らしい。下から三分の一のところに、繰り返し蒸すように煮炊《にた》きした痕跡がある。ところが伊豆諸島では、この堝形土器は七世紀末から出現して八世紀いっぱいで姿を消してしまう。つまりは地元が長いこと生産してきたものの上前《うわまえ》をはねて納税させていたのではなく、わざわざ技術指導をして納税用に作らせていたのだ。ところが地元に根付かない産業だったので、課税品目が変わるとともにその生産も停《と》まった。これが古代の納税品目が設定されたときの実情であった。

　もともと歴史社会は、原始・古代から自給自足社会などでなく、分業社会として成長・発展してきた。だから、自給自足社会で生じた余剰生産物を取り上げて税としてきたのではなかった。

## 77 自給自足の村に生まれた人々は、生涯、村を出ないで暮らしていたのか

農村に生まれた人々が汗水垂《あせみずた》らして田畠を耕しても、古代には租庸調《そようちょう》や出挙《すいこ》（稲の公的高利貸）により、近世では年貢《ねんぐ》・小物成《こものなり》などにより、生産物の多くを支配者に収奪された。彼ら直接生産者の手元に残るのは、昨日と同じ生活ができるていどのもの。それは昨年と同じで、溯れば父や祖父の生活と同じ。そのレベルの生活を再生産するだけの、ゆとりのない自給自足の生活をしいられた。そういう為政者の意識を表した言葉として、勘定奉行《かんじょうぶぎょう》・神尾春央《かんおはるひで》の「胡麻《ごま》の油と百姓は、絞れば絞るほど出る」（『西域物語』）という記載が象徴的である。そうした目に監視され、彼らは村に生きて村で死ぬ。生涯村を出ることもなく、隣村《となりむら》さえ知らなかったろう。そう思い込まされてきたのではないか。

このイメージは、本当に正しいのか。

たとえば平安初期に成立した『日本霊異記《にほんりょういき》』には、七世紀半ばのこととして、但馬《たじま》国の人の赤子《あかご》が鷲に掠《さら》われた話が載っている（上巻九縁）。八年後に、父親が用があって丹波《たんば》国の人家《じんか》に泊めて貰ったら、そこで「鷲の食《の》い残し」と綽名《あだな》されている娘に出会い、その娘は掠われた赤子だったと分かった、という。また同じころの天智《てんじ》朝の話として、大和《やまと》国の日下部猴《くさかべのさる》の子は法華経《ほけきょう》のうちの一字がどうしても読めなかった。それは前世《ぜんせ》で経文を焼いたせいだといわれたので、前世の自分がいた伊予《いよ》国を訪ねていった（上巻十八縁）。ともに旅を一大事とするような悲壮感も漂《ただよ》わず、困難さも感じさせずに到着している。もとより荒唐無稽《こうとうむけい》な仏教説話だが、こんな旅が無理と思われているのなら、聴《き》き手

は何の感動も教訓もえまい。今でも「昨日金星の支店に出張して、疲れたから週末に火星で一泊してたら……」とか話しはじめたら、「はい、はい」とあしらわれて最後まで聞いてもらえまい。古代には、こんな庶民の旅姿《たびすがた》がふつうに見聞きされていたのだろう。げんに諸国から調 庸《ちょうよう》を運んできた庶民（運脚《うんきゃく》）は、だれにも引率されていないのに、みずからの才覚と判断で帰郷《ききょう》できている。野宿《のじゅく》は覚悟するとしても、古代ですでにそうした旅行のできる環境も条件もあった。

江戸時代の人も、決して村に縛《しば》りつけられてやしなかった。

深井甚三氏著『江戸の宿』（平凡社新書）や神崎宣武《のりたけ》氏著『江戸の旅文化』（岩波新書）によれば、宝永二年（一七〇五）四月のお蔭参《かげまい》りつまり無届けでの伊勢神宮参詣《いせじんぐうさんけい》には、五ヶ日で三六二万人が押し寄せた。その後お蔭参りは約六十年の間隔で流行していて、明和八年（一七七一）には四ヶ月で二〇七万人、文政《ぶんせい》十三年（一八三〇）にも半年で四五七万九一五〇人が伊勢に参宮した、という。当時の人口をかりに二八〇〇万人とすると、宝永二年のは一二・九二%、文政十三年のは一六・三五%にあたる。一億二六〇〇万人の今日に換算すれば、それぞれ一六二七万人、二〇六〇万人がとうとつにかつ一斉に旅に出たことになる。平成十年の商用・観光をふくめた海外旅行客は一五〇〇万人だそうだが、それよりはるかに多い。これほどの人数が旅行していたのなら、江戸時代を閉鎖社会とみるのはおよそ見当外《けんとうはず》れである。むしろ名所・旧跡やご馳走《ちそう》の話で、村のなかはもちきりだったろう。

お蔭参りは特別な社会現象だが、基盤となっている伊勢講《いせこう》は日常的な観光事業組織である。伊勢参宮を目的として講を組み、講に入った人たちが金を出しあい、出資者のうちのだれが行くかを籤引《くじび》きなどで選ぶ。四〇〇人の講で毎年二十人を行かせられるとすれば、二十年のうちには全員が行ける仕組みである。こうした参拝目的の講は、ほかにも善光寺の善光寺講・出雲大社《いずもたいしゃ》の出雲講・白山《はくさん》神社の白山講・三山（出羽《でわ》三山・熊野三山）講などがあり、江戸周辺では成田山新勝《なりたさんしんしょうじ》寺の成田講・大山阿夫利《り》神社の大山講などが著名である。

これらの講は、たとえば伊勢講ならば伊勢御師《おんし》と密接に繋がっていた。御師は正月にはお札《ふだ》や暦を配り、いわば旅行事業者として彼らの囲い込みを図《はか》っていた。そして道中の協定旅館への手配や伊勢での宿泊・馳走《ちそう》を提供して、接待に努めた。神崎氏によれば、この御師は山田（伊勢外宮《げくう》）で宝暦《ほうれき》五年（一七五五）に五七三家、宇治（伊勢内宮《ないくう》）を合わせれば六〇〇～七〇〇家ほど。安永六年（一七七七）に御師たちが受け持っていた檀家《だんか》は四三九万戸というから、信者数は一七〇〇万人を超えて、総人口の六割にもなる。彼らの夢は伊勢参宮《さんぐう》であって、それをかなえるのが御師だから、つまり日本中の伊勢講の人々が日常的に旅に出ていたのである。

もっとも伊勢講・大山講などと称しているが、彼らの信仰心や宗教意識が高かったわけじゃない。これは表向きの旅行目的である。太平洋戦争中に修学旅行などといっても許されないが、伊勢神宮への参拝だと称して申請すれば、許可が出た。大家《おおや》も寺も関所の役人も、信心のためだといわれれば通しやすかった。ただし彼らの真の目的は、物見遊山《ものみゆさん》や旅籠《はたご》での飲み食い、とくに御師の館での本膳から四の膳（引き物）までという一生一度の大名並みの食の接待をうけることである。さらには、道中の宿屋にいる飯盛女《めしもりおんな》などを相手にした女郎買《じょろうか》いもあったろうか。

こうした活発な旅行の実態があって、『都名所図会《ずえ》』『東海道名所図会』などの物見遊山用の書籍が刊行されていった。村のなかだけで生涯を了《おえ》える話など、ただの建前《たてまえ》にすぎない。

## 78 島原の乱は、キリスト教徒を交えた百姓一揆じゃなかったのか

島原の乱は、寛永《かんえい》十四年（一六三七）十月の蜂起にはじまり、翌年二月の幕府軍による総攻撃で二万三〇〇〇人（三万七〇〇〇ともいう）が全滅して終了した。この乱平定の翌年にポルトガル船の来航が禁じられていわゆる鎖国《さこく》体制が確立するが、その口実《こうじつ》となった事件とも評価されている。

この乱は、いったいどういうものだったのか。その解釈は、なにか釈然としない。原因としてよくあげられるのは、肥前《ひぜん》国島原を支配していた松倉重政《まつくらしげまさ》の苛政《かせい》である。重政は、元和《げんな》二年（一六一六）四万石の大名として島原に入部した。初めは旧有馬氏の日野江《ひのえ》城にいたが、日野江・原両城を壊《こわ》して、七年の歳月をかけて分不相応といわれた島原城（森岳城《もりおかじょう》）を新築した。それだけでも大変な出費だったが、さらに出世してより豊かな他領に転封《てんぽう》させてもらおうと、江戸幕閣《ばっかく》に高額な賄賂《わいろ》を配り続け、公儀普請役《こうぎふしんやく》などを進んで引き受けた。また呂宋《るそん》攻略を幕府に願い出て許可されていて、そのための軍費調達も必要になった。これらのためにかねて有馬《ありま》氏の内々の検地で七十％増と打ち出されていたところを、さらに寛永七年の検地で六十四％増に算定し直し、草高《くさだか》を十万石に引き上げた。もちろん幕府に対しては、十万石相当の軍役《ぐんえき》負担を申し出た。村民たちには過重《かじゅう》な貢税《こうぜい》を負担させることとなり、窓や戸口に対して窓銭《まどせん》・戸口銭《とぐちせん》、家のなかに囲炉裏《いろり》があれば囲炉裏銭、出産すれば頭銭《あたません》、死人が出ても穴銭《あなせん》を課すなどした。非人道的な課税であっても、滞納すれば川のなかの水籠《みずかご》に入れられて拷問《ごうもん》され、木に括《くく》り付けられた上で着させられた蓑《のみ》に火を点《つ》けられてひどい火傷《やけど》を負わされた。乱の起き

た寛永十四年は広範囲の飢饉《ききん》だったのに、税の未進《みしん》への過酷な取り立てが続けられていた。これが決起のきっかけとなった、という。もしそうならば、反乱の本質は百姓一揆だったこととなろう。

これがキリスト教色を帯びたのは、たまたまそこがキリシタン大名の旧支配地であったから、と説明される。島原の旧領主は有馬晴信《はるのぶ》で、天草《あまくさ》は小西行長《ゆきなが》の旧領である。ともに名を知られたキリシタン大名であった。行長は関ヶ原の戦いで西軍についたために改易《かいえき》されていたから、家来は主家《しゅか》を失って帰農《きのう》した。有馬直純《なおずみ》は日向延岡《ひゅうがのべおか》に転封となったが、これに随従《ずいじゅう》せずに武士をやめて帰農する者が多かった。このため松倉重政・勝家《かついえ》らの弾圧を経ても、表向きはともかく、この地域の底流としてのキリシタン信仰はなおつよいものがあった。

こうした環境のなかで百姓一揆《いっき》が起きれば、宗教的な色彩を帯びる。帰農した武士たちは、もともと村落を政治・経済的な基盤として戦場に出て行った。それが帰農したのだから、村落自治組織の中枢を担《にな》う立場に据えられる。彼らが一揆の中心にいれば、すなわちキリシタンが指導する宗教一揆と見られてもやむを得ない。そしてこの一揆は、天草の大矢野島《おおやのじま》で数々の奇跡を起こしていると評判の益田《ますだ》（天草）四郎時貞を首領と仰ぐ集団と連合した。そこは寺沢堅高《てらさわかたたか》の唐津藩《からつはん》領の飛び地だったため、飢饉に喘《あえ》いでいる実情が正確に把握されなかった。細川忠利の熊本藩では年貢が免除されていたのに、隣村ともいえる天草では減免されていない。そこで島民はこれを苛政と受け取って一揆を組み、島原の一揆と合流した。しかし幕府は宗教一揆と捉え、キリシタン排除を口実に鎖国を完成させた、と。

おおむね、こうした理解ではなかったろうか。筆者も、かつて教壇の高みからこのように教えていた記憶がある。しかしこの理解は、どうも間違っているようだ。

神田千里《ちさと》氏著『島原の乱』（中公新書）によれば、領主の苛政に対する百姓一揆とみなしてきたのは「百姓一揆なら説明しやすかったから」にすぎない。内容は、どうみてもそうでない、という。

そういえば島原の乱では、領主・幕府などに対して具体的な年貢減免要求などをいっさい掲げていない。一揆したのならば、苛政の条目《じょうもく》を数え上げて領主の交代を幕府に求めてもおかしくない。しかし世直《よなお》しの要求など、何一つ掲げていない。金目当《かねめあて》ての誘拐《ゆうかい》事件とみていたのに、身代金《みのしろきん》の要求がいつまでもなければ、怨恨《えんこん》による殺人目的の拉致《らち》かもしれない。それと同じことだ。

この反乱の目的は、生活要求でない。ではなぜキリスト教の信仰を掲げ、この時点で決起したのか。一揆方・副将格の山田右衛門作《えもさく》の口述によると、千束島《せんぞくじま》にいた五人の牢人《ろうにん》が二十六年前に伴天連《ばてれん》（宣教師）が書き遺《のこ》した予言を覚《おぼ》えていた。予言では、「二十六年後に一人の善人が現われ、その幼な子は習わないのに文字に精通し、出現の印を天に表わす。木に饅頭《まんじゅう》がなり、野山に白旗《しらはた》が立ち、人々の頭に十字架が立ち、雲が焼けるだろう。そして人々の住処《すみか》は焼け果て、野山も草木も焼けてしまうだろう」というものだった。十六歳の天草四郎は、まさにそれに適合する利発《りはつ》な子であり、かれらは彼こそが天の使いである善人と納得した。その予言のように、少なくとも京都では日の出・日の入りが異常に赤く見えた、という。そうしたなかに、「寿庵廻文《じゅあんかいぶん》」と呼ばれるキリスト教の終末予言が流《る》布《ふ》された。全能の神・でうすにより「火のぜいちよ（審判）」がなされるので、天降《あまくだ》りしている天人・天草四郎に従え。従って改宗しなければ、地獄に堕《お》とされる。飢餓《きが》に苦しみ、天変地異が見られるこの日々は、そうしたことを諒解《りょうかい》するのに、つごうのよい状態だったかもしれない。この檄文《げきぶん》に従って、キリシタンからかつて転《ころ》んだ（転改宗）者たちはことさらに「立ち帰り」を表明して、キリシタンに戻ったことを明らかにしていった。かれらがそこからさきにすべきと思えたのは、キリシタンでない人たちをはやく改宗させて、最後の審判までに救ってやることだったのだろうか。ともあれ年貢の減免など要求していないのは、決起の目的がそれでなく、最後の審判を受けることだからである。

しかし筆者が驚いたのは、キリスト教徒による他宗派への徹底した攻撃ぶりである。

村単位でキリスト教への改宗を求められ、名主《なぬし》など村の指導者たちが改宗するかどうかを決める。

ひとたび村として改宗することになれば、村民に選択の自由は認められず、信じないのなら追放ではなく殺してしまう。だから改宗しないつもりなら、そこで仲間に討たれるか他領に逃げ出すほかない。

また、他宗の寺院に放火し破壊した。宗教対決・布教のほんらいのあり方なのかもしれないが、少なくとも日本の宗派間でこれほど徹底した攻撃の例を知らない。キリスト教に改宗しなければ僧侶でも迷わず殺し、寺院は焼き落とした。それまでの仏教諸派中でも対立はあり、荘園《しょうえん》や支配権を巡って激しく衝突した歴史もある。しかし宗派が違うというだけの理由で、殺しまではしない。またたとえば時宗《じしゅう》（一遍宗《いっぺんしゅう》）では、神主《かんぬし》の妻が一遍にとつぜん帰依《きえ》して教団に身を投じ、止めに行った夫も家・財産を捨てて家族と縁を断《た》つという、世俗からみれば悲惨な光景があった。それでも、宗派に帰依して属するかどうかは、個人単位で判断する。村単位で帰属するわけじゃない。だが一揆のキリスト教徒には妥協がなく、不寛容に相手を滅ぼしつくした。包囲した幕府軍総大将の老中《ろうじゅう》・松平信綱《まつだいらのぶつな》は「徳《とく》川家光《がわいえみつ》や松倉勝家に恨みがあって、それに理《ことわり》があるなら和談《わだん》してもよい」と持ちかけたが、城内からの矢文《やぶみ》には「恨みはなく、ただこの素晴らしい宗門《しゅうもん》の信仰の容認を」とあるのみ。だがもし容認すれば、他宗は壊滅的な攻撃を受ける。幕府とすれば、こうなっては消滅させるほか手がなかったろう。

## 79 江戸時代は、各藩にお任せの分権支配体制だったのか

江戸時代は地方分権の時代だった、と思われている。藩《はん》にはそれぞれの定めた藩法《はんぽう》があり、刑罰内容も異なった。また関所や津留《つどめ》などによって国産品《こくさんひん》を外部に売らせず、藩の専売にして領内経済圏の儲《もう》けを独占した。こんな状態では、国家としての統一性が無くならないものか。藩領や旗本などの知《ち》行地《ぎょうち》も、わざと細分化して分割支給になっている。だれもが通過できるようにすることで、地域的な秘密が守れないようにしているんだ、とか聞いたことがある。ありそうな話である。だがお上《かみ》の都合《つごう》はともかく、そこに住んでいる側はそんな状態で困らないのか。複数の知行主がいるために、だれも工事をしない。だれに頼めば、居住環境を統一的に整備してくれるのか。そういう疑問も生じる。筆者はかつて東京都港区と渋谷区の境にいたが、渋谷区側はこまかく街灯《がいとう》があったのに、港区側は無くて暗かった。自治体の境目《さかいめ》がサーヴィスの終着点という話も、よく聞いた。

じつは江戸幕府は、二種類の法律を出している。一つは幕府の直轄領である天領《てんりょう》にのみ通用する法律である。そしてもう一つは全国にくまなく適用させる。たとえば慶長《けいちょう》十七年（一六一二）のキリスト教禁教令は直轄領だけに通用させたが、翌年には全国に命令している。藩主・知行主のそれぞれの見解・意向に関わりなく、それに優越させる法律として施行させたのである。

また統一性がないと機能しないものは、幕府の直接管轄下に置いた。たとえば五街道《ごかいどう》がそれだ。道《どう》中奉行《ちゅうぶぎょう》を設置し、五街道とその附属の街道・橋梁《きょうりょう》・宿駅《しゅくえき》などについて維持管理・運営修補などす

べての事務を管掌させた。宿駅の労働力を補助する助郷《すけごう》の手配や並木・一里塚《いちりづか》の維持、道橋普請《ふしん》など、その業務執行のための権限が与えられていた。かりにそれが尾張《おわり》藩の一円支配《いちえんしはい》のなかであろうとも、東海道中は道中奉行の支配下として沿道の藩からの干渉は受けなかった。

　このほかに、藩領や知行地・天領を跨《また》ぐ普請（工事）がある。たとえば堤防などは周《まわ》りから水が入ってきて役に立たないから、藩領や知行地の部分だけ工事しても意味がない。江戸幕府も、その点は分割したら任せっきりというほど無責任でない。一国をほぼ一円支配する藩のなかでのことは、その藩主が工事をすればいい。しかし蔵入地《くらいりち》・給人《きゅうにん》知行地など多数の支配者が錯綜《さくそう》する場所では、国役《くにやく》普請《ぶしん》として近隣地域から同一規準で人足・職員や資材・費用を徴発した。普請箇所に近い場所から集めた人足《にんそく》が実役に従事して、はじめは大名・知行主・代官らが領域ごとに分担工事をしていたが、やがて堤防ならば堤奉行《つつみぶぎょう》が工事全体を差配するようになった。また大名課役としてのお手伝《てつだ》い普請では、担当に決められた藩主が、国奉行《くにぶぎょう》の見積もりや指示のもとに人足賃・材料費などの入用金を負担し、工事の監督・警備などのための家臣を派遣した。こうして、宝永《ほうえい》元年（一七〇四）大和川《やまとがわ》の付《つ》け替《か》え工事、寛保《かんぽう》二年（一七四二）・三年には関東地方の水害被災地の復旧作業、宝暦《ほうれき》三年（一七五三）から五年にかけて木曽川・長良《ながら》川・揖斐《いび》川の総合的な治水工事などが実施されていった。

　さらにたとえば明和《めいわ》元年（一七六四）に館林藩《たてばやしはん》の松平武元《たけもと》の藩邸焼失のさいに一万両を、二年に水戸藩に藩邸と水戸城焼失で二万両を、三年に領内凶作で尾張藩に二万両、松代《まつしろ》藩の真田《さなだ》幸弘・水戸藩に各一万両を、四年に連年凶作で池田重寛《しげひろ》に一万両を、と相次いで国家的な観点からの救済融資をして助けている。幕府は統一政権としての責務を自覚し、日本全体をつねに見渡していたのである。

## 80 天領の年貢が安いのは、お上のお慈悲だったのか

新井白石《あらいはくせき》著『折《お》りたく柴《しば》の記《き》』によれば、天領《てんりょう》では幕府の懐《ふところ》に入るべき年貢《ねんぐ》の率が収穫高の三割を割り込んでいるという。藩領などでは五公五民といって収穫の五割を上納しなければならないのだから、三割で済む天領は税が安くていいところに思える。これは天領つまり将軍の直轄地だから、とくに将軍様の特別な御慈悲《おじひ》がかけられてそうされているのだろうか。

天領は、元禄《げんろく》十五年（一七〇二）大名預所《だいみようあずかりしよ》を除き四〇〇万五〇〇〇石、享保《きようほう》十五年（一七三〇）以降は大名預所をふくめて四四八万一〇〇〇石、宝暦《ほうれき》七年（一七五七）四四八万二〇〇〇石、天保《てんぽう》九年（一八三八）四一九万二〇〇〇石、文久《ぶんきゆう》三年（一八六三）四〇七万五〇〇〇石ばかりあった。この天領のすべてが郡代《ぐんだい》・代官の支配地でもない。大名預所として管理委託地になっているのが五七万七〇〇〇石から七六万三〇〇〇石ほどで、また伏見《ふしみ》奉行《ぶぎよう》・佐渡《さど》奉行・長崎奉行など遠国《おんごく》奉行に支配させている地も一四万石前後あった。その残りである三一七万石から三八九万石ほどが、郡代・代官の支配する地である。

郡代・代官は勘定頭《かんじようがしら》（奉行）の支配下であり、職務には旗本《はたもと》が起用された。郡代・代官の定員は決まっていないが、宝永《ほうえい》二年（一七〇五）には六十三人、享保十五年には四十二名、天保六年には四十三名、慶応《けいおう》三年（一八六七）四十一名というから、おおむね八〜九万石の支配地を預かるわけである。ところが問題なのは、その支配地に赴任《ふにん》する人数である。天保十年に大和国五条《やまとごじよう》代官所《だいかんしよ》にいた

竹垣直道《たけがきなおみち》は六万一七三三石の天領を管轄したが、役人は代官本人と幕臣《ばくしん》の手付《てつけ》二人、お抱《かか》えの手代《てだい》七人しかいない。下働きの足軽《あしがる》や中間《ちゅうげん》は別にいたろうが、それをふくめても二十人にもなるまい。

かりに藩であれば、六万石の大名といえば、かなり大きい方だ。俗に三〇〇諸侯《しょこう》とかいわれるが、その大半は一万石なのである。慶安二年（一六四九）十月の「御軍役人数割《ごぐんえきにんずうわり》」という軍役の負担規定を見ると、六万石ならば一二一〇人の兵員を養っておかねばならない。「いざ鎌倉」となれば、それだけの兵士を引き連れて戦場に赴くこととなっているからだ。その最低水準の義務を明らかにした人数一覧である。藩財政を圧迫するだろうが、もちろんこの数字以上に雇ってもお咎《とが》めはない。

この懸隔《けんかく》した数値から察せられる通り、藩領では一人宛《あて》五十石弱分の統治で済むが、天領では一人宛で六二〇〇石弱分か三一〇〇石弱分を受け持つ。行政の網の密度が違う。とうぜんにも、天領でまともな行政などできやしない。しかも幕府は、在地性《ざいちせい》の高い代官では不正が起こりやすいとみて頻繁《ひんぱん》に交替させ、関東地域では陣屋《じんや》に住まずに江戸定府《じょうふ》とするよう促《うなが》している。その地域をよく知っている者やよく見きわめようという姿勢を評価せず、徴税吏《ちょうぜいり》に徹するようにしか求めなかったのである。

これでは、村のなかの実情も知りえず、村の有力者からの報告をただ信じておくしかあるまい。また治安は、その地域で軍事的暴力的な組織を持っている者を頼ってとりあえず鎮《しず》めておくほかない。つまり村の上層部である名主《なぬし》・組頭《くみがしら》などのいいなりになって苛政《かせい》・不正を見逃《みのが》し、暴力組織をもって力尽《ちからづ》くで弱者から金品を貪《むさぼ》り取るヤクザたちに公権力《こうけんりょく》の象徴である十手《じゅって》を預ける。そうした、どうしようもない代官像ができ上がっていく。治安が甘いので兇状持《きょうじょうも》ちなどが入り込み、藩領から逃げ込んだ百姓たちが隠れ住む。だからさらに治安が悪くなる、という悪循環を辿《たど》っていくのである。

## 81 悪貨への改鋳に乗り出した荻原重秀は、勘定奉行の面汚しだったのか

荻原重秀《おぎわらしげひで》は、貞享《じょうきょう》四年（一六八七）に勘定頭差添役《かんじょうがしらさしぞえやく》（のちの勘定吟味役《ぎんみやく》）となり、元禄《げんろく》二年（一六八九）に佐渡《さど》奉行を兼任した。佐渡の金銀産出量の減少で従来のような貨幣鋳造が困難になってきたことを知り、元禄八年に貨幣改鋳を建議《けんぎ》して、改鋳《かいちゅう》と新旧貨幣の引き替えの主任となった。元禄九年に勘定頭（のちの勘定奉行）となって、以降五代将軍・徳川綱吉《とくがわつなよし》時代の後半から六代将軍・家宣《いえのぶ》時代の大半は、彼一人で幕府財政を取り仕切っていた。

彼が当面していた課題は、幕府財政の再建だった。三上隆三《みかみりゅうぞう》氏著『江戸の貨幣物語』（東洋経済新報社）によれば、家光《いえみつ》時代には、東照宮《とうしょうぐう》造営に金五六万八〇〇〇両・銀一〇〇貫《かん》・米一〇〇〇石、一回一〇万両かかる日光参詣《にっこうさんけい》を十一回、一回約一〇〇万両かかる上洛《じょうらく》を五度、島原の乱で約四〇万両を費《つい》やした、という。家綱《いえつな》時代には明暦《めいれき》の大火（振《ふ》り袖《そで》火事）で、江戸城再建費や大名屋敷五〇〇余箇所・神社仏閣三〇〇余箇所・市街地八〇〇町余への復旧費貸付金や下賜金《かしきん》、間口《まぐち》一間あたり三両一分の救助金一六万両などが支払われた。以後も火災・水害・飢饉《ききん》のたびに臨時に金を貸し付け、諸大名の拝借《はいしゃく》金・下賜金の請求もあり、ゆとりがなくなっていた。徳川家光の娘・千代姫《ちよひめ》の尾張《おわり》徳川家への輿入《こしい》れでは大半を幕府が支払ったのに、綱吉の娘・鶴姫《つるひめ》の紀州《きしゅう》徳川家嫁入りでは紀州にほぼ全額を負担させている。将軍家の力を見せつけたくとも財政破綻で、親戚への恰好《かっこう》づけすらできなくなっていた。『折《お》りたく柴《しば》の記《き》』での新井白石《あらいはくせき》の計算では、幕府の歳入《さいにゅう》が七六～七万両ほどあるが、三

〇万両が給金で、残りは四六～七万両。しかし宝永《ほうえい》三年（一七〇八）の歳出は一四〇万両だった。さらに内裏《だいり》造営費に七～八〇万両かかるというのに、御蔵《おくら》には三七万両しか残っていなかった、という。

そこで重秀の採《と》った策は、貨幣を改鋳して出目《でめ》を出し、出目を材料として貨幣を造り出すことだった。当時の慶長《けいちょう》小判《こばん》の金の品位《ひんい》は（一〇〇〇分の）八六八だが、元禄小判では五六四に切り下げた。重さを四・七六匁《もんめ》のままにするため、銀を多く入れた。そのために分厚《ぶあつ》くなり、白っぽくもなった、という。これを慶長一分判《いちぶばん》に適用し、慶長銀についても七九二あった銀の品位を六四六に落とした。それでもたとえば通用額面の一両はそのままだから、これによって慶長小判二両の金を元《もと》にすれば元禄小判三両強が出来るわけで、元禄八年から十六年までの九年間で幕府は差額として四五二万両の利益を手にした。さらに家宣時代にかけて、金銀比価調整のためもあって元禄銀より低品位の宝永銀（五〇七）・永字銀《えいじぎん》（四一六）・三宝字銀（三二六）・四宝字銀（二〇四）などを次々造り出した。

もちろんほかにも財政再建策は採っており、長崎貿易からの運上金《うんじょうきん》を増額して四万両とし、酒造業者から六〇〇〇両の運上金を出させた。五〇〇俵以上の旗本《はたもと》には知行地《ちぎょうち》を与えて蔵米《くらまい》支給を停止し、財政負担を減らしてもいる。また宝永四年（一七〇七）富士山の降灰《こうはい》を除去するためと称して高一〇〇石について二両づつ出させたが、六万両しかその目的に支出せず、残る四二万両を江戸城の造営費などに回した、という。

こうして財政再建に尽力《じんりょく》した重秀だが、彼のイメージはよくない。新井白石の糺弾《きゅうだん》によって犯罪者のような扱いで失脚させられ、子・乗秀《のりひで》までが知行地を三七〇〇石から七〇〇石に削られている。

糺弾されるいちばん大きな理由は、上に立つ者の所業《しょぎょう》でない、ということである。貨幣を発行する権限は幕府にしかない。その権限を持つ者は、またその権威を負う者である。為政者《いせいしゃ》として、上に立つ者が、下々《しもじも》までが使って厚い信頼を寄せられている貨幣を粗悪品に変えてよいものか。その狙いとか効果ではなく、まずはそういう道徳観の有無が問われ、「陽《あらは》にあたへて陰《ひそか》に奪ふの術」であって国民への背信《はいしん》行為・信頼への裏切りだと断罪した。ついでに家康の「決して貨幣の品位を落としてはならぬ」という遺命《いめい》に逆らうもの、ともされた。それだけでは失脚させる理由として不足とみて、今度は収賄事件を探り出したのか捏造《ねつぞう》したのか、酒造業者からの運上金が過少だとか、銀貨改鋳に当たり銀座商人から三二万両の賄賂《わいろ》を出させたとか、不正私曲《しきょく》が多かったかのように喧伝《けんでん》された。

　これでいいのだろうか。あたかも新井白石が正義漢《せいぎかん》であって、重秀が汚職《おしょく》まみれの経済官僚という人物評がまかり通っている。だが、彼の施策《せさく》が当たったことも否定し得ない事実である。貨幣改鋳によって、幕府財政は、ともあれ表示価でいえば全盛期に近づいた。元禄八年に本郷霊雲寺《りょううんじ》近くの畠のなかに吹所《ふきしょ》（造幣所）を建てて窃《ひそ》かに改鋳させたり、後藤役所・金座人役所・吹所を後藤役宅に囲い込むなど、後ろめたそうな動きをしているが、たしかな成果を上げた。さらにこれによって、事実として貨幣の流通量が多くなった。貨幣量が不足すれば、そのために値段が付かず、流通過程に乗せられない商品が生じる。品位を守ろうとして貨幣供給量を抑えれば、商業活動が停滞してしまう。「近来の様子を聞き合はするに、元禄の頃より田舎への銀行渡《ゆきわた》りて、銭にて物を買ふ」（荻生徂徠著『政談』）とあり、全国どの村人にも貨幣が回るようになったのは、この元禄改鋳によってである。そう考えれば、経済施策としても間違いでない。それを、為政者の封建道徳の観点から断罪するのがよいのか。少なくとも、私たちがいまも人物評価として受け継いでいくべきだとは思えないのだが。

## 82 赤穂浪士の名場面は、芝居用に捏造されたものではなかったか

元禄《げんろく》十四年（一七〇一）三月十四日、勅使《ちょくし》饗応役《きょうおうやく》だった浅野内匠頭《たくみのかみ》長矩《ながのり》は、江戸城松の廊下で高家《こうけ》・吉良《きら》上野介《こうづけのすけ》義央《よしなか》に斬りつけた。長矩は同日中に切腹となり、赤穂《あこう》五万石は改易《かいえき》となって領地没収・家中離散となった。しかし、義央は何も咎《とが》められなかった。翌年十二月十四日、将軍徳川綱吉《とくがわつなよし》の裁定を不服とする赤穂浪士四十七人が吉良邸を襲撃して、義央を討った。これが忠臣蔵《ちゅうしんぐら》事件である。

佐藤孔亮《こうすけ》氏著『「忠臣蔵事件」の真相』（平凡社新書）では、これまで忠臣蔵の名場面とされて流布《るふ》してきた話に、数々の疑問を投げかけている。

たしかに指摘される部分には、思い当たるところがある。

松の廊下で留守居番《るすいばん》の旗本《はたもと》・梶川頼照《かじかわよりてる》と吉良が立ち話をしていたら、浅野長矩が吉良の背中に斬りつけた。何事かと吉良が振り向いたところで、さらに額《ひたい》を斬った。話はそうなっている。だがそうだとすると、梶川は吉良の肩越《かたご》しに長矩の動きを見ていたわけである。私たちが思い起こす名場面では梶川は長矩の背後から羽交《はが》い締《じ》めにしているが、そうするにはわざわざ反対側に大回りして長矩の背後に行かねばならず、とっさの判断としておかしい。梶川の日記には、「片手が長矩の持つ小刀の鍔《つば》に当たったので、そのまま押しすくめた」と記されている。つまりそのまま一歩進んで、前から彼の動きを止めにかかっている。これの方が自然だろう。では、吉良を睨《にら》み付けている長矩を、梶川が後ろから抱きかかえたという話に変えたのは、なぜか。それは、客席にいる者として、三者の顔が見や

すいようにしているのである。舞台ならでは、の都合らしい。

ついで、長矩は陸奥《むつ》一関《いちのせき》三万石の大名・田村建顕《たむらたけあき》邸に預けられ、そこで切腹させられる。その切腹直前の話だが、片岡源五右衛門《げんごえもん》が田村邸に来て「主従の暇乞《いとまご》いに、せめて一目会わせて貰いたい」と請願した。田村からこの話を聞いた幕府目付《めつけ》・多聞伝八郎重共《たもんでんぱちろうしげとも》は、「切腹の場に出させても、相手は丸腰《まるごし》であって、こちらは警備の者が大勢いる。主人を助けようとしても無理である。一目くらい会わせるのは、慈悲だ」といって一存《いちぞん》で許可した、という。片岡はそのあと二度も多聞のもとを訪ね、繰り返し礼を述べた、というおまけがついている。しかしこの話も、眉唾物《まゆつばもの》である。

長矩はすでに罪状・裁断も確定した罪人であり、いまその処刑の場に臨《のぞ》もうとしている。そんな処刑直前の罪人と面会させるはずがない。しかももと大名としても、もはや大名ではないのだから、家来と会って指示を出せるはずもない。暇乞いなどというさしたる用でもない家来を会わせていたら、きりがなかろう。佐藤氏は、邸内に上げたら、家綱時代から禁止されていた殉死《じゅんし》をされてしまう恐れもあったろうとする。殉死もありえたかもしれないが、もともと片岡が一存で田村邸を訪れるようなことがありうるのかどうか、それ自体が疑問だろう。

この多聞重共という人は、八歳で将軍にお目見得《めみえ》し、書院番《しょいんばん》・小十人頭《こじゅうにんがしら》・目付と進み、旗本のなかではエリートコースにいた。本給四〇〇石から七〇〇石へと加増され、将来は勘定奉行《かんじょうぶぎょう》・町奉行など花形の役職に就《つ》くと思われていた。長矩の刃傷《にんじょう》事件にあったのは、目付に就任して四年目の四十三歳のときだったそうだ。佐藤氏の推測では、その二年後の元禄十六年に江戸に大火があり、江戸城内にも及んだ。そのために火《ひ》の元改《もとあらた》めとしての責任を問われたかという。そうかもしれないが、城内からの失火でもないので、断定はしがたい。ともあれ、宝永《ほうえい》元年（一七〇四）に小普請組《こぶしんぐみ》に配属となって、役職を解かれた。そのあとは二十年間も無役《むやく》で、失意のうちに六十五歳で死没している。

その彼の遺《のこ》したのが『多聞伝八郎覚書《おぼえがき》』で、右の長矩切腹時の話もここに記されている。彼には不遇になった者としての恨みがあり、さらにめったにない歴史的大事件に関わった。その記憶を改竄《かいざん》して、自分の役割を過重《かじゅう》にして憂《う》さ晴《ば》らしをしてみたのではないか。たしかに、そういう形跡がある。多聞は、老中《ろじゅう》上座・柳沢吉保《やなぎさわよしやす》に事件の再吟味を求めたとか、「吉良は養生《ようじょう》がおぼつかない」つまり傷がもとで死没するだろうと長矩に伝えたとか、長矩に同情的である。しかし事実とは思えず、世上《せじょう》での赤穂浪士人気を受け、そのなかで自分の存在感を示したいという下心《したごころ》あっての曲筆《きょくひつ》だろう。文献史料は依拠するものがあればそれでよいのではなく、記述者のこうした意図も考えなければなるまい。

吉良の最期の場面もそうだ。屋敷内を二度三度と点検したが、赤穂浪士たちは吉良を探し出せなかった。そして盲点になっていた台所の炭部屋の戸を打ち破ると、なかから皿・鉢・炭などが投げられてくる。そこで攻め立てると、二人が撃って出てきた。そのあとに見つけられたのが白小袖《しろこそで》姿の吉良で、そこで笛が吹かれてみんなが集合する。浪士たちに囲まれ、大石内蔵助《くらのすけ》との間にやりとりがあり、吉良に自害《じがい》するよう求める場面がある。そして拒絶されたところで斬首《ざんしゅ》、という順になっている。だが大目付《おおめつけ》・仙石久尚《せんごくひさたか》に提出された『富森助右衛門筆記《とみもりすけえもんひっき》』によれば、炭部屋になお人がいる様子なので、間《はざま》重次郎が槍を差し込むと、脇差《わきざし》しを抜いて出てきた。武林唯七《たけばやしただしち》は、これをただちに斬り伏せた。その遺体の年格好《としかっこう》・服装や刃傷の痕《あと》からのちに吉良と判明した、とある。これでは感動的な見せ場にならない。だから事実の方を変えた。それが私たちの知っている、いや知りたい忠臣蔵なのである。

# 83 三行半をつきつけられた女性たちは、不幸に耐えてきただけか

「三行半《みくだりはん》を突きつける」といえば、江戸時代の離婚劇の最終場面だ。夫はこれを渡し、妻を有無《うむ》をいわさず離縁してしまう。それなのに妻側からは、夫を離縁できない。それじゃ、不公平だ。江戸時代は男尊女卑《だんそんじょひ》がひどく、女性にとっては堪《た》え忍《しの》ぶだけのいやな社会だった。そう見られそうなところだが、その理解は制度がそういう体裁《ていさい》をとっていたことからの臆測であって、「昔は女性が不当に低く遇《ぐう》されていた」というのはただの思い込みである。

三行半というのは、離縁状の趣旨がほぼ三行と半分で書ける内容なので、そういわれている。「其許儀《そこもとぎ》」などと書き出し、「今日限りいとま遣《つかわし》 申《もう》す」「偕老同穴《かいろうどうけつ》の契《ちぎり》 既《すで》にたえ、会者定《えしゃじょう》 離《り》の浮《うき》世《よ》」とか「家内不和合《かないふわごう》に付き」「気合《きあ》わず候《そうろう》に付き」とかの離縁の意思や理由が簡潔に語られ、「何方《いずかた》へ成共縁付《なりともえんづく》之儀は、勝手次第」「向後《こうご》再縁は勿論如何様《もちろんいかよう》之儀有之 候 共《これありそうろうとも》、此方差構 無之《このほうさしかまえこれなく》」「此末《このすえ》隣家へ嫁入り候共」など離縁後の女性の身の振り方についての条件を記し、「為後日《ごじつのため》離別状、仍《よっ》て如 件《くだんのごとし》」などと離別状であることを示す言葉で締めくくる。そして最後に、年月日と差出人つまり男性の名と居住する村名があり、受取人の女性名かその親族名と居所の村名が書かれている。

この文面だけを見ていれば、たしかに夫から妻を一方的に離縁していて、「もう愛想《あいそ》が尽きたから、離縁したあとはどうとでもしろ」という感じに読み取れる。だがそれは、離婚制度がそういう体裁をとっているだけのことだ。

たとえば「申請」書を書けっていわれても、申請ってのは下の者が上の者に申し上げ、ひたすら請い願うというみじめな感じじゃないか。自分が主張できる当然な権利の行使なんだから、この用紙は「要求書」と直すべきだ。そういって、読者は役所や銀行の窓口で要求貫徹まで闘うだろうか。そういう名目の書類にすぎないのに。もちろんそれと離縁は同じでないが、三行半は離縁状という書類の形式にすぎないとはいえる。室町時代でも離縁には口頭《こうとう》の意思表明だけでなく証拠の品が必要で、狂言の「箕《み》かつき」でも妻が「しるしをくだされい」「なんなり共くだされい」と求めている。夫から暇《いとま》のしるしを獲得してから家を出る。これが中世の離婚の形式だった（舘鼻《たてはな》誠氏著『戦国争乱を生きる』NHK出版）。江戸時代の三行半は、この流れを受け継いで定型化しているだけである。

高木侃《ただし》氏著『三くだり半と縁切寺』（講談社現代新書）には、離婚例の裏事情がさまざまに語られている。たとえば万延《まんえん》元年（一八六〇）二月、武蔵《むさし》国幡羅《はたら》郡上奈良村の半蔵の娘・みつは、同国大里郡樋《ひ》之《の》口《くち》村の七五郎から、「家内不和合」で離縁されている。しかし実態は、みつが家出して、同国本庄宿《ほんじょうじゅく》の大工《だいく》・藤吉の家に入ってしまった。名主《なぬし》などの尽力《じんりょく》により、結局みつが七五郎と離縁し、藤吉と結婚することで話がついた。法律的にいえば、藤吉が夫のいる女性と不義密通《ふぎみっつう》したとされるところだが、厄介《やっかい》給金・祝金《いわいきん》つまり慰謝料《いしゃりょう》を七五郎に支払い、示談《じだん》で離縁状を得て決着した。夫側からみた「家内不和合」などの事情でない、妻側の勝手な都合なのに、制度的にはこうした離縁状を調《ととの》えるほかなかったのである。

三行半の離縁状は、それがないと離婚しているのか見極《みきわ》めがつかないから、女性側でもどうしても必要だった。だから「向後再縁は勿論如何様之儀有之候共、此方差構無之」という一項が入っている。

そうされないと、再婚ができない。もし女性が重婚だったら、男は不義密通の相手とされ、殺されても文句がいえない。だからどうしても三行半が必要なのだ。三行半は夫しか提供できないから、夫として妻へのいちばんの嫌がらせは、三行半を書いてやらないことである。そうすれば、妻は好きな相手と再婚できないのだから。だが、そのことは夫側も同じである。好きな女ができたので、妻を離縁したい。そういう身勝手な夫がいた場合、夫が離縁状を何枚書き送ってこようと、「受け取っていない」と主張すればよい。夫は重婚となり、好きな女の立場しだいでは姦通罪《かんつうざい》に問われる。そうならないために、夫は妻側から離縁状の「返《かえ》り一札《いっさつ》」つまり受領書を貰っておく必要があった。ということは、妻の諒解なしには、そう簡単に離婚などできやしなかったのだ。

妻は、夫の浮気に泣かされるばかりではなかった。夫の所業《しょぎょう》を忌避《きひ》して実家に戻ったとして、夫が浮気したことかまたは浮気がばれてしまったことを反省し、妻に「戻ってきてくれ」と頼みにくる。そのとき、妻は夫から先渡《さきわた》しの「三行半」を貰っておくのである。そうすれば今後は妻の都合・妻の決意だけでいつでも正式な離縁も再婚もでき、離婚の主導権を握れる。ほかにも、夫の身持ちが悪くて博奕《ばくち》や酒乱などで妻に生活苦をしいている場合には実家などが間に入って書かせたし、養子縁組の場合にも取り決めで先渡しさせておくことがあった、という。

とはいえ、なかには「舅《しゅうと》去《さ》り」といって、舅が子の妻を一方的に離縁したように見える三行半もある。その場合でも、書類の文面ではなくそのときの事情を窺えば、子が勘当《かんどう》されたり出奔《しゅっぽん》などの不行跡《ふぎょうせき》をしていたときに舅が嫁を子から解放してやる救済行為であり、不当な処遇をしていたわけでない。

ほんとうの男尊女卑、女性の社会的地位の低下は、近代の明治憲法下で生じた風潮のようである。

## 84 夭折した子どもなのに流産と扱われるのはどうしてなのか

昭和五十五年（一九八〇）七月、筆者は小舟に乗って加賀潜戸《かがのくけど》を訪れた。そこで若干《じゃっかん》の時間、上陸したのだが、そのあたりは水子供養《みずごくよう》の赤い旗とともに石塔《いしどう》が立ち並び、その間に遺品とおぼしきランドセルや水筒《すいとう》などが置かれている。水子《みずご》とは、流産《りゅうざん》した子という意味である。まだ生まれてもいない子のために、六歳以上でしか使わないランドセルまで買い調《ととの》えておくものか、などと不思議に思った覚えがある。読者諸賢はお察しのことと思うが、これは筆者のまったくの思い違いだった。

一般論だが、六歳未満の子はまだ人間と扱われていなかった。生きていけるかどうかまだ明らかでなく、人間社会の構成予備軍にも入れておけない存在である。だから六歳未満で死亡しても、人としての魂が肉体に定着しなかったものとして、人間未満つまり流産同然の水子と見なされるのである。

宮本常一《つねいち》氏著『絵巻物に見る日本庶民生活誌』（中公新書）では、子どもは裸足《はだし》であり、幼少のときには裸のままでいさせられ、着物を着る場合でも褌《ふんどし》などの下着は着けなかった、という。「石山寺《いしやまでら》縁起《えんぎ》」巻二には民家の入口で裸の女の子が遊び、「信貴山《しぎさん》縁起絵巻」山崎長者巻でも女児が裸のまま背負《せお》われている。「北野天神縁起」巻八でも火事場から逃げてくる女児は、紐付《ひもつ》きの単衣《ひとえ》だけで下着を着けない。五歳になると男子は袴《はかま》を着け、女子は裳《も》（スカート）を着けるが、男子が褌を着けるのは十三歳ごろからだろう、とする。

そういえば、古代の班田収授《はんでんしゅうじゅ》は六歳からで、その前提となる戸籍を造る年に六歳未満であれば口《く》

加賀潜戸

分田《ぶんでん》は貰えなかった。だがこの班田の初受年齢は、唐では十八歳以上であったし、日本の班田制にいちばん近似する北魏《ほくぎ》の制度でも十五歳からだった。日本の受田年齢は中国に比べて異常に早いが、日本では人間として生きることが確認できる年齢の境目を六歳と見なす慣習ができていたのだろう。

それにしても、江戸時代以前とはいわず、昭和前期までの死産や乳幼児の死亡率はよほど高かったらしい。筆者の母・八洲子《やすこ》は六人弟妹の第一子だが、女三人しか成人できなかった。比較するのも悪いが、第十一代将軍・徳川家斉《いえなり》の五十四人の子のうち、結婚年齢まで生きていたのは二十八人。仁孝《にんこう》天皇の十五人の子は十二人が三歳以下で死亡した。その子・孝明《こうめい》天皇の子は六人だが、明治天皇しか成人していない。明治天皇の十五人の子でも二人が即日死亡、一年以内に三人、二年以内に四人、三年以内に一人が死亡し、成人したのは五人のみである。上《うえ》つ方はともかく、鬼頭宏《きとうひろし》氏著『人口から読む日本の歴史』(講談社学術文庫)によれば、江戸時代の庶民の子も生きるのが大変だったようだ。

十九世紀初頭の陸奥《むつ》国白河郡中石井村では、死産が二七一人中の二十一人(七・八%)。十九世紀中葉の常陸《ひたち》国河内郡小茎《おぐき》村・六斗蒔《ろくとまき》村では二三五人中の三十五人(十四・九%)。乳児は、中石井村で出生者中の四十三人(十七・八%)が死亡した。河内郡の二村では二十一人で、十一・五%。常陸国茨城郡川戸村では一三三人中二十一人で十五・八%であった。幼児の死亡率は、十八世紀中葉の信濃《しなの》国湯舟沢村の出生児二九六人中で四十二人(十四・二%)あり、六歳〜十歳では十四人(四・七%)が死亡している。おおざっぱにいって、出産された一〇〇人中十人が死産で、乳児で十五人が、幼児で十四人が亡くなる。三十九人がいわゆる水子とされたわけである。ただ、二十歳以下の母の生んだ子や第一子は、死亡率がきわめて低いのだそうだ。う〜ん、ちなみに筆者は第五子なのだが……。

## 85 初鰹は、あたらしもの好きにすぎなかったのか

平成七年（一九九五）四月に高岡市万葉歴史館に勤務し、土地の方《かた》から最初に相談を受けたのが『万葉集《まんようしゅう》』や万葉歌に関係した古代食の定食が作れないでしょうか」というものだった。のちに奈良県立万葉文化館でも、ほぼ同趣旨で相談された覚えがある。しかしこの答えは、なかなかむずかしい。

古代人の食材はわかっている。正倉院《しょうそういん》にある文書《もんじょ》や調庸《ちょうよう》の木簡《もっかん》あるいは『延喜式《えんぎしき》』などから、食品名を窺うことができる。関根真隆《しんりゅう》氏著『奈良朝食生活の研究』（吉川弘文館）に纏《まと》められているが、たとえば魚ならば、堅魚《かつお》・鯛・佐米《さめ》（鮫）・鰯《いわし》・須須岐《すずき》（鱸）・鯖《さば》・阿遅《あじ》（鯵）・赤魚・鮪《まぐろ》（志毘《しび》魚）・鮐《ふぐ》（河豚）・鎮仁《ちぬ》（黒鯛）・鯔《ぼら》魚・白魚・年魚《あゆ》（鮎）・鮒《ふな》・麻須《ます》（鱒）・鰻・鮭・須介《すけ》（鮭）・氷魚《ひうお》・鱧《はも》・魴《なよし》・伊具比《いぐい》（鯉科?）・宇波加《うはか》（不明）が挙げられている。ただ、その調理法・味付けが分からないのだ。焼くのか煮るのか、または蒸すのか漬けるのか。かりに煮るとすれば、どのような調味料で味をつけるか。蒸したり焼いたりしたあと、どのような調味料を付けて食するか。調味料には、塩・醤《ひしお》・末醤《まっしょう》・酢・飴《あめ》・甘葛《あまづら》煎・芥子《けし》・生薑《はじかみ》・欘椒《なるはじかみ》（山椒）・蘘荷《みょうが》（茗荷）・山薑《わさび》（山葵）・蘭《あららぎ》・蓼《たで》・胡椒などがある。しかし、何にどれをどれほど混ぜれば古代的になるのか、皆目《かいもく》見当がつかない。

しかも問題は、それが分かったとして、現代人が食べられるあるいは食べたいと思うかどうか。『万葉集』には「醤酢《ひしおず》に　蒜搗《ひるつ》き合《か》てて　鯛願ふ　我にな見えそ　水葱《なぎ》の羹《あつもの》」（巻十六・三八二九）とあって、醤と酢を混ぜたものにニンニクを搗き砕いて鯛を漬けたものと、廉価《れんか》な水葵《なぎ》の吸い物とか

出てくる。和《あ》え物の内容が分かる珍しい例だが、それでも割合は不明だ。割合しだいでは、二度と食べたくないかもしれない。もちろん、現代人の多くがおいしいと感ずるように調理してしまうこともできる。だがしかしそうして作った現代人好みの味付けが、古代食といえるのかどうか疑わしい。

古代人の主食は、時代を溯るほど赤米の比率が大きかったと思われる。筆者は現代の赤米を丸一日食したが、杓子《しやくし》で装《よそ》えないほどボロボロで、食べても硬くておいしくない。品種改良を重ねた現代の白米に慣れた舌では、とても食べて貰えまい。現代の食品は、どれも甘くしてある。江戸時代から昭和前期にかけては、甘いことが高級品であることを意味した。そうした伝統のせいかもしれない。それを本気で一昔前の味に戻したら、だれも食べたがらないのではないか。

現代人は、すぐ前の江戸時代の人たちとも味を共感できない。江戸時代の人たちは初鰹《はつがつお》を好んだ。あたらしもの好きなのではない。おいしいと思えたのだ。鯛や鮃《ひらめ》の白身魚とか、鮪なら赤身を好んだ。あっさり好みで、トロ部位は棄てていた。「脂《あぶら》がのっている」のが旬《しゆん》かのように宣伝するが、脂ののった鮭や秋刀魚《さんま》は嫌われていたから廉価で、貧者しか食べない下魚《げざかな》とみなされていた。

大正期の新作落語「さんまの長屋」では、十八軒の長屋住人がケチな地主の油屋に仕返しをしようとして一軒当たり三尾の秋刀魚を焼き、魚が足りない「河岸《かし》だ、河岸だ」といって「火事だ」と聞き間違えさせようと図る。このとき秋刀魚を焼くのが、貧乏な長屋暮らしを思わせる設定となっている。

ところがいまは、大トロの値が高く、美味な高級品と扱われている。脂ぎって濃厚な豚骨味《とんこつあじ》が好きだという現代人が、正反対の江戸時代人の食に満足するはずがなく、まして古代食に舌鼓《したつづみ》を打つとは考えられない。古代食はブームにならない。いや、ブームになったら、それは古代食でない。

## 86 日本はほんとうに無宗教・無信仰社会なのか

日本は、世界でも有数の仏教国といわれている。

どの家にも属する仏教の宗派があり、「うちは浄土真宗《じょうどしんしゅう》です」とか「真言宗豊山派《ぶざんは》です」とかいう。葬儀にさいして「どの宗派のお坊様をお招きしますか」と葬儀社からよく聞かれているが、その家の人たちはだいたいその帰属の宗派名を知っている。それぞれの家に帰依《きえ》・帰属する仏教宗派の寺院があるのならば、在家《ざいけ》信者の多い、世界屈指の仏教国といわれるのも無理ない。

とはいえ片方では、正月に成田山新勝寺《なりたさんしんしょうじ》・金剛山平間寺《こんごうさんへいげんじ》（川崎大師）・金龍山浅草寺《きんりゅうざんせんそうじ》などという仏教寺院だけでなく、伊勢神宮《いせじんぐう》・熱田《あつた》神宮・鶴岡八幡宮《つるがおかはちまんぐう》・明治神宮・太宰府天満宮《だざいふてんまんぐう》や身近な神社に家族総出で初詣《はつもうで》に出かける。結婚式ではキリスト教会の牧師を招いて誓詞《せいし》を交わし、クリスマスイブにはツリーを飾り街《まち》に出て騒ぐ。ここはほんとうはキリスト教国家だったのか、と目や耳を疑うほどだ。

じつは、仏教の僧侶を招くのは葬儀の形式を整えるにすぎず、キリスト教会で結婚式をするのは女性のウェディングドレスが映《は》えるから。信仰的な意味合いなど持たせてない、というのが本音のようだ。信仰に基づいた行動ならば、これほど系統の異なる宗教行事を混ぜ合わせては行なうまい。とすれば、じつはどの宗教も信じていないのか。そのようにも思えるし、多くの人が「特定の宗教に入信してません。無宗教です」とも思っている。

しかし、多くの日本人がほんとうに無宗教のままで生きているのか。なにも信仰を持たずに日々を暮らしているのだろうか。

死亡しても他界《たかい》・逝去・鬼籍《きせき》に入るといい、「草場《くさば》のかげ」にいて「天から見守」っている亡者《もうじゃ》が別世界でなお生きているというようなことを口する。遺骸や墓石に向かって手を合わせ、供物《くもつ》を捧げ、何事かを語りかけている風景も、見聞きする。だが死没した人は死んでしまったのだから、草場のかげにも天にも、いるはずがない。遺骸や墓に供物を捧げても、手も口も胃腸も動かなくなったか持たなくなった故人が食べるはずもない。墓石に語りかけるのは、亡者のためでなく、生者の問わず語りの独《ひと》り言にすぎない。それがほんとうのところだ。しかし、そうかもしれないとは思っても、そう思い切ってもいない。それが現代を生きる日本人の懐《いだ》く、無自覚な宗教観である。

この「草場のかげにうごめく祖先の霊魂」、そして「天から注《そそ》がれている父母の温かい眼差《まなざ》し」を感じることこそ、いまの私たちの心を支えている宗教である。天に祈れば通じると思うのは、そこに祖先の父母の霊魂を感じてのこと。この感覚が宗教思想であり、加地伸行《かじしんぎょう》氏によればその宗教心の実態は儒教《じゅきょう》なのだ、という(『儒教とは何か』中公新書、『沈黙の宗教—儒教』筑摩書房など)。

加地氏によると、人間は死ぬと精神的なものである魂《こん》と肉体的なものである魄《はく》に分かれる。魂は円形ドーム状になっている天空を浮遊し、魄はほんらい頭蓋骨《ずがいこつ》そのものを祀ったが、いまは象徴的な意味を込めた神主《しんしゅ》(位牌)となって家の廟《びょう》に置かれる。これを祖先神として家長が奉祀《ほうし》し、自分もやがて祖先神として祀られる。そういう死生観の宗教の世界、儒教の世界が展開されているのだ、とする。

この世に生を享《う》けて、いちばん身近な父母・祖父母、そしてそれらから聞く祖先たちの話。なによりも子孫を思い、守ってくれる存在である。しかも現実に、親が生んでくれたからいまの自分がある。

これは誰の目にもたしかな事実である。この父母そして家の祖先へと繋がる畏敬《いけい》・孝心が、社会秩序の根本をなしてきた。私たちは、父母・祖父母、代々の祖先に守られている。だから廟こそないが、仏壇・神棚《かみだな》に先祖代々の位牌を置いて斎《いつ》き祀《まつ》る。家族間の自然な思いにそって、家にいて父母の拝む姿を見、祈る言葉を聞きながら、いつかしら身につけてきた宗教観である。儒教には宣教師も教会もないが、どの家でもその当主たちが脈々と伝えてきたのである。この孝行を国家秩序に及ぼして、主君への忠義を説く。この儒教は、東アジア世界の宗教思想の基盤として広く受容されている。

ところで振り返ってみると、私たちが仏教と思っている教えは、少なくともインドでの発生のままの教義でない。仏教なら、人が死ぬと魂が肉体を離脱し、四十九日以内に生まれ変わってほかの肉体を得る。それを繰り返すのだが、この輪廻《りんね》転生《てんしょう》が苦しいので、ここから解脱《げだつ》して涅槃《ねはん》の境地に行きたいと願う。この考えのままでかつ涅槃に行っていないのならば、四十九日目にはすでに第二（？）の生体に変身している。それならば百日忌・一周忌・三回忌・七回忌・十三回忌・十七回忌・二十五回忌・三十三回忌・五十回忌・百回忌などしたって、何のためになるものやら。また父母の遺骸は魂の一時的な宿主《やどぬし》だったにすぎないのだから、死ねば不要になった肉塊である。安置して供養などする必要はない。魂が宿主を探して入ったにすぎないのなら、産んだ親がとくに大事という理由もない。父母がそれほど大事なら、もともと出家などできまいが。それはそれとして、いや、仏教には「仏説《ぶ》父母《も》恩重《おんじゅう》難報経《なんぽうきょう》」があるとの反論が起こるかもしれない。だが、これは中国で作られた偽経《ぎきょう》である。中国で布教するさい、儒教の祖先崇拝と折り合うために、仏教側が孝行思想を容《い》れて作った妥協の産物であった。つまり私たちは、どうやら仏教を通してずっと儒教を信じてきたらしい。

## 87 「喪服は黒、墓石の下に骨を納める」は、昔からの常識じゃなかったの

「××さんが亡くなったんだって」といわれれば、「じゃぁ、喪服《もふく》を出して置いてくれ」という話になる。その喪服とは黒色の式服《しきふく》であり、どうしても都合《つごう》がつかなければ濃紺《のうこん》など黒に近い服を選べばよい。これが現代日本人の間の確乎《かっこ》とした常識である。

しかし韓国の現代ドラマを見ると、隣の国でもこんなにも違うものなのか。葬儀での遺族の喪服は、白色である。いやじつは東アジア世界の喪服は白が主流で、ベトナムでも白である。

日本だけが、いつどうして変わってしまったのか。それはごく最近で、第二次世界大戦のせいだった。物資調達がきびしくなり、戦死者が増えるなか、喪服を貸衣装店から借りることが多くなった。貸す側は汚れの目立つ白では困るので、黒衣にしたい。ちょうど西洋文化の影響で、皇室などの葬儀で黒の礼服を着ていたことが言い訳となった。とまぁ、こんな事情で黒衣に転換したのである。

もっとも、白衣の名残りはいまも見られる。たとえば結婚式の花嫁衣装だ。キリスト教式の起源は知らないが、日本式の白無垢姿《しろむくすがた》。生まれ育った家を出るということは、その家においては死に、嫁《とつ》ぎ先の人として蘇生《そせい》する。あるいは一度死の世界に赴いて籠《こ》もり、つまりどこかに隠れることで霊力をつけ、強くなってこの世に蘇《よみがえ》る。そういう社会の通過儀礼として、礼服としての喪服を着る。花嫁姿は、だから死に装束《しょうぞく》としての白を着るのである。

日本もこういう東アジア世界の常識のなかで生活習慣を作り上げたから、死にかかわる喪服は白い

ものを身につけてきた。変わったのは、右のようにせいぜいこの七十年のことである。それでも私たちは、みんなが昔からそうしてきていると思い込んでいる。「昔から、そうだよ」とかいうときの昔の長さは人それぞれだが、古代から一〇〇〇年経ているものも、たかが二世代くらいのものも、同じように口では「昔から」と表現してしまうのだ。

このことは、葬墓《そうぼ》についても同じである。

現代の私たちは、死んだあとにどこの墓に入ろうかと悩ませられている。高校から受験して大都市の大学に入り、そのまま都市部の企業に就職してしまう。そこで同じく故郷から離れた女性と結婚する。故郷を離れた人同士で暮らして、無縁仏《むえんぼとけ》になりたくなければ、自分たち夫婦の墓を持たねばならない。××霊園に永代供養《えいたいくよう》の墓地を数百万円で買い、区画内に墓石や墓誌《ぼし》を建てる。これがふつうだ。

しかしこんな姿は、ごくあたらしい歴史的風景なのである。

昔は、遺体がいまどこに埋まっているのかなどということは、そうそう簡単に分かるものでなかった。平安中期の権力者であった藤原道長《ふじわらのみちなが》は、父・兼家《かねいえ》とともに、かつて基経《もとつね》が宇治の木幡《こばた》に定めたという祖先の墓所を訪ねた。だが、それとおぼしき地表には石の卒塔婆《そとば》が一基あるほか何も見当たらなかった、という（『栄華《えいが》物語』巻十五）。貴族の家ですらその遺骸を埋めた場所が分からないのなら、卓越《たくえつ》した経済力も権力もなかった庶民の墓所などまして分かりようがなかろう。

というのも、村のなかで庶民が死亡した場合には、村の共同埋葬エリアが決められており、そのエリア内のどこかに埋めた。遺骸を埋めた場所にはとりあえず玉垣《たまがき》を巡らし、なかに目撥（めっぱじき）とよばれる折り曲げた竹を刺して魔物が寄りつかないように祈り、目撥の下に枕石《まくらいし》や草刈り鎌をおいて狼や野犬などに掘り起こされないようにした（岩田重則氏著『「お墓」の誕生』、岩波新書）。村民共同の埋葬地であるから、かつての藤原貴族と同じように、埋《う》め墓にはだれそれの墓という個別の墓標を建てない。墓地は、そういう共有の施設だった。

これに対して、父母や先祖の供養のために、自分の家の近くや村落内部に建てたのが詣《まい》り墓（石塔《いしどう》墓とも）である。森謙二氏著『墓と葬送の社会史』（講談社現代新書）によれば、ほんらいは死後三年以上経てから建てるものだったようだ。これは供養塔《くようとう》であって、じっさいの遺骸は下にない。それがやがて詣り墓の下にカロウト式石室（納骨スペース）を造ることになって、現代の墓地になる。この詣り墓は近世に入ってから成立するもので、室町時代以前にはない。それも近世中期までは一人の戒《かい》名《みょう》を書くだけだったが、後期になって複数表記になり、「先祖代々之墓」へと展開するそうだ（坪井良平氏「山城木津《きづ》惣墓《そうばか》墓標《ぼひょう》の研究」「考古学」十巻六号）。ただし先祖代々の墓が維持されるには家長制度が続くことが必要だ。子孫が繋がればよいが、男系の子孫が絶えれば供養の担《にな》い手を失う。また、一人っ子同士で結婚すれば、その子には二家分の供養が負わされる。それを繰り返せば、孫一人で四家の供養すら背負いかねない。その点、村の共同管理である埋め墓なら、遺骸がどれかと区別できないものの、それがためにかえって供養する人・世話する人を選ばない利点があった。

利点云々はともあれ、現在のように詣り墓の下にカロウト式石室を造って納めるには、埋葬つまり土葬せず、納骨つまり火葬が社会常識となっていることが前提となる。その歴史は、さらにあたらしい。明治六年（一八七三）七月に「火葬の儀、自今《じこん》禁止候条《そうろうじょう》、此旨《このむね》布告候事《そうろうこと》」という太政官布《だじょうかんぷ》告《こく》（二五三号）が出されているくらいだから、この葬墓制は、せいぜいこの一〇〇年の風習である。

## 88 大黒屋光太夫は、どうしてロシアとの架け橋になったのか

きびしい鎖国体制下の江戸幕末に、地方の一介《いっかい》の沖船頭《おきせんどう》がロシアに渡って女帝エカテリーナIIに謁見し、国内では『北槎聞略《ほくさぶんりゃく》』『漂民御覧《ひょうみんごらん》の記《き》』（桂川甫周《かつらがわほしゅう》著）という自分の海外見聞録が将軍・徳川《とくがわ》家斉に献上され、将軍の前に出て、首席老中《ろうじゅう》・松平定信ともじかに話をする。そんな夢のような一齣《ひとこま》があった。その主人公が、大黒屋光太夫《だいこくやこうだゆう》である。

光太夫は伊勢《いせ》・白子《しらこ》（鈴鹿市）の出身で、南若松村（鈴鹿市）の世襲の船頭《せんどう》の家に三十一歳で入婿《いりむこ》となったが、まだ子はいなかった。親の懇願で婿に入ったものの、相思相愛の女を忘れられずに困っており、大黒屋家の夫婦仲はすでに冷え切っていたという。

それはともあれ、天明《てんめい》二年（一七八二）十二月九日、一〇〇〇石積みの神昌丸《しんしょうまる》という船を操《あやつ》って、一行十七人と猫一匹で江戸に向かった。船長九十尺（二十七メートル）に八十二尺の帆柱《ほばしら》が付いた、当時では大型船である。順調ならば三日で到着するが、風待《かざま》ちなどをしても一週間で着くはずだった。ところが遠州灘《えんしゅうなだ》で大時化《おおしけ》にあい、西風をうけて遭難した。待避の姿勢をとっているうちに帆桁《ほげた》もろとも帆を吹き飛ばされた。外艫《そとども》が破損し、舵《かじ》も壊《こわ》れた。不安定になって転覆してしまうのを免れるために、帆柱を切った。このため、その後はひたすら漂流した。不幸中の幸いというべきだろうが、紀《き》州《しゅう》藩の蔵米《くらまい》二五〇石などを積んでいたので、食料には事欠かなかった。七ヶ月余後の七月二十日に、アレウト列島（アリューシャン列島）の西部にあるクルィシー諸島（ラット諸島）のなかの一島である

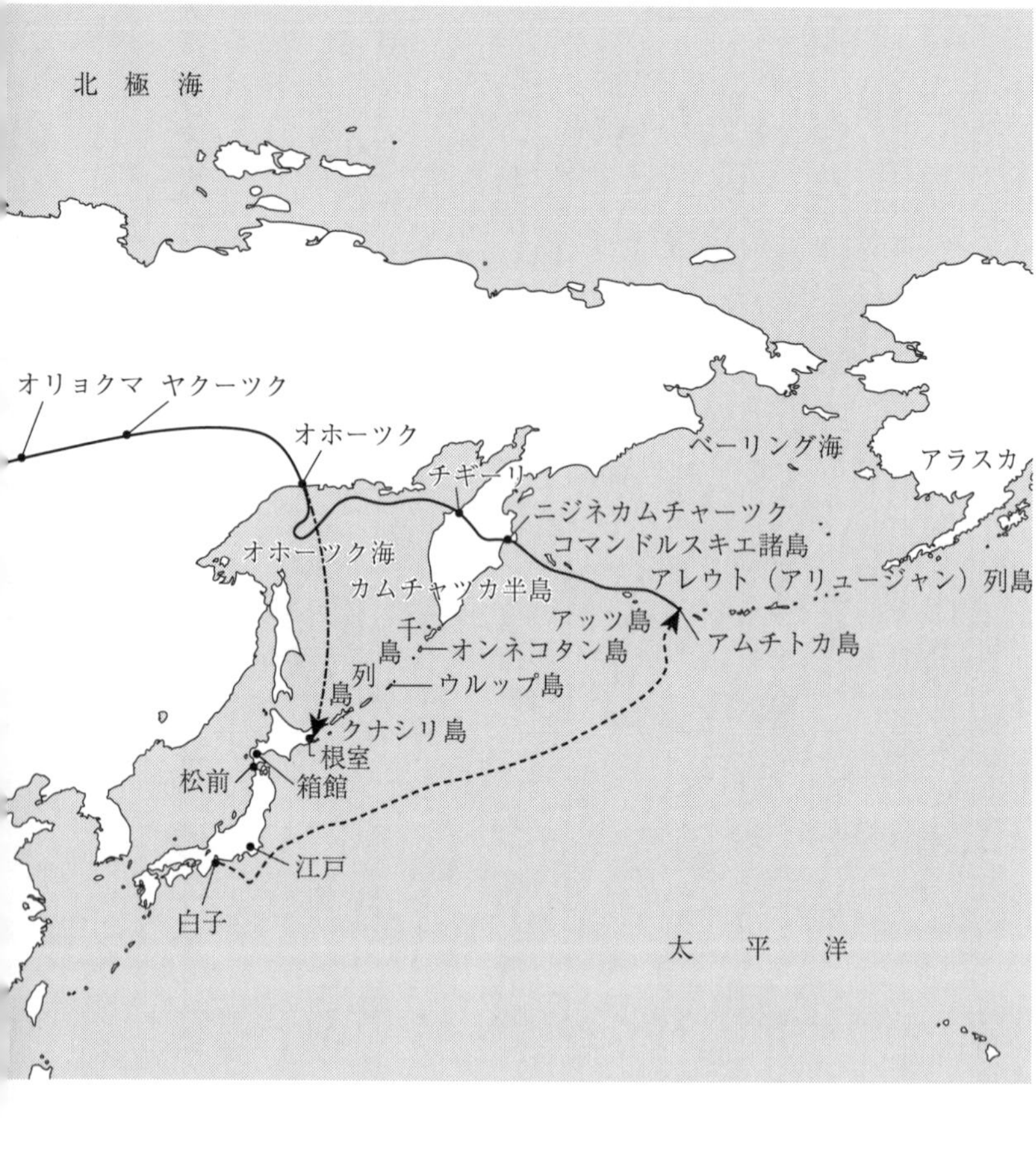
北極海
オリョクマ
ヤクーツク
オホーツク
ベーリング海
アラスカ
チギーリ
ニジネカムチャーツク
コマンドルスキエ諸島
オホーツク海
アレウト（アリュージャン）列島
カムチャツカ半島
アッツ島
アムチトカ島
千島列島
オンネコタン島
ウルップ島
クナシリ島
根室
松前
箱館
江戸
白子
太平洋

大黒屋光太夫　漂流漂泊図

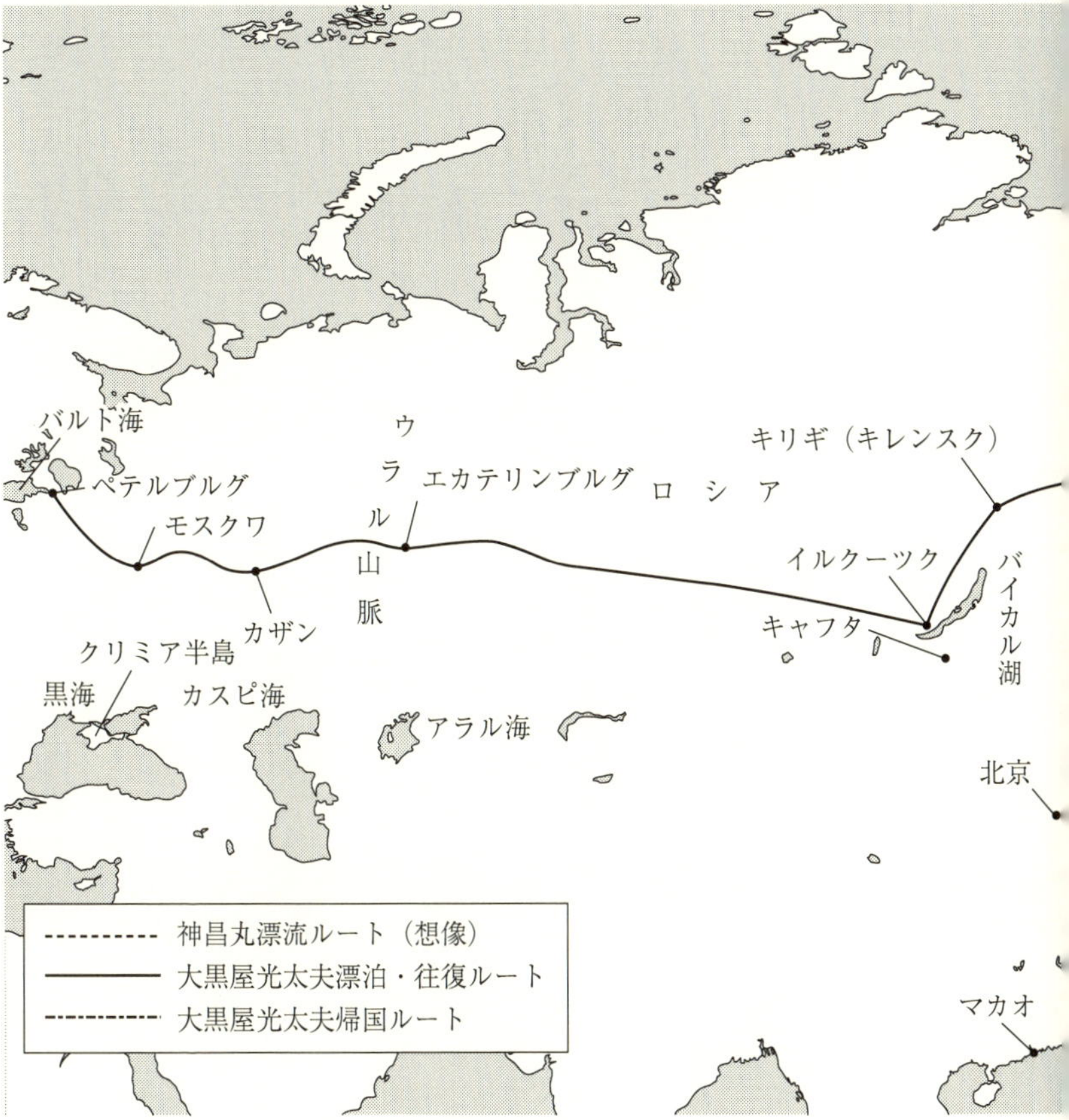
バルト海
ペテルブルグ
モスクワ
カザン
ウラル山脈
エカテリンブルグ
ロシア
キリギ（キレンスク）
イルクーツク
キャフタ
バイカル湖
クリミア半島
黒海
カスピ海
アラル海
北京
マカオ
神昌丸漂流ルート（想像）
大黒屋光太夫漂泊・往復ルート
大黒屋光太夫帰国ルート

アムチトカ島に辿《たど》り着いた。ここで先住民族の海獣《かいじゅう》狩猟団の一行に付き従い、さらにロシア人狩猟団に同行し、このなかでロシア語・ロシア文字をしだいに憶《おぼ》えはじめた。

四年でカムチャッカに移り、さらに二年後に政庁のあるシベリアのイルクーツクに到着した。ここから本国への帰還嘆願書を出し続けた。しかし政府は日本語学校講師にしようと、ロシアへの帰化《きか》を執拗《しつよう》に求めた。というのもロシアにとって、ウラル山脈を越して東方植民地に補給するのが難しかった。解決への早道は日本との貿易だったので、日本人が重視されたのである。だがそれは光太夫の望みでなかった。そのころ日本北辺の自然研究に興味を持っていたキリル・ラクスマンに出会い、首都ペテルスブルグに同行させて貰った。そして彼の引きで上流各界の名士と面識《めんしき》を持ち、かねて日本との国交に興味を持っていた女帝エカテリーナIIの謁見《えっけん》に漕《こ》ぎ着《つ》けた。意外にもそこで出した帰国嘆願が受理・承認され、寛政《かんせい》四年（一七九二）キリルの次男アダム・ラクスマンとともに根室《ねむろ》に帰ってきた。

しかし江戸幕府はロシアとあらたに通商関係を結ぶことを認めず、光太夫ら二名の漂流民を引き取るだけだった。しかも光太夫らは、ロシアの派遣した間諜《かんちょう》と疑われ、きびしい審問《しんもん》を受けることになった。その聴聞《ちょうもん》のさまを桂川甫周が記録したのが、右にあげた二著である。しかしこうして彼を通じ、ロシア皇帝と日本の幕府中枢が対話し、両者の思いは彼の前で交差《こうさ》し結びつけられたのであった。

もっとも松平定信ら幕閣は海外情勢に興味を持って聞き質《ただ》してはいたが、光太夫らの西洋に関する見聞が世間に流布《るふ》することを恐れ、彼を番町薬園《ばんちょうやくえん》に三十余年も押し込め、ほぼ軟禁《なんきん》してしまった。

時代社会のそうした制約はあったが、蘭学《らんがく》の先駆者の桂川甫周や大槻玄沢、また間重富《はざましげとみ》（天文方御用）・鷹見泉石《たかみせんせき》（古河藩家老《こがはんかろう》）を通じて、彼の知見が幕末の日本を啓蒙《けいもう》していったことは疑いない。

# 89 寛政の改革はいまも施行されているって、どういうこと

寛政《かんせい》の改革とは、老中《ろうじゅう》・松平《まつだいら》定信《さだのぶ》が主導して天明《てんめい》七年（一七八七）六月から寛政《かんせい》五年（一七九三）七月まで行われた国政改革だ。それが「いまも施行されている」といっても、江戸の町入用《まちいりよう》の節減高の七十％を積み立てて貧民救済に備える七分《しちぶ》金積立《きんつみたて》や窮民に技術を身に付けさせる石川島の人足寄場《にんそくよせば》はもはや存在しない。また「国立大学では朱子《しゅし》学《がく》以外の講義をしてはいけない」ということもない。時代社会が異なるのだから、当然である。しかし、思いがけないところにそのまま残っている。

いちばん身近かどうかはわからないが、旅館などに行くと浴場《よくじょう》の入り口が男女別々になっている。これは、男女の混浴《こんよく》が風紀《ふうき》を乱すもとである、という定信の考えから命令されたものである。もちろん入り口は別々にしてあるのに、なかに入ると同じ風呂場というのは今でもある。おそらくその当時でも、「幕府の命令だから」と表向きだけそう見せた所もあったろう。なにしろ「時間を決めて別々に入らせていますから」と釈明されれば、なかで混浴させているという物的証拠はないのだから。

右の措置《そち》はいまでも賛成者が多かろうが、あまり意味のなさそうなのが書籍の奥付《おくづけ》の表記である。奥付は、著者名のほかに、発行者の社名・代表者名・住所が書かれている。これは実話だが、筆者のかつて勤務していた高校の生徒T君が「古典の教科書に書かれたある部分の意味がわからない」と悩み、奥付に記されている電話番号を回して社長を呼び出そうとした、という。なんでそんなことを思いついたのかを聞くと、生徒は「だって、ほかに知っている人がいなかったので」と答えた、という。

社長が書いたわけじゃないし、著者もいちいち対応などしていられまいが、そういうことは考えなかったようだ。奥付の記載のうち、発行元・出版社名は注文時に必要であるが、社長名は要《い》るまい。先ほどのような生徒でないかぎり、だれも知らなくて困らない。しかもいまは義務づけられていない。これは寛政の改革下の出版物の統制にあたり、逮捕されるべき責任者を特定させるために書かせているのである。もしも命令に背《そむ》く内容であれば、版木《はんぎ》や店舗・家財を没収し、刑罰を科《か》す。社名だけではその社は潰せても、鼬《いたち》ごっこになる。だから、責任を問える個人の名を記させているのである。

　これだけではあまり身近でないが、多くの人たちが見ている映画・演劇・ドラマなどに寛政の改革が生きている。いま、私たちが見ているドラマでは、たとえば刑事物・事件物なら犯人はおおむね逮捕される。でなければ自殺したり事故死したりして、ともかく無罪放免のままでは退場しない。松本清張の小説では、ＧＨＱ（連合国軍最高司令官総司令部）の陰謀だと示唆《しさ》されたまま蜥蜴《とかげ》の尻尾《しっぽ》切りになるものの、下手人《げしゅにん》自体は罪を問われる。しかしこんなこと、少なくとも現実的でない。小心者の善人が騙《だま》されて苦しめられ、獣心を懐《いだ》いた悪人たちが大きな顔をして跋扈《ばっこ》する。これが現実である。検挙率が六十％でも、四割は罪を裁《さば》かれないで済まされる。だがドラマでは、犯人の四割が逃されたままにはされない。善人は苦労してもやがて報《むく》われて救われ、愚かな悪人はいつか懲《こ》らしめられる。この勧善懲悪の筋書きは、寛政の改革で強制されたものであった。滑稽《こっけい》本・洒落《しゃれ》本での政治風刺や好《こう》色物《しょくもの》を禁じ、教訓的で儒教的な読本《よみほん》を強く指導したのだ。元禄《げんろく》以来の文学は命禄《めいろく》思想が特色で、親殺しや主殺しがテーマとなり、ちっとも勧善懲悪でなかった。稲田篤信氏によれば、文学における反勧善懲悪の水脈は『源氏物語』以来のものだったという（『時代別日本文学史事典　近世編』東京堂）。

## 90 百姓一揆や逃散は、生活が苦しくなったときに弱者がすることだったのか

百姓《ひゃくしょう》一揆《いっき》と聞けば、農民たちの苦し紛《まぎ》れの闘いのことだと思う。無慈悲な領主による過酷な課税に喘《あえ》ぎ、蓄えもないなかでわずかな食料も底をつき、生まれ育った村を棄ててあてどない旅に出て野《の》垂《た》れ死にするか、それとも一か八《ばち》かだが領主に闘いを挑んでみるか。そうしたぎりぎりの決断として、百姓一揆が起こされる。一揆を起こせば、妻子までが連座《れんざ》になるかもしれないが、どちらにせよ死に瀕《ひん》している。そうし凄惨《せいさん》な状況で、手垢《てあか》や泥にまみれたぼろぼろな衣服を身につけて、筵旗《むしろばた》を掲げ、鋤《すき》・鍬《くわ》や鎌を手に、痩《や》せ細った男たちが立ち上がる。そうした姿が彷彿《ほうふつ》する。

しかしこれはほんとうに起こっていた出来事なのか。もしほんとうにそうなら、百姓たちの貧困生活の現況を知ろうともせず、ひたすら飽くなき徴税をしていた領主が行政下手《へた》であり悪い。そうした江戸幕府や藩の政治が悪い。そういい切ってもよい。

しかし領主たちはそれほど悪辣《あくらつ》だったか。あるいはそれほど無為無策《むいむさく》で、自分たちの生活基盤・権力基盤に無頓着《むとんちゃく》でいたか。飢饉《ききん》であれば税率を下げ、免除もする。さらに城内の兵糧米《ひょうろうまい》を出して、お救《すく》い米として給付する。それがふつうである。「情けは人のためならず」であり、もとより自分に返ってくるからでもある。村民が四散《しさん》して村が滅びれば、武士たちが耕さない限り、翌年から何の収入もなくなる。しかもいったん放棄されてしまった田圃《たんぼ》は、そうかんたんに稔りある水田に戻らない。それが理解できない領主は、もともと領主でいるはずがない。

青木虹二《こうじ》氏著『百姓一揆総合年表』（三一書房）によれば、天正《てんしょう》十八年（一五九〇）から慶応《けいおう》三年（一八六七）までの二七八年間に起きた百姓一揆は三二一二件、都市騒擾《そうじょう》は四八八件、村方騒動《むらかたそうどう》は三一八九件で、合計は六八八九件に上る。このうちの時期が特定できる三〇〇一件を六期にわけて、それぞれの期間に起きた事件の平均件数を出してみると、Ⅰ慶長・寛永《かんえい》期（一五九〇年〜一六三九年の五十年間）は平均三・九件、Ⅱ慶安《けいあん》・寛文《かんぶん》・延宝《えんぽう》期（一六四〇年〜一六七九年の四十年間）は平均四・六件、Ⅲ元禄・正　徳《しょうとく》期（一六八〇年〜一七一九年の四十年間）は平均六・二件、Ⅳ享　保《きょうほう》・宝暦《ほうれき》期（一七二〇年〜一七六九年の五十年間）は平均十・六件、Ⅴ天明・寛政・化政《かせい》期（一七七〇年〜一八二九年の六十年間）は平均十三・六件、Ⅵ天保《てんぽう》・幕末維新期（一八三〇年〜一八七一年の四十二年間）は平均二十五件で、総平均は年平均十一・一件だった。

これを上記の筋書きにそって説明すれば、江戸幕府・領主たちは時代が降るとともに百姓・農村の状況に目を背《そむ》け、状況把握を怠《おこた》って現実的政務から遊離《ゆうり》していった。そのなかで被支配者たちからの激しい突き上げを喰《く》らい、見棄てられた執政者がその地位を奪われ、被支配者の支持を受けたあたらしい明治政府の支配体制が成立する、と。その理解は図式的で、頭に入りやすい。

しかし、そこに描かれていることがそのまま現実とはいえまい。

Ⅴ・Ⅵの時期には、農村部では多種類の商品作物が作られて、生産は上がっている。米作りとは別かまたは米作りを止《や》めて、どの藩の百姓も藍《あい》・紅花《べにはな》などの染料、莨《たばこ》（煙草）・唐黍《とうきび》などの嗜《し》好品《こうひん》、木綿・生糸《きいと》・絹織物・青苧《あおそ》・明　礬《みょうばん》・楮《こうぞ》（紙の原料）・漆・蠟《ろう》・塩・材木などを作りはじめた。あるいは寒天《かんてん》や干柿《ほしがき》を大量に作るところもあれば、高麗人参・甘草《かんぞう》などの薬を栽培するところもあったろう。

それらは、彼らがこれといった余暇《よか》を取りもしないで開発した血と汗の結晶であった。だからはじめは領主たちも税を軽くして、少しでも税が取れれば僥倖《ぎょうこう》だというていどの認識でいた。しかし領主たちの財政が逼迫《ひっぱく》してくると、これをあらたな財源にすべく狙いをつけた。これらの商品作物を国産《こくさん》と称して囲い込み、関所や津留《つどめ》によって領域内からの出荷を禁止した。国産会所《かいしょ》を設置して物流を統制させ、百姓から安く買い上げ、都市部で販売するまでの流通過程で利益の上前《うわまえ》をはねようとしたのだ。

もちろん百姓たちはこうした統制を嫌う。もっと高く売れるはずなのに、安く買われて嬉《うれ》しいはずがない。だからこの時期になって、領主たちに猛然と闘いを挑みはじめるのである。一揆・強訴《ごうそ》・打ち毀《こわ》し・逃散《ちょうさん》といっても、ようするに領主とその手先となっている者たちの干渉を排除し、自分たちが働いて得たものを守り通したい。その闘争手段・闘争方法にほかならない。かれらの要求は、かれらの得るはずだった利益を守り利益を回復することである。不当に奪われていると思える権利・利益を守るときだから、底力《そこぢから》が出る。もともと政治力・経済力のない者には、闘う力もないのだ。

もちろん彼らは、要求としては「年貢減免」を掲げる。年貢が高すぎて作っても手もとに何も残らず、このままでは飢《う》え死《じ》にするほかない、と。そう表現するが、その言葉通りの実態があるわけでもない。減免を要求しようというときには、そうした表現になる、ということだ。

高等教育経験者としての卑近な例だが、生徒は強く出る教員には文句《もんく》をいわず、聞き入れそうな教員に文句を集中させる。子どもは持っていないものを得られなくとも我慢するが、すでに持っていたものを取られれば激しく反発する。これが絶対的な真理だとまでいわないが、百姓一揆は貧者の闘いだと思い込まず、富んでいる成功者たちがより伸びていくための闘争と考えた方がよい。

# 91 幕末の攘夷派は、じつはたった一人しかいなかったんじゃないの

私たちは、旧製品は粗悪で、新製品ならきっと良質になっていると勝手に思っている。旧政権は頑《がん》迷固《めいこ》陋《ろう》で、新政権が清新・溌剌《はつらつ》で信頼するに足る。そのように替わるのが当然で、替わるのならばそうでなければとも思う。だが、そんな思い込みにすぎない発想で歴史を眺めてよいものだろうか。

幕末において、米英仏露蘭など外国勢力からの圧力に屈して、幕府は旧套墨守《きゅうとうぼくしゅ》の鎖国《さこく》政策を力尽《ちからづ》くで転換させられ、京都の朝廷との間で迷走《めいそう》するばかりだった。一方の尊王攘夷《そんのうじょうい》派《は》ははじめこそ攘夷を掲げていたが、進取《しんしゅ》の気風《きふう》のなかで日本の国益などを模索し、保守的な幕府を倒して「旧来の陋《ろう》習《しゅう》を破り天地の公道に基《もと》づ」き「智識を世界に求め」（「五箇条の御誓文《ごせいもん》」）た開明的な国際社会に通用する新政権を樹立するに至る。おおざっぱにいえば、そのような流れだったと思っている。

しかし、そうだったのだろうか。一度もぶれることなく、江戸幕閣は終始開国・開明派であり続けた。「和蘭陀風説書《おらんだふうせつがき》」ですでに海外情勢を知っており、アヘン戦争（一八四〇〜四二年）で中国を負かした外国勢力を相手に日本が勝てる見込みなどない。さらにアロー戦争（一八五六〜六〇年）の報に接して通商条約の締結を認め、彼らに門戸《もんこ》を開放して戦争の危機を回避した。こうした開国・通商の方針はだれにもすなおに理解されると思ったから、嘉永《かえい》七年（一八五四）「和蘭陀別段《べつだん》風説書」まで提供し、諸大名の同意を求めた。また天皇・朝廷に対しても、通商条約締結の勅許を求め続けた。文《ぶん》久《きゅう》三年（一八六三）四月を期限として攘夷《じょうい》を実行するとし、諸外国に条約破棄を申し入れているが、

それは天皇・朝廷が求めたためで、本心やるつもりではなかった。幕府は米英仏露などの諸外国とも交易《こうえき》をし、国際社会に学びまた肩を並べて競争していく。つまり明治国家のとった開国策と同じで、国際社会との協調路線である。むりに押し切られたのではなく、開国こそ国是《こくぜ》と考えていた。

このなかで雄藩《ゆうはん》勢力の狙いは、目先《めさ》きの自分たちの権限拡大だった。安政《あんせい》三年（一八五六）家定《いえさだ》の後継者として一橋慶喜《ひとつばしよしのぶ》を擁立したのは松平慶永《よしなが》（越前藩）や島津斉彬《なりあきら》（薩摩《さつま》藩）の発言力を幕閣内に入れる策略であり、文久二年の文久の改革で島津久光の軍事力を背景に一橋慶喜を将軍後見職《しょうぐんこうけんしょく》、松平慶永を政事総裁職《せいじそうさいしょく》に就《つ》けたのも、諸大名の発言ルートを作っておくためだった。それまでの幕閣には家門《かもん》や外様《とざま》の大名たちの意見を言える道がなく、実力に応じた活躍の場を与えられなかった。専制的で動じる気配《けはい》のない幕閣を突き崩すために朝廷を利用し、文久三年に朝廷に国事参政《こくじさんせい》・国事寄人《よりうど》を設置し、また翌年にも慶喜・慶永・山内豊信《やまのうちとよしげ》（土佐《とさ》藩）・松平容保《かたもり》（会津《あいづ》藩）・伊達宗城《だてむねなり》（宇和島《うわじま》藩）・久光を朝議参預《ちょうぎさんよ》に登用させた。それらはできれば雄藩藩主が幕府の上に立って思いのままに制御《せいぎょ》しようという試みでもあるが、基本的に幕府を動かして誘導するという立場は佐幕派《さばくは》であった。この一部が倒幕派に変わるのは、幕府がどれほども譲らないことにじれて、権力奪取への欲が勝《まさ》ったのである。

朝廷の公家《くげ》たちは、もともと政治力がなく、何も失うものがない人たちの集まりだった。だから、幕府を困らせて動揺させることで、そのなかから自分たちの発言できるスペースを見出していくことに終始した。幕府の要望を小出《こだ》しに受け容れつつ、その発言と引き替えに、政治的地位や経済力を得ていこうという腹づもりだったろう。だからとくにこれといった政治的主張もなく、国政や外交についての定見もなかった。攘夷派がいうことにも、公武合体派のいうことにも、いや何にでも同調できた。反幕府の立場であれば、幕府を引きずり回せる見解でありさえすればよかった。その意味では、少しも攘夷派でも同調者でもなかった。攘夷をしなければならないとも思っていないのに、万延《まんえん》二年（一八六一）和宮降嫁《かずのみやこうか》の見返りとして幕府はいつ攘夷を実行するのかと迫ってみせていたのだ。

間をさまよっていた攘夷派はまさしく反幕府であって、つまり開国反対・国際協調反対となるが、もとより実行・成就《じょうじゅ》できる見通しなどない。文久三年に下関《しものせき》砲撃事件をしてみせたものの翌年には四ヶ国艦隊に砲台を破壊・占領され、薩英《さつえい》戦争でも惨敗《ざんぱい》した。そこで攘夷を引っ込めて、開国派に転身するのだが、それでは幕府と同じ路線になる。だからほんらいならここでギブアップし、「愚かだった」といって謹慎《きんしん》するのが清廉《せいれん》な身の処《しょ》し方というものだろう。しかし俄然《がぜん》本心を剝《む》き出しにしたのか、あるいは多年の弾圧への恨みか、ここからはただ国政主導権を奪うことだけに焦点を絞り、反幕府で行動することになっていく。これが明治国家の主軸を形成するが、幕府を悪くいえる主張はすでにほとんど持っていなかったはずであり、倒幕はただの政治的野心にすぎなかった、といえよう。

このなかで、本心で攘夷を実行させたいと思っていたのは、孝明《こうめい》天皇ただ一人でなかったろうか。安政《あんせい》六年（一八五九）には条約調印を諒解《りょうかい》し、鎖国復帰《さこくふっき》までの猶予《ゆうよ》も認めたが、攘夷・鎖国の方針は譲らなかった。攘夷の決行期限をどうしても決めさせた。そして死没の日まで、攘夷の実行を迫って一歩も譲らなかった。そういう意味では、ただ一人節《せつ》を全《まっと》うした純粋な攘夷派であった。

幕末の政治過程を振り返れば、明治国家の軸となった薩摩藩・長州藩などはほんらい将軍と主従関係にあるのだから、幕府の指示に従い、あるいは補佐《ほさ》をしてこれを誘導すべきであった。家来が主君を討つという倒幕路線はやはり非難を浴びるべき行為で、そうとう無理のある選択だったろうと思う。

## 92 大政奉還は、徳川慶喜のギブアップの証だったのか

慶応《けいおう》三年（一八六七）十月十四日、江戸幕府の征夷大将軍《せいいたいしょうぐん》・徳川《とくがわ》（一橋《ひとつばし》）慶喜《よしのぶ》は「従来の旧習を改め、政権を朝廷に帰し奉《たてまつ》り」という内容の大政奉還《たいせいほうかん》の上表文を、京都の朝廷あてに提出した。これにより、十五代・二六四年にわたって将軍職を継いできた幕府は消滅し、全国の施政権は朝廷に返還されることが決まった。「朝廷に政権を帰すというのだから、政治から手を引くだろう」と、その言葉通りに理解すればよいのか。そうならば、これに続く鳥羽《とば》伏見《ふしみ》の戦いや江戸開城・会津《あいづ》戦争などは、旧幕府に対する腹いせの嫌がらせだったということになるのだろうか。

たしかに、幕府が政権を投げ出す雰囲気は作られていた。安政《あんせい》五年（一八五八）、孝明《こうめい》天皇や京都の朝廷を中心とする政治勢力は攘夷《じょうい》の風潮が強く、日米修好通商条約の調印・批准《ひじゅん》に反対していた。さらに幕府内では、将軍家定の後継者にだれがなるかをめぐって、水戸《みと》斉昭《なりあき》の子・一橋慶喜と紀伊藩主・徳川慶福《よしとみ》を推《お》す二派が対立していた。しかし慶福派が井伊《いい》直弼《なおすけ》を大老《たいろう》として立てると、直弼は慶福（家茂《いえもち》）を十四代将軍に就《つ》け、勅許《ちょっきょ》をえずに条約を締結した。さらに、幕府の施策《せさく》に批判的な人たちを摘発する安政の大獄《たいごく》を実施した。直弼の施策は、筋からいえば幕府に許されてきた独占的な国務執政権を行使したにすぎないが、もはや朝廷や幕府内の雄藩《ゆうはん》連合の反幕府的な動きを、建前や筋目《すじめ》だけでも、また権力づくでも停《と》められなかった。このために万延《まんえん》元年（一八六〇）桜田門外《さくらだもんがい》の変で直弼は反対派に暗殺され、幕府は混乱が繰り返すことを恐

れて妥協的な公武合体策《こうぶがったい》を打ち出した。これにより、幕府は独裁性をさらに薄めることとなった。文《ぶん》久《きゅう》二年（一八六二）薩摩藩《さつまはん》の島津久光《ひさみつ》の後押《あとお》しで、幕府では雄藩連合による文久の改革が進められ、政事総裁職《せいじそうさいしょく》に越前《えちぜん》藩主・松平慶永《まつだいらよしなが》が、将軍後見職《しょうぐんこうけんしょく》に一橋慶喜が就任した。これにより雄藩連合の発言力を幕閣のなかに注入するルートを造り出したはずだったが、幕府の実権を握った慶喜はしだいに幕府独裁に傾き、文久三年、薩摩藩・会津《あいづ》藩の兵力を使って八月十八日の政変を起こして朝廷を制圧し、公武合体派の公家《くげ》などを京都から追放した。さらに蛤御門《はまぐりごもん》の変を理由として反幕府・攘夷派の中心勢力の長州藩に征伐軍を送って、藩主・毛利敬親《もうりたかちか》を恭順《きょうじゅん》させた。その後に長州藩内でふたたび反幕府勢力が台頭すると、将軍・家茂《いえもち》みずから長州征伐に赴いたが、今度は薩長連合の前に敗色《はいしょく》が濃くなり、麾下《きか》の各藩の藩兵も協力的でなくなった。こうして叛臣《はんしん》にあたる長州藩の処分すらできなくなって、幕府の政治的衰亡・軍事的崩壊はもはや目に見えるようになっていた。そこで勝てそうもない戦いでの無用な流血を回避し、政権の維持・継続を諦《あきら》めた、とも理解できる。

書かれた文面にとらわれ、またあとから結果を知った上で時代の流れを眺めれば、そう見えてしまうものだ。だが、ここにはその文面とまったく違う意図が秘められていた。それは「大政奉還の奏上」によって、「大政を奉還しないで済む」ようにしていたのである。それは、どういうことか。

そもそも徳川家康は、朝廷から征夷大将軍に任命されたので江戸幕府を開いて全国に命令できるようになったのか。全国の施政権は、将軍の地位に付随《ふずい》してはじめて得られたものだったのか。もしそうだったのなら、征夷大将軍職を辞任すれば、全国への命令権はなくなり、徳川政権はたしかに消滅する。しかし、そうではなかった。家康は全国の大名を自分の私的な臣下・従者として配下に組み込み、自分の命令を聞くようにさせた。家康と大名との間に築かれている関係は、私的な主従関係である。それ以後も、武家諸法度《ぶけしょはっと》などは徳川将軍家の家督《かとく》相続者の代替《だいか》わりごとに、新規に取り交わされるものだった。家督相続者と大名との間では私的に個人的に主従関係が確認され、人ごとに契約しなおした。あくまで主人と家来の間に交わされる一対一の契約関係として、徳川政権がある。その主人が朝廷から与えられた征夷大将軍の地位にいるかどうかなど、その関係において何ほどの意味も持っていない。右大臣・少納言《しょうなごん》でも兵衛佐《ひょうえのすけ》でも、いや無職でもよかった。

つまり十五代将軍となっていた慶喜が征夷大将軍を辞職して大政奉還をしても、慶喜を主人としたピラミッド状の主従関係はそのまま残っている。朝廷が奉還されたという行政権を行使しようとしてみても、地方を支配している大名たちのほとんどは、叛旗《はんき》を翻《ひるがえ》した長州・薩摩二藩を除けば、徳川慶喜の私的従者である。その事実に変わりがない。朝廷は、大政奉還後も、大名たちの主人である慶喜の諒解《りょうかい》をえて、慶喜を介《かい》して全国に命令するほかない。大名たちも、朝廷から命令をじかに受けても、主人との私的契約に縛《しば》られて自由に動けない。ようするに慶喜は朝廷に行政権を返上などしていないのである。政権を実質的に手放さないために、表面的な権利を返上して見せたのである。

だから明治新政府は王政復古《おうせいふっこ》の大号令のもとで、江戸幕府を怒らせようと辞官納地《じかんのうち》を求めた。それでも慶喜と大名の私的主従関係は消せないから、鳥羽伏見《とばふしみ》の戦いに持ち込めなかったら、さらに策をめぐらしたろう。二五二年前、家康は豊臣《とよとみ》氏をことさらに追い詰め、秀頼を大坂夏の陣で斃《たお》した。慶喜は、かつての秀頼と同じ立場に立たされた。歴史は同じことを繰り返す。それは人間が潔《いさぎよ》くなれず、進歩できない動物という証《あかし》であろうか。

## 93 廃藩置県で「国」は廃止されたんじゃないのか

神奈川学園高校の教壇で、思わず立ち往生《おうじょう》したことがある。地券《ちけん》の表記を読んだとき、発行主体は栃木県なのに、持主の臼井《うすい》金蔵《きんぞう》の住所は「下野《しもつけ》国下都賀《しもつが》郡野中村三百五十八番ハ号」なのだ。地券は明治十二年(一八七九)八月七日付だから、明治四年七月の廃藩置県《はいはんちけん》は施行《しこう》済みである。藩は県と名を変え、越中《えっちゅう》国は富山県、大和《やまと》国は奈良県に地域名がかわり、今のような住居表示になった、と思う。しかし発行主体が栃木県ならば栃木県下都賀郡のはずなのに、なぜ下野国下都賀郡となっているのか。

いや、江戸時代の藩とは藩庁《はんちょう》の意味である。萩藩・長州藩・毛利藩というときの藩は政庁の意味で、一定の領域を意味しない。通説の叙述では混乱を避けるために領域の意味で用いているが、厳密な意味では間違い。そうとは聞き知っていたから、地券に栃木県とあるのは政庁の意味で、政庁だけを栃木県と変更したのだろう。つまり廃藩置県は行政官庁名を江戸時代的な藩から県に改めて、その土地に根《ね》ざした藩主を排除して、中央政府の意を体《たい》した非土着の官吏を送り込む準備という意味あいがあったが、住民所在地の国名・地番などの地域区分名は旧来のままで変更する気などなかった、と。

それはそれで諒解できもするのだが、それならば管轄の役所の名にすぎなかった栃木県が下野国にかわって領域名となるのはいつで、何のためだったのか。それが分からなくなる。

地券を見る限り、裏面に明治十九年十二月付けで臼井キクに所有が移転したときも「下野国下都賀郡野中村」という国名表記のままである。繰り返しになるが、これは国家が作成した公文書《こうぶんしょ》である。

それ以降、どのような法令が出て、それによってどういう変転を経て、今日のようになっていくのか。

ところが、住所の国名表記は、大正年間でもなくなっていない。森鷗外《おうがい》は大正四年（一九一五）七月三十日付の小林省三宛書簡で「豊前《ぶぜん》国小倉《こくら》市第十二師団司令部」と表《おもて》書きしている。鷗外は、明治二十三年九月二十一日付の藤井東兵衛《とうべい》宛書簡にも「信州上高井郡山田温泉」としたし、会津八一《あいづやいち》宛の坪内逍遙《しょうよう》の書簡は明治三十九年九月二十五日付で「越後《えちご》国中頸城《なかくびき》郡板倉村字《あざ》針村」である。それならば県名表記はずっと見当たらないのかといえば、そんなことはない。俣野景次《またのかげつぐ》宛の福沢諭吉《ゆきち》の書簡は、明治十八年七月二十二日付で「山形県羽前《うぜん》国西田川郡鶴岡家中新町九十五番」とあるし、尾崎紅葉《こうよう》も内田貢《みつぐ》宛の明治二十二年五月十八日付書簡で「静岡県下鷹匠《たかじょう》町□丁目一番地」と表記している。国名表記の表書きも、県名表記の表書きも、ともに明治十八年以降大正年間まで並行《へいこう》していたと確認できる。どこか特定の年を境に、国名表記が截然《せつぜん》と消されてしまったわけじゃない。

では、どう推移したのか。地券を発行していた当初は「下野国下都賀郡」だったが、明治十八年ころから巷間《こうかん》で「山形県羽前国西川田郡」や「大阪府河内《かわち》国茨田《まんだ》郡」という管轄する県を上に書いて国名を記す書き方がはじまる。間に挟《はさ》まった国名がいつか不要に思われ、しだいに外《はず》されていったのである。これを促進したのは明治二十一年四月二十五日に施行された市制・町村制で、国のなかの地域単位である市が成立すると、たとえば「石川県下加州《かしゅう》金沢市横安江町」と表記する。そうなると県・市の行政命令系列の密着性が高く、加州と繰り返し書く必要もないので、無駄な表記と見なす人が出はじめた。無駄と思う人は書かなくなるが、そう思わなければ国名を使い続ける。そういう個々人・社主などの自由意思による淘汰《とうた》という、漸進的《ぜんしんてき》な推移だったらしい（拙稿「廃藩置県と国名表示」）。

## 94 東京都は、どうして武蔵国の全域でなかったのか

長野県や山梨県はもとの信濃《しなの》・甲斐《かい》に当たる。奈良県（大和《やまと》）・高知県（土佐《とさ》）など、一県が旧国域と同じところは多い。とはいえ旧国は六十六ヶ国二島で、現在は一都一道二府四十三県であるからすべてが重なるはずもない。それはそうだが、彼我《ひが》の比率からすれば旧国を合併するとしても、分割はされずに済みそうなものだ。陸奥《むつ》・出羽《でわ》のような広大な国域はともかく、武蔵はなぜ埼玉県・東京都・神奈川県に三分割されたのだろうか。武蔵一国の広さなら、一県でもよかったと思えるのだが。

明治政府は、もともと首都は別立てにしようと考えていたようだ。アメリカ合衆国ではワシントン・D・Cがあって、どの州域にも属さない首都独自の圏域が設定されている。それと同じ考え方である。その範囲は江戸幕府の統治法から引き継いだ朱引《しゅび》きといわれる考え方が基底にあり、江戸町奉行《えどまちぶぎょう》が支配する場所を示す朱引きの範囲内がまずは首都とされた。しかしこの朱引きの外側にも江戸の町はじっさいに発展してしまっており、朱引き外の地域も繰り返し首都に編入させた。明治政府成立のはじめこそ、武家地から各藩主・藩士が引き揚げて廃墟のようになったが、明治二年（一八六九）に東京奠都《てんと》となって、まず新政府諸官庁が用地の奪い合いをし、さらに明治三年以降は旧藩主が東京居住となったこともあって、市街地は膨張していった。その実態にあわせて東京府の範囲が拡大・再編されていくのだが、その推移はあまりに煩雑なので省略する。

ともあれ、国政の中枢区域としての東京府が武蔵の真ん中にできてしまったので、武蔵は陸続きだ

がほぼ南北に割られた。北部は埼玉県となっていき、南部の多摩《たま》・橘樹《たちばな》・久良岐《くらき》の三郡が神奈川県となった。明治四年の廃藩置県により府・藩・県の三治制《さんちせい》が施行され、神奈川県は小田原県・荻野山中県・六浦《むつうら》県などと並ぶ一県となった。しかし全国で三府三〇二県という多さだったため、政府の指導でかなり無理に統廃合させられた。この過程で神奈川県は旧武蔵国域を越えて三浦・鎌倉・高座《こうざ》三郡と合併し、さらに西部で集まっていた足柄《あしがら》県と併《あわ》さって神奈川県となった。結果として旧相模《さがみ》国に武蔵が編入された形だが、東京府外の南方地域だけで一県とするには無理があったろう。

では首都の市街部分だけを府とする計画なのに、なぜ神奈川県内のはずの三多摩がついているのか。

明治十三年、多摩郡は西・南・北の三多摩に分割された。東京府は、明治十四年、そのうちの南多摩郡の玉川上水《たまがわじょうすい》の左右十数尺（一尺は三十・三センチメートル）の譲渡を求め、翌年に移管《いかん》となった。しかしさらに確実に水源を維持するため、コレラ流行による上水汚濁《おだく》の取り締まりを理由に三多摩全体の移管を求めた。これに対して神奈川県知事・内海忠勝《うつみただかつ》は、すぐに応諾《おうだく》を申し出た。郡部最大都市の八王子《はちおうじ》を譲渡するのは神奈川県として大きな損失のはずだが、決断を後押《あとお》ししたのは自由民権運動だった。五日市には五日市憲法《いつかいちけんぽう》を作り出した学芸講談会、府中に自治改進党、町田に融貫社《ゆうかんしゃ》などがあり、民権運動が盛んだった。そこで明治二十五年の第二回総選挙で、知事側は選挙大干渉という妨害を行なった。それをはねのけて勝利した自由党はとくに南多摩郡地域に勢力が強く、知事と警部長の罷免を要求した。これへの報復として、内海知事は東京府への三多摩移管を積極的に上申《じょうしん》したのである。都と県の境目は、こんな一時的な自由民権運動のあり方によって左右された。

歴史の傷痕《きずあと》とまではいわないが、こうした歴史のシミ・残滓《ざんし》はいまもあちこちに残っていそうだ。

## 95 便利な乗り物ならば、引く手あまたで導入されるはずなのか

江戸時代以前の旅行は、他力だったら馬・輿《こし》・駕籠《かご》で、自力ならば徒歩《かち》である。徒歩や馬・輿・駕籠ではそれぞれ早さが異なるものの、通るのは基本的に古代から先祖代々使い続けてきた道である。徒歩でほそい山道を登り降りすれば、疲れてしまうし喉《のど》も渇く。そこで山の頂《いただき》ちかくには休憩所と給水場を兼ねた峠《とうげ》の茶屋がかならずあったものだ。山形県蔵王《ざおう》温泉に向かう旧道でも、二時間ていどの道のはたにには長命水《ちょうめいすい》の茶屋・甘酒《あまざけ》茶屋という二軒の茶屋があった。

ところが明治時代になって、鉄道が敷かれるようになると、交通路が一変してしまう。鉄道車輌は、馬のようには直線的に山を登れない。なだらかな坂道を作り出し、嶮岨《けんそ》な場所は山を刳《く》り貫《ぬ》いたり、大きく迂回《うかい》して列車が脱線しないように曲線を描かせてレールを敷いていく。二〇〇〇年の歴史がある基幹道路でも、鉄道が通せないこともある。考え方がまったく違うのだから、仕方ない。従来の山道を辿《たど》る人の姿は減り、名を馳《は》せた宿場も寂《さび》れた山里に変じる。その一方で、鉄道が敷かれて駅舎《えきしゃ》が置かれた場所は、大いに繁栄していく。道と駅の位置をめぐって劇的な変化を体験した時代だった。

篠山《ささやま》は、そうした歴史に翻弄《ほんろう》された町だ。時代の新しい波をみんなが歓迎し、時代の流れにみんながうまく乗っていくとは限らない。人間には、利害・反発・躊躇《ちゆうちよ》などがあるからだ。

明治三十二年（一八九九）に、ここ篠山にも駅ができた。それが福知山《ふくちやま》線・篠山駅（現在、篠山口駅）なのだが、そこは青山氏・五万石が支配した篠山城の城下町からは、西に五キロメートルもはず

れた場所であった。人が歩き牛が物資を運べば一時間もかかり、城下町からすればいかにも僻地《へきち》だ。阪鶴《はんかく》鉄道（株）はもともと大きく軌道《きどう》を迂回させて、篠山城下の西町南方に停車場を設置するつもりでいた。城下町の人々の多数の乗降を期待したからだ。だが土地を買収しようとしても地元の反対が激しく、しかも京姫《けいき》鉄道が京都→園部《そのべ》→篠山→姫路《ひめじ》の鉄道建設を企画していたこともあって、阪鶴鉄道に非協力的だった。ところが京姫鉄道の企画は立ち消えとなってしまい、篠山城下は孤立した。しかたなく篠山駅と城下を結ぶ篠山軽便《けいべん》鉄道が大正四年（一九一五）に作られるが、昭和十九年（一九四四）の篠山線の開通で廃止。その篠山線が赤字路線として昭和四十七年に廃止され、かくして篠山城下は鉄道路線から取り残された町として泣きを見ることになる。

あとから見てというだけでなく、そのときのだれがみても、人力車《じんりきしゃ》や荷車《にぐるま》より鉄道での運搬の方が効率的で優《すぐ》れている。だが、便利なものがかならず歓迎されるというのは、歴史の傍観者《ぼうかんしゃ》の思い込みにすぎない。この悲劇は、明治時代の人間の目先の利権・損得勘定がもたらした。京姫鉄道が鉄路を敷設するとしても、阪鶴鉄道の駅も二つながらあって何も困らない。むしろ住民の便益《べんえき》が向上し、好《この》ましかった。それに、地元の反対といっても、それは鉄道の敷設で客を奪われる人力車・馬車を扱う運輸業者たちだけのことだった。彼らはせいぜい十年・二十年の目先の利益を損《そん》じたくないために、鉄道を遠ざけてしまった。そのために、城下町のかつての賑《にぎ》わいは長く失われたのである。

板倉聖宣《きよのぶ》氏著『日本史再発見』（朝日選書）によれば、江戸時代にもそうした人知による抑制・妨害の事例がみられる。

江戸も大坂も、江戸初期の運送は牛車《ぎっしゃ》が主力となっていて、『日葡辞書《にっぽじしょ》』にも「車牛・車街道あり」

などとある。江戸城外郭工事にさいし、京都から牛車が呼び寄せられ、牛車方《ぎっしゃかた》も移住している。ところが明暦《めいれき》三年（一六五七）の明暦の大火の直後から、大八車《だいはちぐるま》が出現する。大八車は人間が牽《ひ》いて小回《こまわ》りがきき、運送容量も比較的大きい。便利だからしだいに普及していくのだが、牛車方もそうだろうが、従来輸送を仕切ってきた三つの伝馬《でんま》町《ちょう》の業者たちが干上《ひあ》がってしまった。幕府は伝馬町の業者の長年に亘《わた》る協力と献金に応《こた》えてやらねばならず、彼らを「時代遅《おく》れ」と見捨てられなかった。元禄《げんろく》十三年（一七〇〇）には大八車に課税して、その課金額を伝馬町の業者に助成金と称して渡すことで不満を和《やわ》らげようとした（三年で廃止）。さらに享保《きょうほう》十二年（一七二七）には大八車の数を一〇〇〇台に制限して、伝馬町の業者との共存を図らせようともした。

　大八車が江戸の町を駆け巡《めぐ》っているのに、一〇〇年経っても大坂・京都に大八車は出現しなかった。大坂では、安永三年（一七七四）にやっとベカ車というスポーク（輻）のない小型車が出現している。安永五年には井筒屋《いづつや》に製造・販売を一手に握らせているが、それは統制しやすくするためである。ベカ車も一六七八台という保有量の制限を付けられ、認可した車には焼印《やきいん》が押されることになった。このときの禁止や制限の表向きの理由は、「橋板《はしいた》が早く傷《いた》むから」であった。しかしほんとうはそれが馬方や船方《ふなかた》など特定業者の利益を損《そこ》なうからだ、と誰もが察知《さっち》できた。京都での人力荷車は地車《じぐるま》と呼ばれたが、これは大坂からも遅れて、文化元年（一八〇四）に薪屋《たきぎや》・材木屋・竹屋にまず使用が許可された。遅らされた理由は、伏見《ふしみ》の牛車業者が生活困難に陥《おちい》るからである。牛車業者救済のために、地車を許可して課税し、彼らへの助成金を捻出《ねんしゅつ》した。人々の便益《べんえき》など、後回《あとまわ》しだったのである。

　歴史は人間が作り出すもので、人間の心の軌跡である。良くも悪くも。

## 96 漢字・仮名をやめて、日本語はほんとうにローマ字表記になるところだったのか

父・松尾聡《さとし》のところに財団法人カナモジカイから「カナノヒカリ」という全文片仮名表記の雑誌が送られてきていたのを見て、漢字・平仮名混淆文《こんこうぶん》に慣《な》れた筆者の目には「なんとも読み取りにくい」と思ったことがあった。その雑誌は大正九年（一九二〇）創刊というし、どのような目的での設立かはいまも存じ上げない。ただ、この雑誌のことで思い出される話がある。

じつはかつて明治政府は、現在の漢字・仮名混淆文である日本語表記を全面的に廃止しようと真剣に考えていた。この話をはじめて知ったのは李妍淑《イ・ヨンスク》氏著『「国語」という思想—近代日本の言語認識—』（岩波書店）だったが、かなりの衝撃を受けた。日本人が一〇〇〇年以上の歳月《さいげつ》をかけて築き上げてきた文字表記を、わずかな官僚たちの思いつきで棄てさせてしまうつもりだったのか、と。

加賀野井《かがのい》秀一氏著『日本語の復権』（講談社現代新書）によれば、その最初は前島密《ひそか》が唱えた漢字廃止論で、慶応《けいおう》二年（一八六六）のことだそうだ。煩雑《はんざつ》な漢字を覚えることに気を取られていては、西洋のあたらしい学問の内容にまで目を向けることができなくなる、と思ったらしい。明治二年（一八六九）には学問所学生の南部義籌《なんぶよしかず》が「文字ヲ改換《かいかん》スル議《ぎ》」を文部省《もんぶしょう》に提出して、ローマ字で綴《つづ》るよう提案した。明治五年には森有礼《もりありのり》（のちの文部大臣）が「日本語自体を廃止して、英語を自国語にすべきだ」と考え、エール大学言語学教授・W・D・ホイットニーに打診《だしん》している。この論議は、昭和二十一年（一九四六）志賀直哉《しがなおや》が「世界で最もよい言語、美しい言語」のフランス語を国語にしようと

提案して蒸《む》し返されている。それはともあれ、ホイットニーは言語の総入れ替えには反対で、漢字の全廃とアルファベット表記を提案したという。明治七年、こうした経緯を承《う》けてか、西周《にしあまね》は「洋字ヲ以テ国語ヲ書スルノ論」を発表し、洋字ならば二十六文字だけで書いた通りに読め、読んだ通りに書ける。言文一致《げんぶんいっち》で好《この》ましい表記法だと称賛《しょうさん》した。さらに明治三十三年には大阪毎日新聞社主だった原敬《たかし》が「漢字減少論」を提唱する、などの「日本語叩《たた》き」が次々噴《ふ》き出していた、という。

簡単に纏《まと》めれば、①日本語を廃止して他国語を採用する、②ローマ字表記にする、③仮名表記のみにする、④漢字を少なくする、の四種が提案された。冒頭のカナモジカイは、③の一種となろうか。

じつは、最近②を考えていた国がある。中華人民共和国である。筆者が四十六年前に大学の第二外国語として中国語を学んだとき、「やがて中国では漢字が全廃され、ローマ字表記になる」といわれた。しかしいまも簡体字《かんたいじ》のままで、ローマ字には移行していない。それと日本語表記がローマ字化も仮名文字だけにもされなかった理由は同じである。その壁は方言であった。たとえば関西の人が借用のつもりでkattaと書いたものは、関東で購入したと読み取られる。関東の人が請求のつもりでkoutaと記しても、関西では買った意味に誤解される。このように発音のまま表記したのでは、ローマ字でも仮名文字でも全国に通じない。買・借・請という字が当たっているから、話が通じる。各地で言葉をどう発音していようと意味を解《わか》り合えているのは、漢字を混ぜているお蔭《かげ》なのだ。

なお母国語を英語・フランス語にしようとは暴論だが、もともと日本人が日本人でありえて、日本の文化が凝縮されているのが、日本語なのである。たとえば「はんなり」という京《きょう》言葉のなかに、話す人たちの感性も文化も歴史も詰まっている。日本語は、日本人にとって最重要国宝なのである。

## 【初出掲載書・雑誌の一覧】

15・16・17……よみがえる万葉大和路／万葉秘史　講談社　二〇一〇年　三月

01・12…………奈良県謎解き散歩（新人物文庫）　新人物往来社　二〇一二年　四月

22・23・24・45・51・55・65・70・83・95……歴史研究（六〇三号）／思い込みの日本史教本　歴研　二〇一二年　八月

03・04・06・08・14・19……別冊歴史読本（三十八巻四号）／御所市の歴史秘話　中経出版　二〇一三年　七月

09・38・40・52・60・68・74・76・86……歴史研究（六一三号）／思い込みの日本史教本II　歴研　二〇一三年　八月

05・07・11・20・21・26・39・56・64・69・88……近鉄沿線謎解き散歩（新人物文庫）　KADOKAWA　二〇一三年　十月

＊右掲41項目以外は新稿である。ただし右掲の原稿も、今回の企画に合わせてあるものは二倍近くに、少ないもので二〜三割は書き足してあり、初稿の体裁・内容とは大きく異なっている。

# あとがき

この書を纏めるきっかけは、溯れば平成二十三年二月五日の全国歴史研究会新年会で「大和三山《やまとさんざん》の性別と万葉歌《まんようか》」と題して講演したときのことにあったようだ。その講演内容ではなく、筆者はそのときの話の冒頭に「私たちは歴史を見また語る前に、いろいろな思い込みをしている。すでに頭のなかががんじがらめにされていて、それが大いに勉強の邪魔となっている」とお話しした。奈良県（企画部観光交流局文化国際課）・万葉古代学研究所を停年退職してすこし気楽になったこともあり、専門分野だけでなく日本歴史のほかの時代についても自分の蒙《もう》をいくぶんでも啓《ひら》きたいと思って、いろいろな分野にわたる書籍を読みはじめていた。その読書のなかで「いままで、何でこんなふうに思い込んでいたのだろう」と、何かが引っかかった。新史料の発見や学者たちの孜々《しし》営々《えいえい》たる研究の進展によってあたらしい解釈が生じたのかとはじめは思っていたのだが、どうもそれだけでなさそうだ。その前に懐《いだ》いていた通説的な解釈はある人たちがある意図をもって作為した虚説であり、その作為《さくい》をそのまま思い込んでそれを前提にして歴史を眺めさせられていた。そう気づかされることがしばしばあった。だから、そうした思いを伝えたのである。

この話を研究会主幹の吉成勇《よしなりいさむ》氏が取り上げ、その年末の十二月二十七日、私に「『思い込みの日本史』という題名で、一〇〇回連載してみませんか」と声を掛けて下さった。一〇〇回となれば、十年間かかる。大変な仕事とも思ったが、やってみる価値はある。そこでまずは目次を一〇〇回分作り、たまたま冬休みいや全日休みだらけの日々であったので、数ヶ月で二十本の原稿を書いてみた。これはのち「歴史研究」六〇三号（二〇一二年七・八月合併号）・六一三号（二〇一三年七・八月合併号）に、「思い込み日本史教本」と題して十本づつまとめて掲載されることとなった。

ところが、ここに難題が持ち上がった。平成二十四年五月二日に、五反田《ごたんだ》文化会館で行われていた研究会の本部運営委員会の席に呼ばれた。そしてそこで「松尾一人で、『思い込み日本史』を課題として通史的な講演をしてほしい」と申し入れられたのである。

だが筆者は、古代史についての講演会ならば細々とだがいくつかこなしてきた実績を持っているが、ほかの分野について果たして九十分も講演する能力があるものか。何よりも大きな懸念材料は、大きな声ではいえないが、筆者の力量の底の浅さである。

古代史部分を除く日本史のほかの部分については、もちろん講演した経験などなかった。聖パウロ学園高校非常勤講師や神奈川学園中学・高校社会科（地歴科《ちれきか》）教諭として、その教壇から初めて日本史に接するに等しい生徒に対して教えていく教員というていどの力量しかない。勉強会で聴講されるだろう耳の肥《こ》えた方々より多くの知識量を持ち深い理解を身に着けている、といえる状態にない。いまあらためて日本の中世史以降についての新書・選書などの記述を読むにつけ、筆者の現在までの理解はせいぜい物語や講談ていどの水準である。日々そう思い知らされている。中学・高校での講義や物語・講談ていどの知識・理解では、聴講者との質疑応答《しつぎおうとう》は難しく、聴講者同士の討議の地平《じなら》しにもなるまい。そういう不安を感じる・恥を知る正常な感覚がせっかくまだ残っているのに、茶飲み話ということで済ませておけば罪も軽いのに、いまさらいい歳《とし》をしてそんなことに首を突っ込んで好んで恥を掻《か》きにいかなくともよいのでは、とも思えた。

にも拘《かか》わらず五月二日の会合で、筆者は、無謀《むぼう》に近いこのお話をお断りしなかった。

それはこの未知の不安だらけの講演を引き受けることが、筆者にとって大きな刺激になり、こういう場にでも立たされないかぎり、きっと真剣に日本史全般に挑まないだろう。そう覚悟したからである。この企画は、筆者にとってかなり冒険的な勉強の場である。質問されても是非・正邪を即答できないことが多々《たた》あるだろう。専門分野としている古代史とは異なって、その根拠となる史料そのものをすべて溯って確認できているわけでもない。また反対する多くの学説もあるのだろうが、それらの説の内容や根拠を熟知してもいないので、筆者の注目している説が確定的な史料的根拠を持ちえているのか、それとも推測を交《まじ》えたただの一解釈なのか、十分に突き止められていない。そういう不安も大きい。もちろんここにこう書いておけば不十分なものを書いたり話したりすることが許される、というほど甘くない。批判は私が受けて立たねばならない。

そうであっても、聞いて下さる人たちと一緒に勉強していきたい。筆者・講演者が勉強するための修練の場がいまここに提供されている、と思いたい。この自分のいまの力量からすればとてもむりと思える企画だとは知っているが、それでもそれを実現していこうと藻掻《もが》くことによって、筆者もさまざまな日本史の問題点に気づきたい。聴講者におかれても、聞いたなかのことを手がかりにしてより論点を深めた論考を出していただけるならば私として幸いだし、研究会にとってもプラスになる。そういう自分への期待と願いを込めて、気恥《きは》ずかしいが「松尾塾」と名付けた勉強会での講演をお引き受けした。もちろん十全な準備のない人が藻掻いた勉強の軌跡《きせき》など逐《お》いたくもなく、聞きたくも読みたくもないかもしれない。その気持ちも恐れも分かるが、人間はもともといつでも十全《じゅうぜん》であったことなどなく、藻掻き続けるものじゃないのか。そうも思うのだ。そういう思いを懐《いだ》きながら会合で講演しつつ、一方で「思い込みの日本史」を課題にして書きためたのがこの原稿である。

さて本書は、筆者の単著の十二冊目となり、本の背に筆者の名を入れた書籍としては二十二冊目に当たる。またぞろ笠間書院にお世話になるが、池田つや子社長・橋本孝編集長と実務を取って下さる大久保康雄氏にいつものことながら心より感謝申し上げる。

平成二十五年十一月二十一日　妻・洋子《ひろこ》の誕生日を言祝《ことほ》ぎつつ

松尾光識《しる》す

■著者紹介

松 尾　光（まつお　ひかる）

略　歴　1948年、東京生まれ。学習院大学文学部史学科卒業後、学習院大学大学院人文科学研究科史学専攻博士課程満期退学。博士（史学）。神奈川学園中学高等学校教諭・高岡市万葉歴史館主任研究員・姫路文学館学芸課長・奈良県万葉文化振興財団万葉古代学研究所副所長をへて、現在、鶴見大学文学部・早稲田大学商学部非常勤講師。

著　書　単著に『白鳳天平時代の研究』（2004、笠間書院）『古代の神々と王権』『天平の木簡と文化』（1994、笠間書院）『天平の政治と争乱』（1995、笠間書院）『古代の王朝と人物』（1997、笠間書院）『古代史の異説と懐疑』（1999、笠間書院）『古代の豪族と社会』（2005、笠間書院）『万葉集とその時代』（2009、笠間書院）『古代史の謎を攻略する　古代・飛鳥時代篇／奈良時代篇』（2009、笠間書院）『古代の社会と人物』（2012年、笠間書院）。編著に『古代史はこう書き変えられる』（1989、立風書房）『万葉集101の謎』（2000、新人物往来社）『疎開・空襲・愛―母の遺した書簡集』（2008、笠間書院）『近鉄沿線謎解き散歩』（2013、KADOKAWA）、共著に『争乱の古代日本史』（1995、廣済堂出版）『古代日本がわかる事典』（1999、日本実業出版社）などがある。

日本史の謎を攻略する

2014年２月25日　初版第１刷発行

著　者　松尾　　光

発行者　池田つや子

発行所　有限会社　笠間書院

東京都千代田区猿楽町 2-2-3［〒101-0064］

☎03-3295-1331㈹　FAX03-3294-0996

振替00110-1-56002

NDC 分類：210.1

装　幀　廣告探偵社

ISBN978-4-305-70720-8 

㈱シナノ印刷　印刷・製本



出版目録は上記住所までご請求下さい。

http://www.kasamashoin.jp